이 『법화경』 독송본은 한문 원전과 국내외의
다양한 번역본(공공 영역 포함)을 참고하였으며,
본서에서는 독송의 흐름과 독자의 이해를 돕기 위해
재구성하여 편역하였습니다.

―――――

초판 발행에 앞서 교정·교열에 최선을 다하였습니다.
그러나 독자 여러분께서 오탈자나 표기 오류를 발견하시면
번거로우시더라도 이메일로 제보해 주시기 바랍니다.
접수된 내용은 확인 후 아래 블로그 정오표(오류 정정 공지)에
반영하겠습니다.

블로그 https://blog.naver.com/samhwa-trade
이메일 master_red@naver.com
제보 시 가능한 한 쪽수·행·오탈자 원문(또는 스크린샷)과
정정 제안을 함께 부탁드립니다.

2025년 10월 20일 초판 1쇄

편역 전진우
펴낸곳 하다

펴낸이 전미정
주소 강원도 강릉시 오리나루2길 25, 1404
이메일 master_red@naver.com
ISBN 978-89-97170-78-4  03220

ⓒ 전진우, 2025

이 책은 편역자의 뜻에 따라 누구나 자유롭게 복사·배포·인용할 수 있습니다.
출처를 명시한다면, 상업적 이용도 제한하지 않으며 별도 허락 없이 사용하실 수 있습니다.
단, 본문의 의미를 왜곡하지 말아주시길 바랍니다.

# 법화경

독송본

# 목 차

| | |
|---|---|
| 『법화경』 독송 기도하는 방법 7 | 14. 안락행품 194 |
| 『법화경』 다라니 모음 10 | 15. 종지용출품 207 |
| 독송방법 17 | 16. 여래수량품 218 |
| 1. 서품 19 | 17. 분별공덕품 227 |
| 2. 방편품 35 | 18. 수희공덕품 237 |
| 3. 비유품 54 | 19. 법사공덕품 243 |
| 4. 신해품 82 | 20. 상불경보살품 255 |
| 5. 약초유품 97 | 21. 여래신력품 261 |
| 6. 수기품 113 | 22. 촉루품 266 |
| 7. 화성유품 121 | 23. 약왕보살본사품 269 |
| 8. 오백제자수기품 146 | 24. 묘음보살품 279 |
| 9. 수학무학인기품 155 | 25. 관세음보살보문품 287 |
| 10. 법사품 162 | 26. 다라니품 295 |
| 11. 견보탑품 171 | 27. 묘장엄왕본사품 301 |
| 12. 제바달다품 181 | 28. 보현보살권발품 309 |
| 13. 권지품 189 | |

# 『법화경』 독송 기도하는 방법

1. 이 소원성취를 위한 독경은 법화경의 전체 28품을 반복 독송하는 기도법입니다.

2. 매일 1품을 독송하는 것으로 28일간 기도할 수 있고 혹은 서품같이 긴 품은 2~3일에 걸쳐 독송하는 것으로 49일 기도로 할 수도 있습니다.

3. 독송은 흥얼거리며 읽는 것이 아니라 한글자 한문장을 똑바로 소리내어 읽어야 합니다.

4. 독송이 끝나면 108배를 하거나 혹은 경전제목을 108번 봉창하는 것으로 마무리합니다.

5. 이 독송은 경전만 읽는 것으로는 완성이 되지 않으며 제목만 봉창하는 것으로도 완성되지 않습니다. 반드시 독경후에 제목봉창을 거쳐야 완성됩니다.

6. 보통 소원 성취나 불행한 일들로 부터 구제 받기위해 이 기도법을 실천하면 대부분 3일이내에 변화를 겪거나 소원의 일부를 성취하는 경험을 하기도 합니다. 이는 아픈 환자들에게 진통제를 주듯 일시적으로 일어나는 현상이므로 감사하는 마음으로 받아들이고 변함없이 기도에 매진해야 합니다.

7. 일시적인 현상으로 마음이 느슨해지고 기도를 놓게 되면 오히려 실망감만 커지고 자신에게 '이 기도법은 통하지 않는 보다'라는 실망감이 포기하게 만듭니다.

8. 법화경은 천태종의 근본경전입니다.
법화경의 다른 이름은 묘법연화경이며 산스크리트어로는 삿다르마 뿐다리카 수트라(Saddharma pundarika sutra)이고 일본어로 남묘호렌게쿄로 불리웁니다.
제목봉창이란 본 경전의 제목인 "법화경(묘법연화경)에 귀의합니다."를 108회 염주를 이용해 봉창하거나 108배를 할 때마다 봉창하는 것입니다.
이것이 일본 일련정종의 "남묘호낸개교"로 불리우는 기도이며, 산스크리트어로는 "나모 삿다르마 뿐다리카 수뜨라"라고 봉창하며 국내에서는 "나무묘법연화경"이라 봉창합니다.
이 책에서는 가능하면 산스크리트어로 봉창하는 것을 권합니다.

9. 비로자나 총귀진언

비로자나는 석가모니 부처님의 법신명호이고
'오호지리'는 화엄경 50번을 독송한 공덕과 같고
'바라지리'는 화엄경 80번 독송한 공덕과 같으며
'이제미제 기사은제지 바라타니'는 금광명경 80번 독송한 공덕과 같고
'옴 불나지리이'는 반야경 600번 독송한 공덕과 같으며
'오공사진 사타해'는 관음경 일만번 독송한 공덕과 같고
'바라달마 사타해'는 미타경 일만번 독송한 공덕과 같으며
'아라바자나'는 일대시교를 무량겁동안 독송한 공덕과 같고
'원각승좌 도진나'는 약사경 80번 독송한 공덕과 같으며
'사공사진 사타해'는 반야경 일만번 독송한 공덕과 같고
'나무항하사 아승기불 무량삼배 보문삼매'는
 법화경을 1겁동안 독송한 공덕과 같으며
'옴 바마나사타바'는 비구 250계 지닌 공덕과 같고
'탁타니아나'는 8만대장경 수지독송한 공덕과 같으며
'나무 아심타 아심타 자심도류사바하'는 일체경전을
 항상 독송한 공덕과 같고
'나무 옴 아말리다 다바베 사바하'는 미타경 6만번 독송한 공덕과
같으며
'나무 이바이바제 구아구아제 다라니제 니하라제 비니마니제
사바하'는 나무관세음보살 만겁동안 염송한 공덕과 같습니다.

10. 만약 기도를 시작한 시점에서 자신이 처한 상황을 최대한 빠르게
극복하고자 하는 분들은 법화경의 다라니를 모아 놓은 페이지를 먼저
처한 상황에 맞도록 읽으시면 됩니다.

# 『법화경』 다라니 모음

## 1. 보현보살 다라니

"세존이시여, 훗날 악하고 흐린 세상에 비구, 비구니, 우바새, 우바이로서 이 법화경을 수행하고 배우기 위하여 구하는이나 받아 지니는이나 외우고 읽는이는 삼칠일(21일 수행) 동안 일심으로 정진할 것이며, 삼칠일 간의 정진이 끝나면 제가 마땅히 여섯 이빨의 흰 코끼리를 타고 한량없는 보살들에게 둘러싸여 일체 중생이 기뻐할 몸으로 그 앞에 나타나 그를 위하여 설법하고, 가르쳐 보여 이익되게 하며, 또한 그에게 다라니의 주문을 주려니, 이 다라니를 얻었기 때문에 아무도 그를 파괴하지 못할 것이며, 또는 여자에게 유혹되어 뇌란치 않고, 또 제가 항상 그를 보호하겠사오니, 원컨대 세존께서는 제가 이 다라니의 주문을 설하도록 허락하여 주소서."

아단디 단다바디 단다바뎨 단다구사례 단다슈다례 슈다라바디 못다바 살바다라니아바다니 살바바사아바다니 슈아바다니 싱가바리사니 싱가녜가다니 아싱기 싱가바가디 데례아슈싱가도라 아라데바라데 살바싱가삼마디가란디 살바달마슈바릭사 데 살바살다루다교샤라아노가디 신아비기리디뎨

## 2. 약왕보살 다라니

"세존이시여, 제가 이제 설법하는 이에게
다라니를 주어 수호하겠습니다."

"세존이시여, 이 다라니 신주는 육십이억 항아강의 모래 같은
부처님께서 설하신 바이니,
만일 누구든지 이 법사를 침해하거나 훼방하면,
그는 곧 여러 부처님을 침해하고 훼방하는 것이 됩니다."

아녜 마녜 마녜 마마녜 지례 자리뎨 샤먀 샤리 다위
션 뎨 목뎨 목다리 사리 아위사리 상리 사리 사예
악사예 아기니 션뎨 샤리 다라니 아로가바사 바쟈비사니
녜비뎨 아변다 라녜리뎨 아단다바례슈디 구구례
모구례 아라례 바라례 슈가차 아삼마삼리 못다
비길리질뎨 달마바리차 뎨 싱가녜구사녜 바사바사슈디
마다라 마다라사야다 수루다 수루다교샤라 악사라
악사야다야 아바로 아마야 나다야

## 3. 용시보살 다라니

"세존이시여, 저도 또한 『법화경』을 읽고 외우며 받아 지니는 이를 옹호하기 위하여 다라니를 설하리니,
만일 이 법사가 이 다라니를 얻으면, 야차나 나찰 혹은 부단나, 길자, 구반다, 아귀 등이 그의 허물을 찾아내려 하더라도
능히 얻지 못하리이다."

**자례 마하자례 욱기 목기 아례 아라바데 네례데 녜례다바데 이 디 니 위디니 지디니 녜례데니 녜리데바디**

## 4. 비사문천왕호세자 다라니

"세존이시여, 저도 또한 중생을 불쌍히 여겨
법사를 옹호하기 위해 이 다라니를 설하겠습니다."

"세존이시여, 이 신주로써 법사를 옹호하고,
저도 또한 이 경 가진 이를 옹호하여,
여러 가지 쇠함과 환난을 일백 유순 내에 없애오리다."

아리 나리 노나리 아나로 나리 구나리

## 5. 지국천왕 다라니

"세존이시여, 저도 또한 다라니 신주로써 『법화경』 가진 이를 옹호하리다."

"세존이시여, 이 다라니 신주는 사십이억의 많은 부처님께서 설하신 바이니, 만일 이 법사를 침해하고 훼방하면, 곧 이 많은 부처님을 침해하고 훼방함이 되오리다."

**아가네 가네 구리 건다리 전다리 마등기 상구리 부루쇼니 아디**

## 6. 나찰녀 다라니

열 명의 나찰녀는 귀자모와 아울러 그 아들의 권속들과 함께 부처님 앞으로 나아가 다 같이 여쭈었다.

"세존이시여, 저희들도 또한 『법화경』을 읽고 외우며 받아 지니는 이를 위하여 옹호하고, 그의 쇠함과 환난을 없애 주오리다. 만일 어떤 이가 이 법사의 허물을 찾아내려 하여도 능히 얻지 못하리이다."

**이디리 이디미 이디리 아디리 이디리**
**니리 니리 니리 니리 니리**
**루혜 루혜 루혜 루혜**
**다혜 다혜 다혜 도혜 누혜**

"차라리 내 머리 위에 오를지언정 법사를 괴롭히지 못하게 하리니, 야차거나 나찰, 아귀, 부단나, 길자, 비다라, 건타, 오마륵가, 아발마라, 야차길자, 인길자 열병으로써 하루, 이틀, 사흘, 나흘 내지 이레 동안 앓는 열병이거나 항상 앓는 열병이거나, 남자의 형상이나 여자의 형상, 혹은 남자 아이의 형상이나 여자 아이의 형상을 한 악귀들이 꿈 속에서라도 괴롭히지 못하게 하리라."

### 게송

| | |
|---|---|
| 만일 나의 주문 순종치 않고 | 설법하는 이를 괴롭게 하면 |
| 아리수나무의 가지처럼 | 머리통을 일곱으로 쪼개버리며 |
| 부모를 죽인 원수와 같이 | 기름 짤 때 속인 죄와 같이 |
| 말이나 저울눈을 속인 사람과 같이 | 조달이 화합승을 깨뜨린 죄같이 |
| 누구라도 이 법사를 해치는 자는 | 마땅히 그와 같은 재앙 받으리라. |

"세존이시여, 저희들도 또한 이 경을 받아 지녀 읽고 외우며 수행하는 이를 안온케 하고, 여러 가지 쇠함과 환난을 여의게 하며, 여러 독약도 없애주겠습니다."

기도와 독경을 시작하기 전에 주변과 자신의
정화진언을 독송합니다.

수리수리 마하수리 수수리 사바하 (정구업 진언 3회)

나무 사만다 못다남 옴 도로도로 지미 사바하 (오방내외 안위제신 진언 3회)

옴 아라남 아라다 아라남 아라다 (개법장 진언 3회)


다음은 비로자나 총귀진언을 7회독송 합니다.

비로자나 총귀진언
나모시방삼세일체제불 나모시방삼세일체존법
나모시방삼세일체보살 나모시방삼세일체현성

(1회 1배 3회 반복)


오호지리 바라지리 이제미제 기사은제지바라타니

옴 불나지리일 오공사진사타해 바사달마사타해 아라바자나

원각승좌도진나 사공사진사타해

나무항하사아승기불 무량삼매보문삼매

옴 바마나사타바 탁타니아나 나무아심타아심타

자심도류사바하 나무 옴 아마리다 다바베사바하

나무이바이바제 구하구하제

다라니제니하라제 비니마니제사바하

(7회 반복)

이후 법화경 28품중 그날 읽을 품을 소리내어 독송합니다.
독송이 끝나면 제목봉창을 합니다.

108배를 하는 경우 1번 절할 때마다
'나모 삿다르마 뿐다리카 수뜨라'를 봉창합니다.

절 공양을 하지 않는 경우 108 염주를 이용해
108번 봉창합니다.

소원을 떠올리는 것은 기도 후에 명상하듯이 앉아서
떠올리는 것이 좋습니다.

# 1. 서품

이와 같이 나는 들었다.
어느 때 석가모니 부처님께서는
왕사성 기사굴산에 계셨다.
큰 비구 대중 일만 이천 인이 함께
하였다.
그들은 모두 아라한으로써 번뇌가
이미 다하여 다시는 번뇌가 없었다.
스스로 이로움을 얻었고 모든 결박을
벗어나 마음이 자유로웠다.
그들의 이름은 아야교진여, 마하가섭,
우루빈라가섭, 가야가섭, 나제가섭,
사리불, 대목건련, 마하가전연,
아누루타, 겁빈나, 교범바제, 리바다,
필릉가바차, 박구라, 마하구치라,
난타, 손타라난타, 부루나미다라니자,
수보리, 아난, 라후라 등
이렇게 큰 아라한들이었다.
또한 아직 배우는 이와, 다 배운 이가
이천 명 있었다.
마하파사파제 비구니,
그의 권속 육천 인이 함께하였고,
라후라의 어머니 야수다라 비구니도
그의 권속들과 함께하였다.
또 보살마하살 팔만 인은
모두 아뇩다라삼먁삼보리에서
물러나지 않으며, 다라니를 얻고,
말 잘하는 변재를 얻어, 물러나지
않는 법륜을 굴렸다.
그들은 한량없는 백천 부처님을
공양하고 여러 부처님 계신 곳에서
덕의 근본을 심었다.
그러므로 항상 여러 부처님께서
그들을 칭찬하셨다.
그들은 자비로 몸을 닦고 불지혜에
잘 들어갔으며 큰 지혜를 통달하여
피안에 이르렀다.

그들의 이름은 한량없는 세계에 널리 알려졌으며, 무수한 백천 중생을 제도하였다.

그들은 문수사리보살, 관세음보살, 득대세보살, 상정진보살, 불휴식보살, 보장보살, 약왕보살, 용시보살, 보월보살, 월광보살, 만월보살, 대력보살, 무량력보살, 월삼계보살, 발타바라보살, 미륵보살, 보적보살, 도사보살 등이었다. 이렇듯 보살마하살 팔만 인이 함께 있었다.

그때 석제환인은 그의 권속 이만 천자와 함께 있었다.

또 명월천자, 보향천자, 보광천자, 사대천왕은 그들의 권속 일만 천자와 함께 있었고, 자재천자와 대자재천자도 그의 권속 삼만 천자와 함께 있었다.

사바세계의 주인, 범천왕 시기대범과 광명대범은 그들의 권속 일만 이천의 천자와 함께 있었다.

또 여덟 용왕이 있었다. 난타용왕, 발난타용왕, 사가라용왕, 화수길용왕, 덕차가용왕, 아나파달다용왕, 마나사용왕, 우발라용왕, 이들이 각각 백천의 권속들과 함께 있었다.

또 네 긴나라왕이 있었다. 법긴나라왕, 묘법긴나라왕, 대법긴나라왕, 지법긴나라왕이 각각 백천 권속들과 함께 있었다.

또 네 건달바왕이 있었다. 낙건달바왕, 낙음건달바왕, 미건달바왕, 미음건달바왕이 각각 백천 권속들과 함께 있었다.

또 네 아수라왕이 있었다. 바치아수라왕, 가라건타아수라왕, 비마질다라아수라왕, 라후아수라왕이 각각 백천 권속들과 함께 있었다.

또 네 가루라왕이 있었다. 대위덕가루라왕, 대신가루라왕, 대만가루라왕, 여의가루라왕이 각각 백천 권속들과 함께하였다.

또한 위제희의 아들인 아사세왕도 백천 권속들과 함께 있었다.

이들은 석가모니 부처님의 발에 예를 올린 뒤, 한쪽으로 물러나 앉았다.

이때 세존께서는 둘러앉은 사부대중으로부터 공양과 공경, 존중과 찬탄을 받으시며

여러 보살들을 위해 대승경을
설하셨다.
그 경은 『무량의경』이었다.
이는 보살을 가르치는 법이며
부처님께서 보호하고 생각하시는
바였다.
석가모니 부처님께서 이 경을 설하신
뒤, 결가부좌하시고 무량의처 삼매에
드시니, 몸과 마음이 고요하여
흔들림이 없으시었다.
하늘에서는 만다라꽃, 마하만다라꽃,
만수사꽃, 마하만수사꽃이 내려와
석가모니 부처님 위와 대중들에게
흩어졌고, 넓은 부처님의 세계는
여섯 가지로 진동하였다.
여기 모인 대중 가운데는
비구와 비구니, 우바새와 우바이,
하늘과 용, 야차와 건달바,
아수라와 가루라, 긴나라와 마후라가
등 사람인듯 사람아닌 존재도 함께
있었다.
또한 소왕과 전륜성왕 등
대중들이 전에 없던 일을 만나
크게 환희하며 합장하고 한결같은
마음으로 석가모니 부처님을 뵈었다.

부처님께서는 미간의 백호상에서
광명을 놓으시어, 동방으로 일만
팔천의 세계를 비추셨으니,
그 빛이 닿지 않은 곳이 없었다.
아래로는 아비지옥에 이르고
위로는 아가니타천에까지
두루 미쳤다.
이 세계에서 저 세계에 이르기까지
여섯 갈래 중생들을 모두 볼 수 있었고,
저 세계에 계신 여러 부처님들을
뵐 수 있었으며,
그 부처님들께서 설하시는 법을
들을 수 있었다.
또한 그곳의 비구와 비구니,
우바새와 우바이들이 여러 수행으로
도를 이루는 모습도 볼 수 있었고,
여러 보살마하살들이
가지가지 인연과, 가지가지 믿음과,
가지가지 모습으로 보살의 도를
닦는 것도 볼 수 있었다.
그리고 부처님들께서 반열반에
드시는 모습도 볼 수 있었으며,
그 반열반 뒤에는 부처님의 사리로
칠보탑을 세우는 모습도
볼 수 있었다.

미륵보살은 이렇게 생각하였다.
'지금 세존께서 신기한 모습을
보이시니, 무슨 인연으로
이런 상서를 일으키시는 것일까?
이제 세존께서 삼매에 드시니,
이는 참으로 부사의하고
희유한 일이다.
마땅히 누구에게 물어야 하며,
또 누가 능히 이 일에 대해
대답할 수 있겠는가?'
또 미륵보살은 이렇게 생각하였다.
'문수사리법왕자는 예로부터
한량없는 여러 부처님을 공양하고
친근하였으니, 반드시 이런 희유한
광경을 보았을 것이다.
내가 이 일을 물어보리라.'
그때 비구와 비구니,
우바새와 우바이, 여러 하늘과 용과
귀신들도 이렇게 생각하였다.
'부처님의 광명과 신통한 모습의
인연을 누구에게 물어야 할까?'
그때 미륵보살은 자신의 의심을
결단하고 사부대중의 마음을 헤아려
문수사리보살에게 물었다.

"무슨 인연으로
이처럼 신통한 상서가 있으며,
어째서 큰 광명을 놓으시어
동방으로 일만 팔천 세계를 비추고,
부처님 세계의 장엄을 다 볼 수 있게
하셨습니까?"

미륵보살은 이 뜻을 거듭 펴고자
게송으로 물었다.

문수사리보살이여,
세존께서는 어찌하여
미간의 백호상으로
이토록 큰 광명을 놓으십니까?
만다라꽃, 만수사꽃
하늘에서 비처럼 내리고
전단향 바람 불어와
모든 마음 기쁘게 하며
이러한 인연으로
땅이 모두 엄정하고
이 세계 곳곳마다
여섯 가지로 진동합니다.
그 때 사부대중은
서로 환희하며
몸과 마음 모두 쾌락하여

미증유를 얻었습니다.
그 광명은 미간에서 나와
동방으로 멀리 비추고
일만 팔천 나라까지
금빛처럼 찬란하였습니다.
아래로는 아비지옥
위로는 유정천까지
그 모든 세계 중에
여섯 갈래 중생의
나고 죽는 인연과
선악의 업보
곱고 밉게 받은 과보
이 광명으로 다 보았습니다.
많은 부처님들
성주의 사자들이 연설하신
그 경전은 미묘한
제일 법이었고,
그 음성은 청정하여
부드럽게 흐르며
수없는 억만 보살을
교화하고 있었고,
그 법음은 깊고도 묘하여
듣는 이, 마음 기뻐
각각의 세계마다
바른 법을 설하시며

비유와 인연으로
불법을 밝히고
중생을 깨우치며
괴로움에서 벗어나고,
누군가는 늙고 병듦과
죽음을 괴로워하면
열반법을 들어
고통 끊게 되었고,
복 있는 이가 와서
수승한 법 구하면
연각의 길을 보이시며,
어떤 불자, 온갖 고행 닦아
무상 지혜 구하면
청정한 길 보여주니,
문수사리보살이여,
지금 내가 보고 듣는
천억 가지 광경을
이제 대강 말씀드리리다.
나는 보았습니다.
항아강의 모래처럼
많은 보살들이
가지가지 인연으로
불도를 구하는데,
어떤 이는
금과 은, 산호, 진주, 마노

| | | |
|---|---|---|
| 금강석과 여러 보배 | 경전을 즐겨 읽고, | 1 |
| 남종, 여종과 수레들과 | 또 보니 보살들이 | 2 |
| 보배로 된 연과 가마 | 용맹하게 정진하며 | 3 |
| 환희하여 보시하며 | 깊은 산에 들어가서 | 4 |
| 삼계에서 가장 뛰어난 | 부처님 도 생각하며, | 5 |
| 대승을 구하고 있었습니다. | 어떤 보살, | 6 |
| 어떤이는 | 욕심 떠나 고요한 선정 닦아 | 7 |
| 네마리 말이 끄는 화개와 | 오신통을 얻었으며, | 8 |
| 난간 있는 화려한 수레 | 어떤 보살, | 9 |
| 부처님께 보시하고, | 합장하고 앉아 | 10 |
| 또 어떤 이는 | 천만 게송으로 | 11 |
| 자신의 몸과 손발 | 부처님을 찬탄하였고, | 12 |
| 처자까지 보시하며 | 지혜 깊은 보살들 | 13 |
| 위없는 도 구하였고, | 부처님 말씀을 듣고 | 14 |
| 어떤 이는 머리와 눈 | 듣는 대로 간직하며, | 15 |
| 몸까지 보시하며 | 또 보니 보살들이 | 16 |
| 부처 지혜 구하였고, | 용맹하게 정진하며 | 17 |
| 어떤 왕은 | 깊은 산에 들어가서 | 18 |
| 출가하여 국토 궁전 | 부처님 도 생각하며 | 19 |
| 신하와 첩 버리고 | 기쁜 마음으로 설법하여 | 20 |
| 법복 입고 머리 깎고 | 보살들을 깨우치고 | 21 |
| 부처님을 따랐으며, | 마군을 물리친 뒤에는 | 22 |
| 어떤 보살, | 법고를 두드리며 기뻐하고, | 23 |
| 큰 뜻 품고 비구되어 | 어떤 보살, 묵묵히 앉아 | 24 |
| 고요한 곳 머물면서 | 하늘 용의 공양 받아도 | 25 |

조용히 선정에 들었으며,
어떤 보살,
숲속에서 광명 놓아
지옥 고통 제도하고
중생 불도 들게 하고,
어떤 불자,
잠도 자지 않고 숲을 거닐며
부처님 도 구하였고,
또 어떤 불자는
계행을 완전히 갖추어
보옥처럼 맑고
단정한 위의를 갖추어
불도를 구하고,
인욕을 닦는 어떤 불자는
비방하고 업신여기는 자를
참고 이기며 불도를 구하였고,
어떤 보살,
어리석음을 버리고
지혜로운 이를 가까이하며
산란한 마음을 다스리고
억천만 년 정진하며
부처님 도 구하였고,
어떤 보살은
희유한 음식과 탕약
수승한 의복

보배로 지은 집과 침구
맑은 숲과 동산, 못을
모두 부처님과 스님들께
기쁜 마음으로 보시하며,
천만억 가지가지
전단목으로 지은 집과
여러 가지 묘한 침구
부처님과 스님들께 보시하고,
꽃과 열매 무성한
깨끗한 숲과 동산
흐르는 물 맑은 못을
부처님과 스님들께 보시하며,
가지가지 아름다운
모든 것을 보시하되
기뻐하는 마음으로
무상한 도 구하고,
어떤 보살은
적멸의 법을 설하고
수많은 중생 교화하며,
또 어떤 보살은
법의 실상은 허공 같고
둘이 없음을 진실하게 관찰하며,
집착 없는 마음과 미묘한 지혜로
위없는 도 구하였고,
문수사리보살이여,

또 어떤 불자는

부처님 멸도 후에

사리에 공양하며,

항아강의 모래처럼 많은 탑에

높이는 오천 유순

너비와 길이 모두 이천 유순

보배로 된 난간과

방울 달려 울리고,

천신과 용신,

인간과 비인들이

항상 향과 꽃으로 공양하였습니다.

문수사리보살이여,

이처럼 많은 불자들이

사리 공양하고 탑을 장엄하니

이 국토는 저절로 아름다워지며

도리천의 수왕이

꽃을 피운 것처럼 화려하였고

부처님 놓으신 광명으로

그 아름다움 드러납니다.

모든 부처님의 신통력

그 지혜는 희유하여

밝은 광명 놓으시니

무량 세계가 빛납니다.

이를 보는 우리 대중

이런 일 처음이라

문수보살께 청하오니

이 의심을 풀어 주소서.

사부대중과 용신들

나와 당신 우러러보니

세존께서 광명 놓으심이

무슨 뜻인지 밝혀주소서.

보살이시여, 말씀하소서.

이 광명이 무슨 이익일지

미묘한법 설하실지

혹은 수기 주시려는지

모든 불토마다

보배로 장엄되어 있고

여러 부처님 친견하니

작은 인연 아니옵니다.

문수사리보살이여,

사부대중과 용신들이

당신만을 바라보니

이 인연을 말씀해주소서.

그때 문수사리보살이

미륵보살마하살과 대중에게

말하였다.

"선남자들이여,

내 생각하건대 세존께서는

이제 곧 큰 법을 설하시려 합니다.
크나큰 법비를 내리시고,
법의 소라를 불고,
법의 북을 울리시며,
법의 뜻을 널리 열어,
큰 법의 뜻을 연설하실 것입니다.
선남자들이여,
나는 과거의 여러 부처님들께서
이러한 상서를 나타내신 것을
본 적이 있습니다.
그분들께서도 먼저 광명을 놓으시고
곧이어 위대한 법을 설하셨습니다.
그러므로 지금 세존께서
이처럼 광명을 놓으시는 것도
마찬가지로, 모든 중생들로 하여금
세간에서 믿기 어려운 법을
듣고 알게 하시려는 뜻이 분명합니다.
선남자들이여,
아득하고 헤아릴 수 없는
불가사의한 아승기겁에,
한 부처님이 계셨으니
그 이름 '일월등명 여래'였습니다.
응공이며, 정변지, 명행족, 선서,
세간해, 무상사, 조어장부, 천인사,
불세존이셨습니다.

그 부처님은 바른 법을 설하시되,
처음과 중간, 끝이 모두 훌륭하고,
그 뜻은 깊고, 그 말씀은 정묘하여
섞임없이 맑고 깨끗한 법을
펼치셨습니다.
청정한 범행을 온전히 갖추어
성문을 구하는 이에게는
사제법을 설하여 생로병사의
괴로움을 벗어나 열반에 들게 하셨고,
연각을 구하는 이에게는
십이인연법을 가르치셨으며,
보살을 위해서는 육바라밀의 길을
밝히시어 아뇩다라삼먁삼보리를
얻도록 하셨습니다.
그 다음에도 부처님께서 계셨으니,
그 이름 또한 '일월등명'이었습니다.
또 그 다음에도 부처님이 계셨고,
그 이름 역시 '일월등명'이었습니다.
이와 같이 이만 분의 부처님께서
모두 한결같이 '일월등명'이라는
이름을 가지셨고, 그 성도 같아서
모두 '파라타'라 불렸습니다.
미륵보살이시여, 마땅히 아십시오.
처음 부처님이든, 마지막 부처님이든,
모두 같은 이름,

'일월등명 여래'로 불리셨으며,
부처님의 십호를 다 갖추셨고,
설하신 법 또한 처음도 좋고,
중간도 좋고, 마지막도
훌륭하였습니다.
그 마지막 일월등명 여래께서
출가하시기 전에는
여덟 왕자가 있었으니,
첫째는 유의, 둘째는 선의,
셋째는 무량의, 넷째는 보의,
다섯째는 증의, 여섯째는 제의의,
일곱째는 향의, 여덟째는 법의라
하였습니다.
이 여덟 왕자는 모두 위덕이
자재하였고, 각각 사천하의 왕국을
다스렸습니다.
그러나 그들은 아버지께서 출가하여
아뇩다라삼먁삼보리를 이루셨다는
소식을 듣고, 스스로 임금의 자리를
버리고 함께 출가하여 대승의 뜻을
세웠으며, 항상 청정한 범행을 닦아
법사가 되었고, 천만억 부처님들
곁에서 갖가지 선근을 심었습니다.
그때 일월등명 여래께서는
대승의 경을 설하셨으니,

그 이름은 『무량의경』이었습니다.
이 경은 보살을 가르치는 법이며,
부처님께서 보호하시고
생각하시는 바였습니다.
이 경을 모두 설하신 뒤,
일월등명 여래께서는 많은
대중 가운데서 결가부좌하시고
무량의처삼매에 드셨으며, 그 몸과
마음은 전혀 움직이지 않으셨습니다.
그때 하늘에서는
만다라꽃과 마하만다라꽃,
만수사꽃과 마하만수사꽃을
비처럼 내려 부처님의 몸위와
모인 대중 위에 흩어 뿌렸습니다.
넓고 넓은 부처님의 세계가
여섯 가지로 진동하였습니다.
그 회중에 모인 비구, 비구니, 우바새,
우바이와 하늘, 용, 야차, 건달바,
아수라, 가루라, 긴나라, 마후라가 등
인간과 인간아닌 존재들과
소왕, 전륜성왕 및 모든 대중들이
이러한 장면을 처음 보았기에
큰 기쁨에 젖어 합장하고
한결같은 마음으로 일월등명
여래님을 우러러 뵈었습니다.

그때 일월등명 여래께서는 미간의
백호상에서 광명을 놓으시어 동방의
일만 팔천 세계를 비추셨습니다.
그 광명은 막힘없이 두루 비쳤고,
지금 우리가 보는 수많은 부처님의
세계처럼 광명이 충만하였습니다.
미륵보살이여, 아십시오.
그 자리에 모인 대중 가운데
이십억 보살들이 부처님의 법을
들으려 하였는데, 광명이 온 법계를
두루 비추는 것을 보고, 일찍이 없던
감동을 얻었습니다.
그리고 이 광명의 인연이 무엇인지
알고 싶어 했습니다.
그때 한 보살이 있었으니,
이름은 묘광이라 하였고,
그에게는 제자 팔백 인이 따르고
있었습니다.
그때 일월등명 여래께서는 삼매에서
일어나 묘광보살을 인연하여
다른 대승경을 설하셨으니,
그 이름이 바로 『묘법연화경』입니다.
이 경 또한 보살을 가르치는 법이며,
부처님께서 보호하고 생각하시는
바입니다.

일월등명 여래께서는 이 경을
설하시면서 무려 육십소겁 동안
자리에서 일어나지 않으셨습니다.
그 자리에 모인 대중들도
육십소겁이라는 긴 시간 동안
몸과 마음이 전혀 흔들림 없이
정좌한 채로 앉아 있었습니다.
그들은 마치 잠깐 밥을 먹는 것처럼
일월등명 여래님의 말씀을 듣는 데
집중하였고, 그 회중 가운데 단 한
사람도 몸이나 마음으로 게으른
마음을 내는 이가 없었습니다."

그때 일월등명 여래께서는
육십소겁 동안 『무량의경』을
설하신 뒤, 범천, 마군, 사문, 바라문,
하늘과 인간과 아수라들에게
말씀하셨다.

"여래는 오늘 밤,
무여열반에 들 것이니라."

그때 한 보살이 있었으니
이름은 덕장이었다.
일월등명 여래께서는

그에게 수기를 주시며,
모인 여러 비구들에게 말씀하셨다.

"이 덕장보살은 다음 생에
반드시 부처를 이루리라.
그 이름을 정신 다타아가도
아라하 삼먁삼불타라 하리라."

이렇게 수기를 마치시고
그날 밤 곧 무여열반에 드셨다.
일월등명 여래께서 멸도하신 후에는
묘광보살이 『묘법연화경』을 받아
팔십소겁 동안 대중을 위하여
설하셨다.

"일월등명 여래님의 여덟 왕자 또한
묘광보살을 스승으로 삼아
그의 가르침을 따랐고,
묘광보살은 그들을 교화하여
아뇩다라삼먁삼보리의 뜻을
굳게 세우게 하였습니다.
그 왕자들은 한량없는 백천만억
부처님들께 공양하였으며,
모두 불도를 이루었습니다.
그 가운데 마지막으로 성불하신 분의
이름은 연등 여래였습니다.
또한 팔백 제자 가운데 한 사람이
있었으니, 그 이름은 구명이었습니다.
그는 이익에 집착하는 마음이 많고,
비록 여러 경전을 읽었으나
총명하게 이해하지 못했으며,
잊는 일이 많았기에 구명이라
이름 지어졌습니다.
그러나 그는 선근을 깊이 심었기에
한량없는 백천만억 부처님을
친견하였고, 공양하고 공경하며
존중하고 찬탄하였습니다.
미륵보살이여, 이제 아십시오.
그때의 묘광보살이 누구였겠습니까?
바로 지금의 저 문수사리보살
이옵니다.
그리고 구명보살이란 바로
지금의 그대, 미륵보살이옵니다.
지금 이 광명의 상서를 보건대,
그때와 다르지 아니하니,
나는 생각하건대 오늘 석가모니
세존께서도 마땅히 대승의 법을
설하실 것이며,
그 이름은 『묘법연화경』입니다.
이 경은 보살을 가르치는 법이며,

부처님께서 깊이 보호하시고
마음에 간직하시는 바입니다."

그때 문수사리보살은 이 뜻을
거듭 펴기 위해 게송으로 말씀하셨다.

생각하니 지난 세상
한량없는 오랜 겁에
부처님이 계셨으니
그 이름은 일월등명.
세존께서 법 설하사
무량중생 제도하고
수없이 많은 보살
불지혜에 들게 하네.
일월등명 부처님 출가 전에
낳으신 여덟 왕자는
아버지 출가하심 보고
범행 따라 닦았었네.
설하신 그 경은
『무량의경』이라 하니
여러 대중 가르쳤네.
경 설하신 후
결가부좌 앉으시고
무량의처 삼매 드니
하늘에선 꽃비 내리고

하늘북이 절로 울리며
천룡야차 귀신들
일월등명 부처님께
공양올렸네.
온 국토가 진동하며
광명이 미간서 나와
동방의 불토 비추시니
일만팔천 세계였네.
중생들의 나고 죽는
업보 모두 드러나고
그 불토는 모두 다
보배로써 장엄하네.
유리 빛과 파리 빛도
광명 속에 드러나고
천인 용신 야차들이
일월등명 부처님께
공양하네.
또 보니 모든 여래
스스로 성불하시고
그 몸은 금빛 같아
단정하고 미묘하네.
유리병에 비추인 듯
참된 모습 나투시고
대중 가운데 앉으셔서
심오한 법 설하시네.

각 불토의 대중들과
무수 성문 모여 있고
그 모습 부처 광명 따라
모두 모두 볼 수 있네.
혹은 산 속 비구들이
계행 닦고 정진하며
밝은 구슬 보호하듯
깨끗한 행 지키도다.
또 보니 보살들이
보시하고 인욕하여
그 수가 항아강 모래 같아
광명으로 드러나네.
또 어떤 보살들은
깊은 선정 닦으며
몸과 마음 흔들림 없이
위없는 도 구하고,
또 보니 여러 보살
적멸한 법 관찰하여
그 국토 설법하고
불도 향해 나아가네.
그 때, 사부대중
신통력에 환희하여
서로 서로 묻는 말
"이 일 무슨 인연일까?"
일월등명 부처께서

삼매에서 일어나시어
묘광보살 칭찬하길
"세상의 눈이 되어서
모든 중생 귀의하니
내가 설한 온갖 법
그대 능히 전하리라."
일월등명 부처님의
찬탄 말씀에
묘광보살 기뻐하네.
이 『법화경』 설하시며
육십소겁 지내시고
한 자리서 뜨지 않으니
법장 깊이 전하시네.
모든 중생 환희하여
천인들과 대중 향해
그 날 세존 선언하되
"오늘 밤에 열반하리
이제 모든 법의 뜻을
너희에게 전했으니
일심으로 정진하고
방일함을 멀리하라.
부처님은 보기 어려워
억겁 지나야 다시 만나리"
제자들 그 말 듣고
슬픈 마음 품었으니

"어찌 이리도 빠르신가"
서운함을 토하였네.
법왕이신 세존께서
중생들을 위로하며
"내가 비록 열반하나
걱정하지 말지어다.
덕장보살 여기 있으니
법에 깊이 통달하고
이 다음에 성불하여
정신이라 이름하여
많은 중생 제도하리"
일월등명 부처님께서
멸도하시고
많은 사리는 나뉘어져
무량탑을 일으키네.
비구, 비구니 따르는 이
그 수도 항하강의 모래같고
모두 더욱 정진하며
무상도를 구하였네.
묘광보살께서
부처님의 법장 이어
팔십소겁 동안 내내
『법화경』 설하였네.
여덟 왕자, 묘광보살 따르면서
법을 익혀 깨달으며

무상도에 견고하여
많은 부처님 뵈오면서
여러 부처님 공양하고
큰 도를 따라 닦아
차례차례 성불하네.
마지막 성불한 분
그 이름은 연등불
무량중생 제도하며
천중천이라 불리웠네.
묘광보살 제자 중에
한 사람이 있었으니
그 이름은 구명이요,
늘 게으르고 탐착 많아
명문가에 드나들며
하던 공부 내던지고
모두잊어 불통이네.
그 이름 지은 이유가
기억 못함 많아서라.
그러나 선업의 힘으로
많은 부처님 친견하고
공양하며 법 따르다
육바라밀 갖추어서
이 다음 부처 되어
그 이름이 미륵이라.
제도하는 중생 수가

한량없고 끝이없네.
묘광법사 그때 모습
지금의 나 문수사리요,
게으른 구명보살
지금의 그대이니라.
내가 본 광명 상서로워
과거불 때와 같도다.
석가모니 부처님이
설하실 법 분명히
『법화경』이라.
이 광명은 방편이요,
부처님의 깊은 뜻이니
그대들은 바로 알고
일심으로 기다리라.
이제 곧 법비 내려
구도자를 충족하리.
삼승법을 구하는 이
그 마음에 숨은 의심
모두 다 끊어주리.

# 2. 방편품

그 때 석가모니 세존께서 삼매에서
일어나시어 문수사리불에게
말씀하셨다.

"여러 부처님의 지혜는 실로
깊고도 한이 없으니,
그 지혜의 문은 헤아리기 어렵고,
들어가기도 매우 어려우며,
성문이나 연각도 그 깊은 뜻을
알기 어려우니라.
어찌하여 그러한가?
여래께서는 오랜 세월 백천만억
부처님을 친근히 공양하고,
무량한 도의 법을 따라
용맹하게 정진하여 오셨느니라.
그 이름은 시방 세계에 널리
알려졌으며, 깊고도 미묘한 법을
성취하셨도다.

그러므로 그 법의 뜻은 심오하여
알기 어렵고, 이해하기도 어려우니라.
문수사리불아, 내가 성불한 이래
가지가지 인연과 비유로 법을 널리
설하였으며, 무수한 방편으로
중생 인도하였느니라.
집착을 여의게 하였나니
이는 여래가 방편과 지견,
그리고 바라밀을 이미 다 갖추었기
때문이니라.
여래의 지견은 넓고도 크며,
깊고 멀어 사무량과 사무애변,
십력과 사무소외, 깊은 선정과 해탈,
삼매에 들어 미증유한 법을
성취하였느니라.
여래는 분별에 밝고 모든 법을 설함에
말씀 부드럽고 공교로워 중생 마음
기쁘게 하느니라.

예로부터 무수한 부처님들
친근하며 공양하고
모든 도를 닦아 성취하신
매우 미묘한 깊은 법이니
보기도 어렵고 알기 어려워
한량없는 겁 동안
행하신 도의 결과
내가 이미 보았노라.
그처럼 위대한 과보
무수한 성품과 모든 뜻
오직 나와 시방의 부처님들만
진실로 아는 바 되느니라.
이런 법은 말로 전하기 어려우며
그 무엇으로도 비유할 수 없고
중생들 지혜로는
도무지 알 수가 없나니.
다만 굳건한 믿음 지닌
보살만이 이를 알 수 있으리라.
부처님의 수많은 제자들
오래도록 공양 드리고
번뇌 여읜 최후 몸이지만
이 깊은 법 감당치 못하리.
세상 가득한 성문들이
모두 문수사리불 같을지라도
온갖 지혜를 다 모아

"문수사리불아, 중요한 것을 말하건대
한량없는 미증유한 법을
여래는 모두 성취하였느니라.
그러므로 그만두어라,
다시 말하지 않으리라.
부처님께서 성취한 가장 희유하고
깊은 법은 오직 부처님들끼리만이
실상의 법을 다 아시나니,
이른바, 여시상, 여시성, 여시체,
여시력, 여시작, 여시인,
여시연, 여시과, 여시보,
여시본말구경 등이라 하느니라."

그때 세존께서, 다시 그 뜻을 풀어,
게송으로 설하셨다.

부처님 지혜는
헤아릴 수 없이 깊고 넓어서
하늘이나 인간
그 어떤 중생이라도
헤아릴 수 없느니라.
부처님의 큰 힘과 두려움 없음
해탈과 여러 삼매
부처님 설하신 모든 법
헤아릴 자 아무도 없으며

한뜻으로 헤아려도
부처님의 지혜는
가늠할 수 없느니라.
벽지불과 최후의 몸 이룬 이들
시방세계 가득하나
그런 이가 마음 합해
무량한 억천만겁 오랜 세월을
부처님 참 지혜 생각해도
그 중 한 부분도 알지 못하고
초발심 보살들도
무수한 부처님께 공양하며
여러가지 뜻과 이치 도달해도
부처님 지혜는 미치지 못하네.
벼, 삼, 대, 갈대와 같이
그 수가 시방세계 충만하고
한결같이 신묘한 지혜로
항아강의 모래수와 같은 겁 동안
모두 함께 사량하여도
부처님 그 지혜는 알 수 없고
불퇴전 지위의 보살들
항아강의 모래만큼 많아서
오직 일심으로 찾고 구해도
그 지혜 알 수가 없나니
사리불아, 내가 다시 말하노라.
번뇌가 없고, 사량 넘은

깊고도 깊은, 이 미묘한 법
내가 이미 성취하였느니라.
이 법의 모습, 오직 내가 알며
시방세계 모든 부처님도 아시니.
문수사리불아, 알아 두어라.
부처님 말씀 허언 없나니라.
이제 오랜 세월 지나서야
참된 진실 법문을
진실되게 드러내어
말하고자 하노라.
성문, 연각 법 구하는 이여
이제 너희를 위하여
고통의 속박 벗어나게 하고
열반에 이르게 하리라.
삼승 가르침 펼친 것
방편력의 큰 힘이라
중생 마음 따라 집착하므로
그 길 따라 이끄신 것이니라.

그때 대중 가운데 수많은 성문
아라한과 번뇌를 다한 아야교진여 등
일천 이백의 큰 제자,
또한 벽지불을 지향하는 비구,
비구니, 우바새, 우바이들도 각각
마음속으로 이와 같이 생각했다.

'세존께서는 지금 어찌하여
은근히 방편을 찬탄하시며,
말씀하시기를
'부처님 얻으신 법은 깊고 미묘하여
성문이나 벽지불로는 헤아리기
어렵다' 하시나이까?
우리 또한 해탈을 얻었고
열반의 도에 이르렀거늘,
세존의 말씀을 전혀 알수가 없구나.'

그때 문수사리불이 거듭 이 뜻을
펴고자 석가모니 세존께 여쭈었다.

"세존이시여, 무슨 연유로
여러 부처님들의 방편과 깊고 묘하여
이해하기 어려운 법을 은근하게
찬탄하십니까?
제가 예전에는 세존께서
이런 말씀하시는 것을 들은 일이
없습니다.
지금 사부대중이 모두 의심하고
있사오니 바라옵건대 세존이시여,
이 일이 무슨 뜻인지 말씀해 주소서.
세존께서는 무슨 이유로 깊고
묘하여 이해하기 어려운 법이라고
은근하게 찬탄하셨습니까?"

다시 그 뜻을 게송으로 아뢰었다.

해같이 밝은 지혜의 세존께서
오랜만에 미묘한 법 설하셨나이다.
삼매와 선정과 두려움 없는 힘을
크신 방편으로 모두 갖추셨습니다.
신묘하고 깊은 법을 얻으셨으나
묻는 자도 깨닫는 자도 드물고
깊고 깊은 그 뜻은 헤아리기
어려워 묻는이가 하나없고
번뇌 끊은 여러 아라한과
열반을 구하는 성문들 또한
깊은 뜻을 이해하지 못하나니
지금 하신 이 말씀, 무슨 뜻이옵니까?
연각을 구하는 비구, 비구니,
하늘, 용, 야차, 건달바까지
모두 의심 품고 양족존만
우러러 보옵니다.
이 모든 일이 어찌된 연유인지
바라옵건대 세존께서 설해주소서.
성문 가운데 제가 으뜸이라 하나
제 지혜로도 헤아리지 못하나이다.
이것이 최상의 가르침인지

우리가 따라야 할 수행인지
분별하지 못하나니
불자들은 모두 합장하옵고
미묘하신 음성 듣기를 원하오니
진실한 말씀 전해주소서.
천신과 용신들 항아강의 모래 같고
보리를 구하는 보살들 또한
팔만 대중이 운집하였으며
여러 세계 전륜성왕들 또한
구족하신 말씀 원하나이다.

그때 석가모니 부처님께서
문수사리불에게 이르시되,

"그만두어라, 그만두어라,
다시는 말하지 않으리라.
이 말을 한다면 세상 모든 중생들,
놀라며 의심하리라."

그러자 문수사리불이 부처님께
다시 아뢰었다.

"세존이시여, 바라옵건대
법을 말씀하여 주옵소서.
말씀하여 주옵소서!

여기에 모인 무수한 대중,
백천만억 아승기 중생들은
일찍부터 여러 부처님들 친견하고
근기가 밝고 지혜가 뛰어나
세존의 말씀 들으면
공경하며 믿사옵니다."

그때 문수사리불이 이 뜻을 거듭 펴기
위해 게송으로 아뢰었다.

무상한 법왕이신 세존이시여,
염려 마시고 법을 설하소서.
이곳에 모인 무량한 대중
공경하고 믿을 이들이 있나이다.

그때 석가모니 부처님께서 다시
말씀하시되,

"그만두어라, 사리불아.
만일 이 법 말한다면
세간 하늘, 인간, 아수라들
놀라고 의심하리라.
뛰어난 체하는 비구들
장차 큰 구렁 속에 떨어지리라."

그때 석가모니 세존께서 게송으로
이 뜻을 거듭 말씀하셨다.

그만두라, 말하지 말라.
나의 법은 심히 미묘하고도 깊어
들으려 하나, 알기 어려우니
증상만의 사람들이 이 법을 듣는다면
반드시 믿지 않고 공경 않으리라.

그때 문수사리불이 석가모니
부처님께 다시 아뢰었다.

"세존이시여, 바라옵건대
이 미묘한 법을 말씀하여 주소서.
이곳에 모인 대중은 세세생생
부처님의 교화를 받았사오니
반드시 공경하고 믿으며,
깊은 밤 편안히 이익을 얻으리이다."

그리고 문수사리불은 그 뜻을 다시
펴기 위하여 게송으로 말씀드렸다.

비할 바 없는 양족존 세존이시여,
가장 깊고 바른 법을 설해 주소서.
저희는 부처님의 장자이오니
부디 자비로이 가르침을 풀어 주소서.
여기 모인 헤아릴 수 없는 대중들
모두가 깊이 믿고 공경하옵니다.
부처님께서는 예부터 여러 세상에서
이와 같은 무리들을 교화하셨나이다.
지금도 마음과 손을 모으며
부처님의 말씀 기다립니다.
저희 일천이백 성문 대중들과
불도 구하는 모든 이들이
이 법문을 들으면, 반드시 기뻐하여
한없는 환희심을 내오리이다.

그때 석가모니 세존께서
문수사리불에게 말씀하셨다.

"사리불아, 네가 자꾸 은근히
세 번이나 간절하게 청하였으니,
어찌 말하지 않겠느냐?
이제 너는 잘 듣고,
마음 모아 깊이 생각하라.
내가 너를 위하여 법을 설하리라."

이때, 모인 대중 가운데
비구, 비구니, 우바새, 우바이 중
오천 인이 자리에서 일어나

석가모니 부처님께 예배드리고는
물러났다.
그 까닭은 그들이 죄업이 깊고
교만한 마음을 지녔기 때문이었다.
깨닫지 못한 것을 깨달은 체하고,
얻지 못한 것을 얻은 체하였던
것이다.
이런 허물이 있었으므로
그들은 자리를 떠났지만,
세존께서는 그들을 말리지 않으셨다.
그때 석가모니 부처님께서
문수사리불에게 다시 말씀하셨다.

"사리불아, 이제 여기에 남은
이 대중은 가지나 잎은 떨어지고,
참된 열매만이 남아 있느니라.
이제 교만한 사람들은 물러갔으니
도리어 마땅한 일이 되었느니라.
자, 이제 너는 내 말을 잘 들으라.
이제부터 깊고 참된 법을 분별하여
설하리라."

사리불이 합장하고 말하였다.

"그러하겠나이다, 세존이시여.

부디 설해 주옵소서.
자세히 듣겠나이다."

그때 석가모니 부처님께서
문수사리불에게 말씀하셨다.

"이 미묘한 법은 때가 되어야
설할 수 있느니라.
마치 우담바라꽃이 오랜 세월
지나 때가 되어야 한 번 피듯,
이 법 또한 드물게 나타나느니라.
사리불아, 너희들은 부처님의
말씀을 굳게 믿을지니,
그 말은 헛되지 않으니라.
사리불아, 모든 부처님께서
설하시는 법은 그 뜻이 심히 깊고
이해하기 어렵나니,
왜냐하면 나는 무수한 방편과
가지가지 인연과 비유로
법을 설하지만,
이 법은 헤아리거나 분별하여
알 수 있는 것이 아니기 때문이라.
오직 부처님들만이
이 법의 참 뜻을 아시느니라.
문수사리불아,

부처님께서 세상에 출현하신 것은
다만 하나의 큰 인연 때문이니,
이를 일대사인연이라 하느니라.
부처님들께서는 중생들로 하여금
부처의 지견을 열어
깨끗이 하게 하려 하시고,
부처의 지견을 보이시고자 하며,
부처의 지견을 깨닫게 하시고,
마침내 부처의 지견에 들게 하시려는
까닭으로 이 세상에 나오시느니라.
이와 같은 까닭으로 부처님들께서
세상에 출현하심은 다만 하나,
바로 이 일대사인연 때문이니라."

그때 석가모니 부처님께서
문수사리불에게 말씀하셨다.

"여러 부처님들께서는
다만 보살을 교화하시며,
하는 일 모두 오직 하나니,
부처님의 지혜와 눈을 중생에게
열어주시고 깨닫게 하시기 위함이라.
문수사리불아, 여래는 다만 일불승을
위해 설하시고 이승이나 삼승은
본래 없느니라.

과거의 부처님들께서도
무량한 방편과 비유 인연으로
중생을 위해 법을 펴시되
모두 일불승을 위한 것이니,
부처님 따라 법을 들은 이들은
결국에는 일체종지를 얻었느니라.
미래의 부처님들도 세상에
출현하시면 무량한 방편과 비유
인연으로 중생들을 위해 설하시되
그 또한 다만 일불승이며,
모든 중생은 부처님 법을 듣고
마침내 일체종지를 얻으리라.
문수사리불아, 지금 이 시방세계
한량없는 백천만억 불국토에
부처님들께서 중생을 이익되게 하고
편안히 하시며, 수없는 방편과 비유로
법을 펴시되 이 법 역시 일불승일
뿐이니, 부처님께 귀의한 중생들은
결국 모두 일체종지를 얻느니라.
이 모든 부처님들께서는
다만 보살을 교화하시며
부처님의 지혜 눈을 중생들에게
열어 보이고, 그 지혜를 스스로
깨닫게 하며, 그 길로 들어가게
하시려 이 세상에 출현하셨느니라.

나 또한 이와 같아 중생의 갖가지
욕망과 마음 깊은 집착을 알아 각기
성품을 따라 인연과 비유, 방편으로
진리를 설하였나니, 이 모든 방편
또한 일불승을 성취하게 함이라.
문수사리불아, 시방세계에 이승조차
본래 없거늘 어찌 삼승이 있겠느냐!
부처님께서는 오탁악세 번뇌 많은
이 세상에 나셨나니, 겁이 흐리고,
번뇌가 흐리며,
중생의 마음도 흐리고,
소견과 수명이 흐려진 때라,
이 중생의 겁이 흐려 어지러울 적에는
중생들이 번뇌가 많고 간탐하고
질투하여 여러 가지 나쁜 근성을
이루므로, 부처님들께서도 방편을
써서 일불승에서 분별하여 삼승을
설하는 것이니라.
만일 어떤 제자가 스스로 말하길
'나는 아라한이라, 나는 벽지불을
얻었다' 하면서도 부처님께서 오직
보살을 교화하신다는 깊은 뜻을
듣지 못하고 알지 못한다면,
그는 진정한 부처님의 제자도 아니요,
아라한도 아니며, 참된 벽지불도
아니니라.
어떤 비구나 비구니가 스스로 말하길
'나는 이미 아라한을 얻었고,
이 몸은 최후의 몸이며 열반에
이르렀노라.' 하면서도
더는 보리심을 내지 않고
아뇩다라삼먁삼보리를 구하지
않는다면, 이는 참으로 교만한
무리라.
왜냐 하면, 참된 아라한이라면
이 깊고 미묘한 경전을 어찌 믿지
않으리요?
진실로 아라한을 얻었다면
이 법을 의심하지 않으리니라.
다만 예외가 있으니
부처님께서 멸도하신 뒤,
이런 경을 받아 지니고
읽고 외우며 그 뜻을 밝히는
그런 사람을 만나기는 어려우니라.
그러나 만일 다시 다른 부처님을
만나게 된다면 이 법의 깊은 뜻을
그때는 분명히 알게 되리라.
문수사리불아, 너희들은 마땅히
한결같은 마음으로 부처님 말씀을
듣고 믿고 이해하여 지니도록 하라.

부처님 말씀은 허망하지 않으며,
이 세상에 다른 법은 없고
오직 하나, 일불승만이 있느니라."

석가모니 세존께서 다시 한 번
깊은 뜻을 전하시고자 게송으로
말씀하셨다.


이런 비구, 비구니들
아만 가득한 우바새와
믿음 잃은 우바이들
이와 같은 사부대중
그 수가 오천여명
자기 허물 살피지 않고
계율조차 어지럽히며
탐욕으로 눈을 가리고
참된 도를 멀리하였네.
이처럼 어리석은 무리
스스로 물러나갔도다.
탐심 속에 덕없고 어리석어
부처님 덕에 눌려 사라졌네.
복덕 없어 이 법 못 듣고
스스로 연을 끊었도다.
이 자리에 남은 대중은
잎과 가지 다 사라지고

진실한 뜻 구하려는 이들 1
알맹이만 남았도다. 2
사리불아, 이제 들으라. 3
부처님께서 깨달은 법은 4
헤아릴 수 없는 방편으로 5
중생 위해 설하시느니라. 6
중생들의 온갖 생각 7
따라 따로 행하는 길 8
욕망 따라 성품 달라 9
지은 업도 선악 다르니 10
그 마음 깊이 아는 11
부처님은 방편을 써서 12
인연 따라 비유를 펴고 13
이야기로 기쁨 주시네. 14
어떤 때는 수다라 설하고 15
어떤 때는 가타와 본사 16
본생이나 미증유 인연 설하시고 17
혹은 비유와 기야 18
우바제사를 이야기하되 19
마음 둔한 이 중생들은 20
오직 소승법만 좋아하여 21
생사 속에 집착하고 22
무량한 부처님 만나고도 23
미묘한 도 행하지 않네. 24
수없는 고통 겪는 25

이들을 불쌍히 여기사
안온한 열반의 길로서
잠시 머물러 설하셨네.
이와 같이 방편 설하심은
부처 지혜 들게 함이니라.
너희들 모두 성불하리라
진작 말하지 않은 까닭은
때가 이르지 않았기 때문이었으나
지금이 바로 그때이기에
크고 깊은 대승법으로
참된 뜻을 드러내노라.
내가 설한 구부의 법
중생 근기 따라 말한 것
대승법을 드러내기 위해
구부의 법 펼쳤노라.
마음 맑고 청정한 불자여
부드럽고 지혜 밝은 이여
한량없는 부처님 따라
미묘한 도 닦았으니
이런 불자 너희를 위해
대승의 경 설하노라.
이 사람은 미래세에
부처 되리라 수기하노라.
마음 깊이 부처를 염하고
계율 청정히 간직한 이

성불한다는 말 들을 때
몸 가득 기쁨이 넘치리라.
그 마음을 아신 부처님께서
대승법을 설하시며
성문, 보살 다함께 들어
내 설한 법문을 따를지니
비록 한 게송만 외운다 해도
부처님 되는 데 의심 없으리.
시방세계 모든 국토
일승법만 있을 뿐
이승도 없고 삼승도 없으니
방편의 말은 버릴지니라.
중생을 인도하려고
일부러 거짓 설했으니
오직 부처 지혜 말하려
이 세상에 오신 부처님
이것만이 진실한 말
이승 삼승은 방편일 뿐
소승을 따라가면
끝내는 구제하지 못하리.
대승으로 성불하신
부처께서 얻은 바는
선정과 지혜로 장엄하여
모든 중생 제도하시니.
평등하고 뛰어난 도

이것이 대승의 법이라.
혹여 누군가 소승으로 인도한다면
나는 간탐에 빠짐이요
바른 길을 잃는 일이니라.
사람들이 믿고 귀의하면
여래는 거짓이 없으며
탐욕, 질투 모두 끊어
모든 악을 여의었네.
시방세계 부처님은
두려움도 없으시며
장엄한 모습 밝은 광명
세상마다 비추시네.
중생들이 우러러보며
실상인을 설하리니
문수사리불아,
내가 본래 세운
서원 하나 있었으니
"모든 중생 나와 같게
불도를 이루게 하리라."
이 소원 오래 품어
이제야 만족하였도다.
중생 널리 교화하여
불도에 들게 하니
내가 만일 중생 만나
불도를 설하면

그 마음 어둡고 거칠어서
그 가르침 받아들이지 못하네.
이 중생 선근 없고
오욕에 깊이 빠져 있으며
성내고 어리석은 성품으로
삼악도에 떨어지며
여섯 갈래 헤매이면서
고통을 두루 받나니
태 속에서 몸을 받아
끝없는 생사를 이어가며
덕도 없고 복도 없어
온갖 괴로움 받는구나.
'있다' '없다' 어지러운
그릇된 견해 속에 머물며
육십이견 구족하고
허망한 법을 고집하고
벗어나지 못하네.
아만과 자존심 높아
마음은 굽고 삿되니
천만억 겁을 지나도록
부처님 법 듣지못해
제도하기 어려우니라.
사리불아, 이런 이들
방편으로 이끌어서
고통 멸하는 도를 설해

열반이라 일러 주지만
그 열반도 참된 것이 아니니
본래 법은 고요하여
불자들이 이 도를 따르면
미래세에 반드시 부처 되리라.
내가 비록 방편으로
삼승법을 설하였으나
시방세계 모든 부처님
오직 일승만 말씀하시니,
여기 모인 이 대중은
모든 의혹 지울지어다.
부처님 말씀은 다르지 않고
일승뿐이지 이승은 없느니라.
과거 세상 무수한 겁
멸도하신 여러 부처님들
그 수가 백천만억이니
헤아릴 수도 없도다.
그 모든 부처님들께서는
인연 따라 비유 따라
무수한 방편을 써서
법의 모습을 설하셨네.
이처럼 여러 부처님께서
모두 다 일승법을 설하시며
헤아릴 수 없는 중생을
불도로 이끄셨네.

대성주이신 부처님께서
세간 중생의 온갖 욕망
그 마음 깊이 아시기에
방편으로 뜻을 나타내시니
과거에 부처님 친견하고
보시, 계율 실천하며
인욕, 정진 행을 닦고
선정, 지혜 따랐던 자들
복과 지혜를 함께 쌓아
지금은 모두 성불했네.
또한 열반하신 뒤에도
그 마음 선한 사람들
부처님을 그리워하여
사리에 공양하고
만억 가지 탑 세우되
금, 은, 차거, 마노들과
민괴와 유리, 진주 등으로
장엄하게 보배 탑을 장식했네.
혹은 돌로 사당 짓고
전단향, 침수향, 향피우고
침향목과 다른 목재
기와, 벽돌 쓰고
들판 위에 흙을 쌓아
절을 세운 그 모든 이들
어린아이 장난으로도

모래로 탑을 쌓았다면
그 공덕으로도 이미 성불했네.
어떤 이는 부처님 위해
나무, 진흙, 쇠붙이로
부처님 형상 만들어냈으며
칠보, 청동, 납과 주석
다양한 재료 사용하여
장엄한 상 조성한 자들
모두 다 불도를 이루었도다.
그림 그릴 줄 모르는 자
남에게 시켜 부처님 상
그리게 하였을지라도
그 복으로 이미 성불했고,
아이들이 놀이 삼아
풀이나 나뭇가지 쥐고
모래 위에 부처 모양
장난스레 그렸다 해도
이러한 어린아이들도
점점 공덕을 쌓아가서
크나큰 자비심을 품고
마침내 다 성불했느니라.
그 모든 부처님들도
보살들을 교화하시어
한량없는 중생들을
불도에 들게 하셨나니.

어떤 사람 탑과 묘에 1
불상 또는 화상을 보고 2
꽃과 향과 번개로써 3
공경하며 공양하네. 4
누군가는 사람시켜 5
북을 치고 소라 불고 6
퉁소, 거문고, 공후, 비파 7
요령과 바라를 울리며 8
이처럼 묘한 음악으로 9
정성을 다해 공양하고 10
기쁜 마음 일으켜서 11
찬탄하며 노래하되 12
단 한마디 찬탄이라도 13
이미 모두 성불했고 14
마음 산란한 이라도 15
꽃 한 송이 올리는 공양 16
그 마음 일심이 되면 17
수많은 부처님 친견하고 18
혹은 어떤 사람들은 19
예배하고 합장하거나 20
손 한 번 들어 올리거나 21
머리 한 번 숙일지라도 22
이런 공양 올리는 이는 23
무량한 부처님을 친견하고 24
지극한 불도를 이루어 25

무수한 중생을 제도하여
마침내 무여열반에 드니
장작 다 타 불 꺼지듯
마음 산란한 사람이라도
탑이나 묘에 들어가서
나무불 한 번에 성불하도다.
과거세의 부처님들
계실 때나 열반 후에도
이 법문을 들은 자는
모두 성불하였으며
미래세 모든 여래들도
그 수효가 헤아릴 수 없어
방편으로 이 법 설하시어
중생 제도하시리니.
일체의 부처님 세존들
가지가지 방편 쓰시어
중생을 교화하시고
불지혜에 들게 하시네.
이와 같은 이 법문을
한 번이라도 들은 이는
머지않아 성불하네.
그 사실을 믿고 따를지니,
여러 부처님들 본래 서원은
내가 행한 불도에 따라
모든 중생 교화하여

똑같은 길 이루게 함이라.
미래의 모든 부처님들
그 수는 셀 수 없이 많으나
그들이 설하는 온갖 법도
결국은 오직 일불승이라.
변함없는 참된 진리
양족존만이 아니니
부처 되기 위한 종성들
인연 따라 자라나며
설하신 일승법을 따라
그 자리서 머무르며
세간의 모습 살펴보고
방편으로 말씀하니.
하늘, 인간 공양 받고
시방 세계 부처님들
세상에 출현하셨도다.
중생을 이롭게 하려
이 법문을 설하시되
제일이고 적멸함을 알면서도
방편으로 갖가지 길 보이지만
그 실은 일불승뿐이니라.
중생의 가지가지 행
마음속에 품은 생각
과거에 닦은 업과
탐욕, 성질, 정진의 힘

모두 다 꿰뚫어 아시고
비유와 이야기로
인연 따라 방편 따라
이 법문을 말씀하시네.
지금의 나도 그와 같이
중생의 고를 덜기 위해
가지가지 많은 설법으로
부처님 도 보여주네.
내가 지닌 지혜의 힘으로
중생들의 근기 살펴
기쁨과 환희를 주도록
방편의 법 펼치노라.
사리불아, 너는 바로 알라.
내가 부처의 눈으로
육도 중생 살펴보니
지혜 없고 가난하여
생사의 길을 잘못 들어
끝없는 고통
벗어나지 못하였네.
오욕의 즐거움에 빠져들어
야크가 제 꼬리를 사랑하듯
집착 속에 스스로 묶여
눈이 멀고 바른 길 모르며
참된 부처 구하지도 않고
괴로움조차 끊지 못하며

그릇된 견해에 깊이 빠져
스스로 얽히고 얽혔도다.
이런 중생들 위하여
나는 큰 자비심을 일으켰다.
보리수 아래 도량에서
나무를 보며 경행하고
삼칠일 깊은 선정에 드니
내가 얻은 이 지혜야말로
미묘하고도 으뜸이건만
근기 둔한 중생들
어리석고 눈 어두워
이 법을 어찌 알게 하랴.
그 때 범천왕이 나오고
제석천왕과 사천왕
대자재천의 여러 하늘과
백천만 권속이 함께 모여
두 손 모아 예배하며
법문을 청하였네.
그 모습 보고 스스로 생각하니
만약 내가 일불승을 찬탄하면
고통에 잠긴 이 중생들
이 법을 믿지 못하고
비방하고 의심하며
삼악도에 빠질까 염려되었네.
그러니 차라리 설법하지 않고

조용히 열반에 들까 하다가
지난 세상 부처님들께서
방편을 쓰셨음을 생각하고
내가 지금 얻은 이 도를
삼승으로 나누어 말하리라.
그 때 시방의 모든 부처님들이
한 마음으로 나타나시어
범음의 목소리로 위로하시며
말씀하셨네.
"훌륭하도다, 석가모니불이여.
가장 뛰어난 대도사시여
무상의 법을 얻고도
모든 부처님을 본받아
중생을 위해 방편을 쓰는구나!"
미묘하고 뛰어난 이 법
우리 또한 얻었으나
중생을 널리 이롭게 하려
삼승의 법 설하였네.
지혜 적은 소승의 이들
성불을 믿지 않기에
방편 따라 나누어서
여러 과를 설명했네.
비록 삼승을 설했어도
모두 보살 길로 이끄는 것
사리불아, 똑똑히 알아라.

지금 부처님 말씀을 들으니
참으로 맑고도 미묘하여라.
도량 나무 아래 앉아
부처님 이름 부르며
깊이 다시 생각했네.
흐린 세상 내가 나서
과거 부처님 가르침 따라
나 또한 그 길을 따르리라.
이렇게 깊이 서원하고
바라나에 나아가니
적멸한 법의 진면목을
말로는 다 표현 못 하기에
방편의 힘을 빌려서
다섯 비구에게 설했네.
이 법문 이름은 전법륜
그와 같이 지금도 부르나니.
열반이라 이름하고
아라한이라 불리우며
법보와 승보 또한
이름 따라 차별 있네.
오랜 세월 흘러오며
열반의 도 찬탄하되
생사의 고 다 끊는 것
늘 이 법 설해왔네.
사리불아, 똑똑히 알아라.

내가 바라본 불자들은
불도를 구하는 이들이며
그 수효는 한량없도다.
천만억 중생들이
공경하는 마음 내어
부처님께 모여왔고
일찍부터 방편을 들었느니라.
지금 내가 다시 보니
여래께서 세상에 나오신 뜻
바로 이 불지혜 설하시려
출현하신 참 뜻이니
지금 이때가 바로
그 가르침 열어 주실 때로다.
사리불아, 잘 알아두어라.
근기 얕은 소승들은
형상에 집착하고 교만하여
이 진실한 법 믿지 못하네.
이제 나는 두려움 없이
모든 보살들 앞에서
방편을 걷어내고
위없는 도 설하리라.
보살들은 이 법을 들으면
의혹이 모두 사라지고
일천이백 아라한들도
마땅히 모두 성불하리라.

과거, 현재, 미래의 부처님들
설법하시던 그 방식대로
이제 나도 그와 같이
차별 없는 법 설하노라.
부처님들의 출현은
참으로 만나기 어렵고
설사 오신다 하여도
이 법문 듣기 더 어려우며
무량겁을 지나서도
이 법 듣기 쉽지 않으니
그 뜻을 아는 이는
더욱 만나기 어렵도다.
우담바라꽃 한 송이
천상 인간 기쁘게 하나니
희유하게 피는 그 꽃처럼
이 법도 때 되어야 나타나네.
법을 듣고 환희하며
한 마디 찬탄을 하더라도
삼세 모든 부처님께
공양 드림과 같나니
이러한 사람 참으로 귀하여
우담바라꽃과 같도다.
그러니 너희들은 의심 말고
법왕의 말씀 따르라.
나는 법의 왕이니

대중에게 분명히 말하노라.
묘법의 일불승으로
오직 보살만을 교화하니
성문 제자는 없느니라.
사리불과 모든 제자들아,
부처님의 깊고 비밀한 가르침
오탁악세 이 세상엔
욕망에 물든 중생들이
불도 구할 뜻도 없이
쾌락만 탐하나니
이런 중생 일불승 법문 들으면
미혹하여 믿지 않고
나쁜 길에 떨어지리라.
그러나 부끄러움 알고
청정한 삶 구하며
불도를 찾는 이들을 위해
일승의 도 찬탄하노라.
사리불아, 명심하라.
부처님 가르침은 이와 같아
수많은 방편으로
중생에게 법 설하시니
배우지 못한 이들은
그 깊은 뜻을 알지 못하나
도사이신 여래께서는
중생의 근기 맞춰 설하시네.

너희들은 이제 알았으니
의혹은 모두 풀고
큰 기쁨과 믿음을 가지고
반드시 성불하리라.

# 3. 비유품

그때 문수사리불이 기쁨 가득
일어나 합장하며 석가모니 부처님을
우러러보며 이렇게 말씀드렸다.

"세존이시여, 이 깊고도 묘한 법문을
들으니 제 마음은 그 어느 때보다
기쁘며 미증유를 얻었습니다.
예전 부처님 설법 중에 보살들이
성불하리란 수기를 받는 걸 보고도
저희들은 거기에 끼지 못하여
스스로 한탄하고 괴로워했나이다.
'여래의 지혜, 무량한 그 법을
나는 잃고 말았구나' 하며
슬픔에 잠겨, 숲속 나무 밑에서
홀로 앉거나 거닐며 자책했나이다.
'우리 또한 부처님의 법성 안에
있는데, 왜 여래께선 소승법만
가르치실까?'

이런 생각으로 괴로웠으나,
그 잘못은 다만 저희에게 있었나이다.
세존이시여, 만약 우리가 조금만
더 기다려 여래께서 대승을 드러내실
때까지 인내하며 법을 따랐다면
아뇩다라삼먁삼보리의 길도
분명히 열렸을 것입니다.
하지만 처음 듣고도, 믿고는
그 법을 다 얻었다고 착각했나이다.
제가 밤을 새우며
늘 스스로를 책망하였으나,
오늘 이 미증유한 법을 듣고서야
모든 의혹 사라졌습니다.
마음의 그늘은 걷히고
몸은 가벼우며 태평하니,
이제야 진실로 알게 되었나이다.
저희는 부처님의 참된 아들이며,
법 속에서 새로 태어났고,

부처님의 가르침을 온몸으로 따르며,
법을 따라 다시 태어나 피를 나눈
문중의 일원이 되었나이다."

이 모든 은혜를 깊이 감사드리며,
그때 문수사리불은 이 뜻을 거듭
펴고자 게송으로 말하였다.

이 법문 내가 들어 미증유법 얻었고
제 마음 크나큰 기쁨에 젖어
의심 또한 말끔히 사라졌나이다.
예로부터 부처님께 교화받고
대승의 길 잊지 않았으니
세존의 가르침 실로 희유하여
번뇌 또한 사라졌나이다.
산속에 조용히 머무를 적마다
숲속 길 거닐며
깊이 생각하였나이다.
홀로 앉아 나 자신을 돌아보며
스스로 자책하길
"어찌하여 부처님 제자로
태어나 무루의 진리 듣고서도
위없는 도를 세상에
전하지 못했던가."
이와 같이 참회하였나이다.

금빛 몸과 삼십이상
십력과 여러 해탈
이 모든 법의 근원을
저는 아직 얻지 못했나이다.
여든 가지 묘한 상호
열여덟 가지 불가사의 법
그처럼 장엄한 공덕들도
나는 모두 잃었다 여겼나이다.
홀로 걸으며 생각하니
부처님은 대중 가운데 계시고
시방 세계에 이름 널리 퍼져
무수 중생을 이롭게 하시거늘
저는 그러한 이익도 얻지 못해
스스로 제 마음을 속였나이다.
밤낮 없이 마음 속엔
오직 이 일만을 떠올렸고
잃은 것인지, 아닌지
여쭙고 싶었으나 망설였나이다.
그러다 세존께서 보살들을
칭찬하시는 모습을 보았고
낮에도 밤에도 그 장면을
제 마음속에 떠올리며
뜻을 따라 법을 펴신
부처님 말씀 듣게 되었나이다.
그 가르침은 번뇌 없고

헤아릴 수 없어

진리의 길로 인도하시며

저의 삿된 소견 벗겨내어

거룩한 스승으로

되돌려 주셨나이다.

세존께서 제 마음을 아시고

열반의 법 말씀하실 때

저는 어지러운 견해를 버리고

공법을 체득하였으며

그때 비로소 생각하길

'이제야 참된 열반을 얻었구나.'

하였나이다.

그러나 알고 보니

그것은 참된 열반이

아니었나이다.

만일 진정 부처가 되었다면

삼십이상을 모두 갖추고

하늘과 사람과 야차, 용왕들도

모두 공경하였을 터

그때야말로 번뇌 다한

진정한 열반이라 할 것을

세존께서 대중 가운데서

저의 성불을 수기해 주시니

그 말씀 듣고서야

모든 의심 풀렸나이다.

부처님 말씀 처음 들을 때

마음 크게 놀라며 생각하길

혹시 부처 탈을 쓴 마왕의

농락인가 하였지만

세존께서 인연 따라

비유와 방편으로 설하시니

마음이 편안해지고

모든 의혹도 사라졌나이다.

과거 여러 부처님들

모두 방편 행하시며

이러한 법을 설했다고

세존께서 밝히셨나이다.

현세와 미래세의

헤아릴 수 없는 부처님들

가지가지 방편으로

이러한 법 설하시며

지금 세존께서도

세상에 나시어 출가하사

법륜을 굴려 설하심도

방편을 따르심이라 하시니

세존의 참된 설법

파순이야 할 수 있나.

그 마군이 부처 아닌 줄을

내가 바로 알았으니

의심의 그물에 걸려

혹시 마군인가 했던 마음
세존의 법문 듣고 나니
심오하고 미묘하며
청정한 진리를 설하심에
마음은 기쁨으로 가득하고
의심은 모두 사라지며
진정한 지혜 얻었나이다.
이제 저 또한 마침내
성불할 것이며
하늘과 인간의 공경 속에
무상 법륜 굴려
모든 보살 인도하며
참된 도를 전하겠나이다.

그때 석가모니 부처님께서
문수사리불에게 말씀하셨다.

"사리불아, 내가 지금 이 자리에서
천인, 사문, 바라문 중생들 앞에서
말하노라.
너는 오래 전 무수한 부처님들
계실 때, 내가 위없는 깨달음을
구할 때, 나와 함께 수행하였느니라.
나는 너를 방편으로 인도하여
지혜의 길에 들게 하였고,
너는 내 법 안에서 태어났느니라.
예전에도 너에게 불도 향한 뜻을
품게 하였으나,
지금 너는 멸도를 얻었다고
스스로 여기고 있었다.
그러므로 나는 이제 네가 본래 지니고
있던 서원과 행을 일깨우기 위해
이 대승경을 설하노라.
이 경의 이름은 『묘법연화경』이니,
보살을 인도하는 법이며,
부처님께서 항상 보호하고
생각하시는 경이라.
사리불아, 너는 앞으로 한량없는
불가사의한 세월을 지나
무수한 부처님들께 공양하고
바른 법을 지키며
보살이 수행해야 할 모든 도를
구족하여 마침내 부처가 되리라.
그 부처님의 이름은 '화광여래'라
하며, 응공, 정변지, 선서, 세간해,
무상사, 조어장부, 천인사,
불세존이라 할 것이다.
화광여래께서 계시는 세계는
'이구'라 하며,
땅은 평탄하고 아름다우며

맑고 깨끗하며 장엄하니,
그곳은 유리로 된 땅에 팔방으로
뻗은 길에 황금줄로 드리웠으며,
그 길가에는 칠보로 된 나무들이
꽃과 열매를 가득 피우고 있느니라.
화광여래께서는 삼승으로
중생을 교화하시되, 비록 악세가 아닌
세상에 출현하더라도
예로부터 맺은 서원 따라 삼승법을
설하시느니라.
겁의 이름은 '대보장엄겁'이라 하며,
그 뜻은 그 나라가 보살을 가장 귀한
보배로 삼기 때문이라.
보살들은 헤아릴 수도 없는 이들로,
숫자나 비유로도 표현할 수 없고,
오직 부처님의 지혜로만 알 수
있느니라.
그 보살들은 걸음을 옮길 때마다
보배로운 꽃이 발 아래에 피어나며,
처음 발심한 자들이 아니라,
오랜 옛적부터 덕의 뿌리를 심었고,
무수한 부처님들께 공양 올리며
수행하여 청정한 범행을 닦았으며,
모든 부처님들께 칭찬받는
보살들이라.

그들은 항상 부처님의 지혜를 닦고,
크나큰 신통을 갖추어 법의 문에
자유로이 드나들며,
진실하고 거짓이 없으며,
서원을 굳게 지키니,
그런 보살들이 그 나라에
가득하느니라.
사리불아, 화광여래님의 수명은
무려 십이소겁이며,
왕자로서 수행하던 시절은 여기에
포함되지 않느니라.
그 나라에 사는 백성들 또한 팔소겁
동안 생명을 누리며 살아가느니라."

화광여래께서는 십이소겁이
지나신 후, 견만보살에게
아뇩다라삼먁삼보리의
수기를 내려 주시며,
모인 비구들에게 이렇게 말씀하셨다.

"이 견만보살은 훗날 반드시
부처가 될 것이며, 그 이름은
화족안행 다타아가도, 아라하,
삼먁삼불타가 될 것이다.
그 부처님 국토 역시 화광여래님의

세계와 같을 것이다.
사리불아, 이 화광여래님께서
열반에 드신 후에도,
그분의 정법은 세상에
삼십이소겁 동안 머물 것이며,
그 뒤에 상법도 삼십이소겁 동안
머물러 수많은 중생을
교화할 것이니라."

그때 석가모니 세존께서는
이 뜻을 게송으로 다시 설하셨다.

사리불아, 미래 세상
성불하실 높은 세존
그 명호 화광여래
무량 중생 제도하리.
무량한 부처 공양하고
보살의 행 잘 닦으며
십력과 공덕 구족하여
가장 높은 도 이루리라.
무량한 겁 지낸 뒤에
대보장엄겁 되면
이구라 불리는 그 세계는
맑고 청정하여 티 없도다.
유리로 반듯한 땅 이루고

황금줄을 길게 늘여
칠보 나무 줄지어서
꽃과 열매 가득하네.
이구 국토 모든 보살
큰 뜻 세우고 정진하며
신통력과 바라밀다를
두루 갖추어 구족하며
무수한 부처님 곁에서
보살도를 따랐도다.
이러한 보살들을
화광여래께서 교화하리라.
너 또한 왕자로 태어나
세속의 영화 다 버리고
최후의 몸 받아 출가하여
마침내 성불하네.
화광여래께서
세상에 머무실 수명
무려 십이소겁 되고
백성들도 팔소겁 사나니.
멸도하신 그 후에도
정법 머무름 삼십이겁
그 법 닿는 중생들을
가르치고 제도하며
정법 끝나 상법 와도
삼십이겁 이어지니

천상, 인간의 공양 받으리.
화광여래 행하시는
그 모든 일 이러하며
복과 지혜 겸비하신
가장 높고 거룩한 세존
그분이 바로 너이거늘
마음 깊이 기뻐하라.

그때 비구와 비구니, 우바새,
우바이, 하늘과 용과 야차와 건달바,
아수라, 가루라, 긴나라, 마후라가의
사부대중들도 모두 석가모니
부처님 앞에 모여 문수사리불이
아뇩다라삼먁삼보리 수기 받는 것을
보고 기쁨이 가득 차올라 마음이
환희하여 감격 속에 머물렀다.
각기 입고 있던 훌륭한 옷을 벗어
부처님께 공양 올리며 기쁨과 공경을
표하였고, 허공 위엔 꽃비가 내렸다.
석제환인과 범천왕도
수많은 천자들을 데리고 와서
하늘의 아름다운 옷과 만다라꽃,
마하만다라꽃을 부처님께 뿌려
공양하니, 그 하늘 옷은 허공에
머물러 빙글빙글 돌았다.

수많은 악기들이 한꺼번에 울려
퍼지고, 하늘에서는 향기로운 꽃들이
소리 없이 비처럼 쏟아졌다.
그때 허공에서는 이런 소리가
들려왔다.

"석가모니 부처님께서
옛날 바라나시에서
처음 법륜을 굴리시더니,
지금 다시 위없는
큰 법륜 굴리시도다."

그때 여러 천자들이 이 깊은 뜻을
거듭 펴고자 게송으로 말하였다.

옛날 옛적 바라나시에서
사제법륜 굴리시며
오중생멸 설하셨고
이제 다시 위없는 법
크고 깊은 미묘한 법
헤아릴 수 없고
믿는 이가 드물도다.
예로부터 많이 듣고
익숙하다 여겼으나
이처럼 깊고 묘한 법

지금에야 처음 듣네.
오늘 이 법 펼치시니
우리들 또한 기쁘도다.
지혜로운 사리불이
세존께 수기 받으니
우리 또한 뒤를 이어
미래세상에 성불하리.
세간에서 가장은
세존이 되오리다.
부사의한 부처님 도
근기 따라 설하시고
내가지은 복업과
현세와 과거세 속에
부처님을 찾아뵙고
미묘한 큰 불도에
마음 다해 회향하리.

그때 문수사리불은
석가모니 부처님께 여쭈었다.

"세존이시여,
이제 저는 더 이상 의심이 없사오며,
아뇩다라삼먁삼보리 수기를
받았나이다.
그러나 여기 있는 마음

자유로운 일천이백인 대중들,
예전엔 배우는 자리에서
부처님께서 항상 교화하시며
말씀하시기를,
'나의 법은 나고 늙고
병들고 죽는 것을 여의고
마침내는 열반을 이룬다.'
하신 그 말씀을 따랐나이다.
배우는 이도, 다 배운 이도
'나'라는 소견과 '있다',
'없다' 하는 소견을 없애고
열반이라 믿었나이다.
그러나 미증유한 이 법문에 의혹이
솟구쳐 마음이 흔들리오니,
대중의 의심 풀어 주소서."

석가모니 부처님께서는
문수사리불에게 이르셨다.

"내가 이미 말했거니와
많은 부처님들께서도 비유와 인연,
이야기와 방편으로 설하신 뜻은
오직 아뇩다라삼먁삼보리를
위하는 것이었느니라.
이 모든 법의 설함이

곧 보살을 위함이요,
아뇩다라삼먁삼보리를
깨우치게 함이니라.
이제 다시 이 뜻을 분명하게
말하리니, 지혜로운 자라면
이 뜻을 알리라.
사리불아, 옛날 옛적 어느 나라에
큰 마을 하나가 있었고,
그곳에 나이 많은 장자가
살고있었느니라.
재산도 무수하고 종들도 많았느니라.
그의 집은 매우 넓고 컸으며
대문은 오직 하나였고,
그 안에는 수백의 사람들
백 명, 이백 명, 오백 명이
함께 살고 있었느니라.
그 집은 모두 낡았고
담과 벽은 무너지고
기둥뿌리는 썩었으며
들보조차 기울어져
언제 무너질지 모를 집에
사방에서 큰불이 나서
한창 타고 있었느니라.
그 집 안에는 열 명, 스무 명,
서른 명이나 되는
장자의 자식들이 있었느니라.
장자는 사방에서 일어나는 큰불을
보고 놀라 이렇게 생각하였느니라.
'나는 빠져나왔으나 내 아이들은
이 불타는 집에서 장난하고,
노느라고, 깨닫지도 못하고, 알지도
못하고, 놀라지도 않고, 두려워하지도
않으며, 불이 곧 몸에 닿아서
그 고통을 한없이 받으련만,
걱정하는 마음도 없고,
나오려는 생각도 못하는구나.'
사리불아, 장자가 다시 생각해보니
'내 힘이 세니 아이들을
책궤나 옷에 담아 품에 안고
나오리라.'
그리고는 다시 생각하였느니라.
'이 집의 문은 단 하나뿐으로
매우 좁아서 소견 없고
장난을 좋아하는 어린 것들이
혹 땅에 넘어져 불에 타지나 않을까?
그러므로 내가 그 어린것들한테
이 집이 한창 불에 타고 있어
무섭다는 말을 일러 주고,
지금 빨리 뛰어나오지 아니하면
불에 타서 죽는다고 하리라.'

이와 같이 생각한 장자는
그 여러 자식들한테 빨리 나오라고
소리쳤느니라.
이처럼 달래고 타이르지만
아이들은 노는 데만 몰두하여
두려움도 놀람도 없고
불이 무엇인지 집이 어떻게
되어가고 있는지 모르고
그저 아버지 얼굴만 보며
동서로 뛰놀고 있었으니
그 누구도 밖으로 나갈 생각조차
없었느니라.
이 광경을 바라보며
장자는 다시 생각하였느니라.
'이 집은 벌써 맹렬한 불길에 타고
있으니, 저 아이들이 지금 나오지
않으면 불에 타게 되리라.
직접 끌어낼 수는 없으니,
방편을 써서 스스로 나오게
해야겠다.'
아버지는 아이들이 평소에
장난감 좋아하는 것을 잘 알고
있었기에 이렇게 말하였느니라.
'얘들아, 너희가 좋아하는
갖기힘든 장난감들이 밖에 있단다.
양이 끄는 수레, 사슴이 끄는 수레,
소가 끄는 수레.
귀하고 얻기 어려운 것들이
대문 밖에 있으니,
지금 너희들이 갖지 않으면
반드시 후회하리라.
어서 나와서 가져가거라!
내가 너희들 모두에게 원하는 대로
나눠주마.'
아이들은 그 말을 듣고 기뻐서
서로 앞다투며, 타오르는 불길을 뚫고
집 밖으로 뛰쳐나왔느니라.
아버지는 자식들이 무사히 나오는
모습을 보고 마음속 깊이 기쁨을
감추지 못하고 흐뭇해 하였느니라.
아이들은 밖으로 나와 아버지께
말하였느니라.
'아버지, 아까 주신다고 한 수레들.
양 수레, 사슴 수레, 소 수레를
지금 주십시요!'
그러자 아버지는 아이들 모두에게
차별 없이 평등하게 훌륭한 수레를
하나씩 나누어주었느니라.
그 수레는 모두 장대하고 웅장하며,
칠보로 아름답게 꾸며졌고,

사방에는 풍경이 달려 있었으며,
천으로 덮은 덮개와
여러 겹의 부드러운 자리,
붉고 고운 베개로 장식되어
있었느니라.
그리고 빛깔이 깨끗하고
힘이 좋은 흰 소들이 수레 끌고,
여러 시종들이 호위하였느니라.
이처럼 아버지는 자식들을 위해
가장 귀하고 훌륭한 것을
아낌없이 나눠주었으며, 그 이유는
이렇게 생각했기 때문이었느니라.
'내 재산은 무한하고 창고마다
가득하니, 변변찮은 수레를
줄 이유 없도다.
이 아이들은 다 내 자식이니,
사랑하는 마음에서 차별 없이
최고의 보배 수레를 주어야 하리라.
왜냐하면 나는 온 나라 사람들에게도
넉넉히 줄 수 있는데, 내 자식들이야
두말할 것 있겠는가!'
그때 아이들은 각각 훌륭한 수레를
타고 기쁨에 넘쳤느니라.
그들이 받은 것은 본래 기대했던
것이 아니라, 그보다 훨씬 뛰어난
크고 귀한 수레였던 것이니라."

석가모니 부처님께서 문수사리불에게
물으셨다.

"사리불아, 너의 생각은 어떠하냐?
이 장자가 자식들에게 보배로 장식된
큰 수레를 차별 없이 나누어 준 것이
허망하다고 하겠느냐?."

문수사리불이 대답하였다.

"아닙니다, 세존이시여.
아버지가 자식들을 불타는 집에서
무사히 구해낸 것만으로도
이미 허망하지 않습니다.
그 아이들의 생명을
살린 것만으로도 충분하오니,
하물며 귀한 수레까지 주었다면
어찌 허망하다 하겠습니까?
게다가 아버지는 처음부터 이렇게
생각하였던 것입니다.
'내가 방편을 써서
저 아이들을 구해내야 하리라.'
이와 같은 자비로운 의도와 행동은

결코 거짓이 될 수 없습니다.
더욱이 장자는 재물이 한량없이
풍부하였으므로 그는 모든 자식들을
평등하게 사랑하였고, 크고 귀한
수레를 아낌없이 베풀었으니
그 마음에 차별이 있을 리 없습니다."

석가모니 부처님께서 말씀하셨다.

"훌륭하도다, 사리불아.
바로 네 말과 같으니라.
여래도 그와 같아 세간의 크신
아버지이시니라.
모든 중생이 겪는 두려움과 쇠약함,
고뇌와 근심, 어리석음과 어둠을
영원히 여의셨으며,
헤아릴 수 없는 지혜의 눈과
두려움 없는 위대한 힘을
성취하셨느니라.
크나큰 신통력과 지혜 갖추시고,
지혜와 방편의 바라밀다를
두루 갖추어, 한결같이 자비를
베푸시며 게으름 없이, 언제나 중생을
이롭게 하시려 하느니라.
그러므로 여래는, 썩고 낡아

불타는 삼계의 집에 태어나
중생들이 나고 늙고 병들고 죽으며,
슬퍼하고 괴로워하며,
무명의 불꽃에 타는 것을 보시고,
그들을 위하여
아뇩다라삼먁삼보리의 길을
열어 보이시느니라.
여러 중생들이 다시 나고 늙고
병들고 죽으며, 끝없는 근심과
괴로움 속에 빠져 있어,
오욕과 재물에 집착하여
몸과 마음을 괴롭게 하고,
이승에서 고통받고 다시 지옥, 아귀,
축생에 떨어지며, 비록 하늘이나
인간으로 태어난다 하여도
빈궁과 곤란 속에서 괴로워하며,
사랑하는 이와 이별하고
원수와 마주하여 그 괴로움이
끝이 없느니라.
이와 같은 고통 속에 중생들은 빠져
있으면서도 기쁘다 하며 웃고 놀고,
깨닫지도 못하고, 두려워할 줄도
모르며, 싫증 내지도 않고
해탈의 길을 찾으려 하지 않는구나.
삼계는 불타는 집이요,

중생들은 이리 뛰고 저리 달리며
끝없는 고통 속에 스스로 타고
있으면서도 그 고통을 깨닫지
못하느니라.
사리불아, 여래께서는 이러한
중생들을 보며 생각하였느니라.
'나는 그들의 아버지이니,
그들을 이 고통에서 벗어나게 하여
부처님의 지혜와 기쁨을 얻게
하리라.'
사리불아, 여래께서는 또 이런
생각을 하셨느니라.
'하지만 내가 가진 지혜와
신통만으로 설법하면,
그들은 이해하지 못할 것이니
나는 방편을 써야 한다.
왜냐하면 이 중생들이 나고 늙고
병들고 죽고 근심하고 슬퍼하고
고통받고 고뇌하는 시달림을 면치
못하고, 삼계라는 불타는 집에서
타고 있으니, 어떻게 능히
부처님의 지혜를 이해하리오.'
사리불아, 장자가 몸과 팔에 힘이
있어도 드러내어 쓰지 않고,
슬기로운 방편으로 불타는

집 속의 자식들을 위험에서 피하게
하며 보배로 장엄한 큰 수레를
자비로이 베풀어 주듯이,
여래 또한 그러하시니라.
비록 지혜와 능력, 두려움 없는 힘이
있으나 함부로 드러내지 않으시고,
다만 방편의 지혜로써 불타는 삼계의
집 안에서 중생을 제도하시려고,
삼승인 성문승과 연각승, 그리고
보리의 큰 수레인 불승을 설하시며
이와 같이 말씀하셨느니라.
'이 세상은 타오르는 집이니,
삼계의 불타는 집에 있기를
좋아하지 말며, 누추한 빛, 소리,
냄새, 맛, 촉감을 탐내지 말라.
만일 탐내고 애착하면
곧 불에 타게 되느니라.
너희들이 삼계에서 빨리 나오면
마땅히 성문, 벽지불, 불승의 길을
얻게 되리라.
이렇게 여래는 중생들을 방편으로
인도하느니라.'"

다시 석가모니 부처님께서
말씀하셨다.

"너희들은 반드시 알라.
이 삼승법은 다 이 성인이 칭찬하는
바이며, 자재하여 얽매임이 없고
의지하거나 구할 것이 없으니,
이 삼승을 타기만 하면 번뇌가 없는
오근, 오력, 칠각지, 팔정도, 선정,
해탈, 삼매 등으로 스스로 즐길
것이며, 한량없는 안온과 쾌락을
얻게 되리라.
사리불아, 어떤 중생이 마음 안에
지혜 지니고 부처님 세존을 따라
법을 듣고 믿으며 부지런히 정진하여
삼계의 불타는 집에서 속히 벗어나
열반을 구하고자 한다면,
이 사람은 성문승이라 하느니라.
이는 마치, 그 집 안에서 양의 수레를
구하여 불타는 집 밖으로 뛰쳐나온
그 자식과 같으니라.
또 어떤 중생이 부처님 세존을 따라
법을 듣고 믿으며 부지런히 정진하여
자연의 지혜를 구하고,
세상과 멀리 떨어져 혼자 있기를
좋아하며, 고요하고 맑은 곳을
즐기며, 모든 법이 인연 따라
일어남을 깊이 아는 이라면,

이 사람은 벽지불승이라 하느니라.
이는 마치, 사슴의 수레를 구하여
불타는 집 밖으로 나온 그 아들과
같으니라.
또 어떤 중생이 부처님 세존을 따라
법을 듣고 믿으며 부지런히 정진하여
일체지와 불지, 자연지와 무사지,
여래의 지견과 힘과 두려움 없음,
이 모든 지혜를 구하고자 한다면,
그는 한량없는 중생을 불쌍히 여겨
모두 편안케 하고, 천상과 인간에게
이익을 베풀며, 모든 이들을 제도하여
해탈케 하려 한다면,
이런 이는 곧 대승이라 이름하며,
보살이 이런 승을 구하기에
마하살이라 하느니라.
이것은 마치, 저 아들 가운데
어떤 이는 소의 큰 수레를 구하여
불타는 집에서 벗어난 것과 같으니라.
사리불아, 저 장자가 자식들이
불타는 집을 벗어나 안전한 곳,
두려움 없는 곳에 이른 줄을 보고,
자기 재물이 한량없음을 생각하여
큰 수레를 여러 자식에게 평등하게
나누어 준 것과 같으니라.

여래 또한 그러하다.
온갖 중생의 아버지 되어,
억천만의 중생들이 부처님
법문을 듣고 따름으로써
삼계의 괴로움과 두려움,
험한 곳에서 벗어나 열반의 즐거움을
얻게 된 것을 보고는,
여래께선 이와 같이 생각하셨느니라.
'내게는 한량없고 가없는 지혜와
힘과 두려움 없는 것 등의
여러 부처님의 법장이 있으며,
이 중생들은 모두 나의 자식들이니
평등하게 대승을 줄 것이요,
한 사람만 홀로 멸도를 얻게 할
것이 아니며 모두 여래의 멸도로써
열반하게 하리라'하고,
삼계를 벗어난 모든 중생들에게
다 부처의 선정과 해탈의
오락 기구를 주었으니,
모두 한 모양과 한 종류로서
성인들께서 칭찬하시는 바이니,
능히 깨끗하고 묘하고 제일가는
즐거움을 내느니라.
사리불아, 그 장자가 처음에는
세 가지 수레를 말하여
자식들을 불타는 집에서 끌어낸 뒤에,
보배로 장엄된 제일 편안한 큰 수레를
주었으나, 그 장자에게는 허망함이
없었듯이, 여래 또한 허망함이
없느니라.
처음에는 방편으로 삼승을 말하였으나,
마침내는 오직 대승만을 설하여
중생을 제도하느니라.
왜냐 하면, 여래께는
한량없는 지혜와 힘과
두려움 없는 법장이 있어,
모든 중생들에게 대승의 법을
베푸시나 중생이 그것을
능히 받아들이지 못할 뿐이니라.
사리불아, 이와 같은 까닭으로
부처님들은 일승의 참된 법에서
방편으로 삼승을 나누어
설하신 것이며,
이것이 곧 진실한 가르침이니라."

세존께서 이 뜻을 다시 풀어,
게송으로 법을 설하셨다.

**비유하면 어떤 장자**
**크나큰 집 지녔으나**

그집은 오래되어 위태로왔네.
기둥은 썩고 들보는 기울며
지붕은 썩고 서까래 부서졌네.
담장과 벽은 무너져 내렸고
골목마다 오물 쌓여 냄새나고
그 안에는 오백 식구
우글우글 살고 있고
소리개, 올빼미, 부엉이, 독수리,
까마귀, 까치, 비둘기, 뻐꾸기들이
날아다니며 어지럽게 울었고,
독사, 뱀, 살무사, 전갈, 지네와
그라마들, 도마뱀,노래기, 족제비,
살쾡이, 온갖 쥐와 나쁜 벌레
집 안 가득 들끓으며
기어오르고 뛰어다녔네.
똥오줌 더미에 벌레 들끓고
말똥구리 하늘을 덮었으며
여우와 늑대, 야간들이
죽은 짐승 찢고 물고
사방에 흩어 뼈와 살이 널브러졌고
굶주린 개 떼들이 몰려들어
으르렁대며 서로 다투고
이리저리 고기 찾아 헤매며
두려움에 떨고 있었네.
이 집의 모습이 이러하니

정녕 무섭고 참혹하도다.
가는 곳마다 어지러운 땅에
도깨비, 망량, 사나운 귀신
야차와 아귀들이 들끓으며
사람 고기 씹어 먹고
독한 벌레와 사나운 짐승들
새끼 낳고 젖 먹이며
제각기 자식 키우는데
야차들이 달려들어 잡아먹네.
배를 채운 그 귀신 무리
악한 마음 품고 으르렁대며
무섭도록 고함지르고
온갖 해침 일삼네.
구반다 귀신 무리들
흙더미에 걸터앉아 있다가
갑자기 땅 위로 솟구쳐 뛰며
이리저리 구르며 놀고 있네.
개 다리 잡아 흔들며
짖지도 못하게 막아 놓고
목을 다리로 눌러버리며
괴롭히는 걸 즐거워하네.
그 사이 또 나타난 귀신들
장대같이 키가 크고
새까맣고 삐쩍 마른 벗은 몸
그 무리도 함께 어울려

| | |
|---|---|
| 악을 쓰고 서로 으르렁대며 | 온갖 귀신들 놀라 울고 |
| 먹을 것을 탐하며 다투고 | 부엉이, 독수리 날아다니고 |
| 또 어떤 귀신 무리는 | 구반다 귀신들 떨며 |
| 목구멍이 바늘구멍 같고 | 어찌할 바 모르고선 |
| 어떤 귀신 머리 모양은 | 어지럽게 날뛰더라. |
| 소의 머리 닮았고 | 악한 짐승 독한 벌레 |
| 사람이든 짐승이든 | 구석구석 숨어들고 |
| 잡아먹고 헤집으며 | 비사사 귀신 무리 |
| 기괴하고 흉한 얼굴 | 그 속에도 머무르네. |
| 기갈로 울부짖네. | 복덕 없는 인연으로 |
| 야차와 아귀 무리들 | 불길 따라 몰려들고 |
| 사나운 짐승 떼들까지 | 서로 다퉈 해치면서 |
| 배고픔에 시달리며 | 피를 마시고 살을 먹네. |
| 창문 틈을 엿보고 | 여우 떼는 이미 죽고 |
| 이와 같은 험한 일들 | 큰 짐승들 몰려와서 |
| 무서움이 끝이 없어 | 물어뜯고 씹어먹고 |
| 이 낡고 썩은 집 하나가 | 구린 연기 자욱하네. |
| 한 장자의 소유라네. | 지네와 긴 다리 벌레 |
| 그 장자가 집을 떠난 지 | 독사 떼도 그 속에서 |
| 오래되지 않았을 때 | 불에 데어 뜨거워서 |
| 그 집 안에 갑자기 | 구멍 밖을 나올때에 |
| 사방으로 불이 붙어 | 구반다 귀신 떼는 |
| 기둥과 들보, 서까래까지 | 그것들을 낼름 삼키고 |
| 우르릉 쾅쾅 부서지며 | 또다른 귀신들 머리마다 |
| 담과 벽도 무너지니 | 불꽃이 일어 타오르네. |

배고프고 괴로워서
어찌할 바 몰라하며
미친 듯이 달아나니
그 집이 참혹하구나.
이 불탄 낡은 집터엔
무서움이 가득하고
독하고 센 화마까지
재난 또한 끝이 없네.
이때에 그 장자는
대문 밖에 서 있었고
자식들은 그 사이
장난 깊이 빠졌도다.
노는 데만 정신 팔려
화마조차 모르도다.
어떤이가 전해주니
장자 곧 그 말 듣고
불붙은 집 뛰어들어
방편으로 구제하여
타죽을까 애가 타서
자식들을 타이르며
험한 세상 고난 말해
무서움을 알리는데
악한 귀신 무수하고
독한 벌레 득실대고
화마 또한 타오르고
살무사와 독사 떼며
전갈과도 같은 해독
야차들과 아귀 무리
구반다도 끼어 있고
여우 떼와 들개 무리
부엉이와 독수리며
소리개와 올빼미들
노래기 벌레 우글대네.
배고프고 목이 말라
고통 속에 헤매이고
그 위에 또 불이 나니
괴로움이 끝이 없네.
여러 자식 무지하여
장자의 말 건성 듣고
놀기만을 즐기면서
희락에만 빠졌도다.
이때에 그 장자는
다시 깊이 생각하며
'내 자식들 이렇듯이
나는 더욱 걱정이네.
이 집 안에 즐거움도
하나 없어 텅 비었고
불길마저 치솟는데
아이들은 모르는가.
내 말 듣지 않으니

마음 깊이 기뻐하네.
이제야 즐겁도다!
어린 자식 기르기란
참으로 어려운 일이니
어린 것들 무지하여
무서운 집에 있었고
짐승들과 도깨비가
득실대는 그 속에서
사방에서 치솟는 불
그 속에서도 놀던 자식
내 기어이 구해 내어
재난에서 벗어났네.
그러므로 사람들아
내 마음 참 기쁘도다!
그때 여러 자식들이
편안히 앉아 있다가
아버지를 우러러보며
말씀드리기를
"아버지께서 조금전에
우리에게 하신 말씀
'세 가지의 보배 수레
너희에게 주겠다' 하셨으니,
지금이 바로 그때입니다.
저희에게 나누어 주소서."
큰 부자인 그 장자는

장차 모두 불타리라.'
그때 장자 생각하여
방편 지혜 펴내어서
자식들을 불러 말하되
"내게는 놀기 좋은
귀한 수레 많단다.
양이 끄는 수레 있고
사슴 수레도 있으며
큰 소가 끄는 수레도 있다.
온갖 보배 수레들이
문 밖에 놓였으니
너희들 모두 나오너라
좋은 수레 나누리라.
내가 너희 위하여
좋은 수레 지었으니
마음껏 타고 끌며
즐겁게 놀아 보아라."
이런 말 들은 자식들
기쁜 마음 가득 안고
서로 밀치고 달리며
불탄 집을 벗어났네.
장자는 자식들이
화마에서 빠져나와
사거리에 앉은 것을
사자좌서 흐뭇하게 내려보며

창고마다 보배 가득
금과 은과 유리 구슬
비취, 호박, 산호들과
온갖 보배로 만든 수레
크고도 훌륭하였네.
수레마다 난간을 두르고
사면엔 풍경이 울리며
황금 줄을 드리우고
진주 그물 위를 덮었네.
금빛 꽃과 고운 영락
채색으로 곱게 그려,
부드러운 비단 자리
천금보다 귀한 천으로
희고 깨끗하게 덮었으며
힘차고도 아름다운
몸집 큰 흰 소에게
멍에를 지워 수레 메웠네.
수많은 하인들이
수레 곁을 호위하며
이 귀하고 좋은 수레
자식들에게 나눠 주었네.
그때 여러 자식들은
기뻐서 웃으며 뛰놀고
보배 수레 위에 올라
사방으로 자유롭게 달렸네.

자재하여 걸림도 없고
마음껏 쾌락을 즐겼네.
사리불아,
이 이야기와 다름없는 이
바로 나, 세간의 아버지라.
성인 가운데 가장 높은 이니라.
일체의 중생들
모두가 나의 자식이니
세속의 쾌락에 빠져
지혜로운 마음은 없구나.
삼계는 불안정하여
불타는 집과 같고
그 안에는 온갖 고통
가득하여 끝이 없네.
나고 늙고 병들고
죽는 근심이 끊임없고
이러한 고통의 불길
치성하여 쉬지 않도다.
이 삼계 불타는 집을
여래는 이미 떠났고
고요한 숲과 들에서
편안함을 누리고 있네.
이 삼계 모두가 내 것이며
그 안에 사는 중생
모두가 나의 자식이라.

그런데 이 세상에는
고난만 가득하니
나 아니면 누가 가서
그들을 구제하리오.
타이르고 가르쳐도
믿지 않는 그 마음은
온갖 욕망과 즐거움에
깊이 빠졌기 때문이라.
이러한 중생 위해
방편으로 설한 삼승법은
삼계의 고통 알리고
벗어날 길 보이려 함이라.
자식들이 마음 정하고
진리를 향해 나아가면
삼명을 갖추고
육신통도 얻으며
연각의 지혜 이르고
불퇴하는 보살법 얻으리라.
사리불아, 잘 들으라.
나는 중생 위해
이런 비유 들어가며
일불승을 설하였노라.
이제 너희가 이 진리를
믿고 따르며 수행하면,
미래세의 모든 중생들도
부처의 길 이룰 수 있으리라.
이 승은 미묘하고 청정하며
세간의 그 어떤 법보다
가장 높고 으뜸이니라.
부처님도 기뻐하시고
중생들 또한 찬탄하며
공양하고 예배드리며
한량없는 억천의 신통력과
지혜와 선정, 해탈이
이 법에 다 갖춰져 있어
그것을 얻게 하노라.
그리하여 자식들이
밤낮 오랜 세월 동안
즐겁게 유희하듯 살아가며
보살과 성문의 대중들도
이 큰 수레에 함께 타면
곧 도량에 이를지니라.
이와 같은 인연으로
온 시방 세계 다 찾아도
다른 길은 전혀 없고
오직 부처의 방편만이 있으니라.
사리불아, 잘 들으라.
너희는 모두 다
나의 자식이요
나는 너희의 아버지이니라.

너희는 오랜 세월 동안
온갖 고통 속에 타고 있었으나
내가 모두 제도하여
그 괴로운 세상
삼계를 벗어나게 하리라.
예전에 내가 말하길
"너는 이미 멸도했다" 하였으나
그것은 단지 생사의
고리를 끊은 것일 뿐
참된 멸도는 아니었느니라.
진정 네가 해야 할 일은
부처의 지혜이니
또한 어떤 보살들이
이 대중 가운데 있거든
한결같은 마음으로
부처의 가르침을 듣는다면
비록 불세존이 방편을 써서
여러 법문 설하였다 하여도
그 가르침을 통해
깨달은 중생들은
모두 다 보살이라.
어떤 사람은 지혜가 얕아
애욕에 깊이 빠져 집착하므로
그런 이를 위해 부처님은
고제를 설하시나니

중생들은 이를 듣고 기뻐하며
이전에 없던 참뜻을
깨닫고 말하리라.
"부처님께서 말씀하신 고통은
참되고 거짓이 없도다!"
하지만 어떤 이는
고통의 뿌리를 알지 못하고
괴로움의 원인을 붙잡은 채
잠시도 놓지 못하나니
이런 사람위해 부처님은
'방편의 도'를 설하시며
모든 고통 근원은
탐욕에 있음을 알려주시고
만일 이 탐욕을 버린다면
더는 의지할 것도 없으니
온갖 고통 사라지는 것
그 이름이 셋째 진리
'멸제'라 하느니라.
멸제를 실현하려면
도제를 닦아야 하고
괴로움의 굴레에서 벗어나면
해탈을 얻었다고 하느니라.
그러나 이 해탈이라는 것도
과연 진정한 해탈일까?
허망함을 끊었기에

해탈이라 말하긴 하나
실제로는 모든 해탈
완전히 얻은 것이 아니기에
부처님은 말씀하시기를
"이것은 참된 열반이 아니다"
하시나니.
왜냐하면 이 사람은 아직
위없는 도 이루지 못했기에
'멸도에 이르렀다'고
말하지 않으시느니라.
나는 법의 왕으로서
온갖 가르침을
자유자재로 펴며
중생을 평안하게 하려고
이 세상에 나타났나니.
사리불아,
이 법인은 세상을
이롭게 하려고
설하는 것이니라.
가는 곳마다 이 경전을
함부로 선전하거나
마구 전하지 말지니
만일 듣는 이가 기쁘게 받아
마음에 간직한다면
그 사람은 바로
'아비발치'에 이른 자임을 알라.
이 경전을 믿고 받아 지니는 이는
이미 지난 과거세에도
부처님을 친견하였으며
공경하고 공양하며
이 법문 들었던 사람이라.
혹 누군가가
네가 전한 법을 믿는다면
그 사람은 곧 나를 본 것이며
너를 본 것이고,
또한 비구승과 보살 대중까지
본 것이라 할 수 있느니라.
이러한 『법화경』은
깊은 지혜를 위한 경전이라
지혜가 얕은 이는 듣고도
그 뜻을 알지 못하나니
모든 성문과 벽지불이라 하여도
그 지혜의 힘으로는
이 경의 깊은 뜻에
미치지 못하느니라.
사리불조차도
이 경에는 믿음을 가지고
신심으로 들어왔거늘
하물며 다른 성문들은
부처님의 말씀을 신뢰할 뿐이지

스스로의 지혜로 이 경의 뜻을
깨닫는 것은 아니니라.
또 사리불아,
교만하고 게으르며
자기 생각만 고집하는 이에게는
이 경전을 설하지 말라.
세속의 욕망에 깊이 빠진
지혜 얕은 범부에게도
이 경을 설해봐야
그 뜻을 알지 못하리라.
믿지 않는 사람이
이 경전을 훼방하게 되면
그로 인해 온 세상에서
부처의 씨앗이
끊어지게 되느니라.
혹은 의심 품고 얼굴 찌푸리며
경을 폄하하는 이가 있다면
사리불아, 잘 들으라.
그가 받을 죄보가 얼마나 큰지를
부처님이 세상에 계시든
이미 열반에 드신 뒤이든
이 경전을 비방하고
읽고 쓰며 지키는 사람을
경멸하고 미워하며
심지어 원한까지 품는 자는

그 죄보가 결코 가볍지 않으니라.
지금 너에게 그 과보를
들려주리라.
그 사람은 죽은 뒤에
끊임없는 고통의
아비지옥에 떨어져
한 겁을 다 채운 뒤에도
또다시 태어나고
죽기를 반복하며
무량겁 동안 헤매게 되리라.
지옥을 겨우 벗어나도
여우나 개 같은
축생으로 태어나서
몸은 여위고 보기 흉하며
더럽고 추하게 태어나
사람들이 가까이 하려 하지 않고,
언제나 배고픔에 시달리며
굶주리고 천대 받으며 산다.
살아서는 죽을 고생하고
죽어서는 마치 돌무더기에
던져지듯 하니
이 모든 고통은 부처의 가르침을
비방한 죄에서 비롯된 것이다.
혹시 또 낙타나 당나귀로
태어나면 무거운 짐을 지고

끊임없이 채찍에 맞고
오직 여물밖에 생각하지 못하니
지혜는 어둡고 삶은 괴로움뿐이다.
경전을 비방한 자
바로 이런 고통을 받느니라.
다시 여우로 태어나면
온몸에 피부병이 가득하고
심지어 눈도 멀어
사람들 있는 마을에 들어갔다가
아이들에게 매를 맞고
끝없는 고통 속에서 죽게 되며,
죽은 뒤엔 긴 구렁이로
다시 태어나, 몸 길이 오백 유순
귀는 멀고, 발도 없어
기어 다니는 것도 힘들며
작은 벌레들이
비늘 아래 갉아먹어
밤낮으로 고통 받으리니.
이 모든 고통 바로 『법화경』을
비방한 죄보이니라.
어쩌다 사람으로 다시 태어나도
오감은 둔해지고
정신은 어리석으며
난쟁이, 팔이 비틀린 자
절름발이, 장님, 귀머거리
혹은 곱사등이로 태어나고
그가 아무리 말을 해도
듣는 사람 믿지 않으며
입에서는 추한 냄새나고
귀신들이 따라다니고 괴롭히며
가난하고 천하게 살아
언제나 남의 부림 받고
몸은 병들어 수척하며
의지할 이 하나 없이 외롭고
누군가 가까이 하려 해도
다른 이들 외면하며
조금 소득이 생겨도
곧바로 잃어버리고 만다.
혹시 의사가 되어
남의 병을 고치려 해도
오히려 병을 더 키우거나
죽이는 일이 생기고
자신이 병들었을 때는
도와줄 사람조차 없으며
아무리 좋은 약을 써도
병세는 더 악화되니
심지어 억울하게
도둑질, 반역죄 같은 일에
이유 없이 휘말려
형벌까지 받게 되느니라.

이런 죄 지은 자들
영원히 부처님 뵐 수 없고,
모든 성인의 왕이신
부처님의 가르침도 닿지 않으며
이들은 늘 불행한 세상에 태어나
귀는 들리지 않고
마음은 산란하여
법문을 들을 수도 없으며
항아강의 모래처럼
셀 수 없는 세월을
장애 있고 불구된
몸으로 태어나며
말도 하지 못하고
법도 듣지 못하게 되리라.
지옥에 항상 머무르면서도
그곳을 마치 공원처럼 여기고
악한 길들을 드나드는 것을
자기 방처럼 여기게 되나니
낙타, 나귀, 개, 돼지 같이
비천한 짐승으로
다시 태어나는 것도
모두 이 경전을 비방한
죄의 결과이니.
사람으로 태어난다 해도
눈은 멀고, 귀도 들리지 않으며

말도 하지 못하고
가난하고 추하게 태어나며
수종과 조갈 같은
병에 시달리고
그 병들이 마치 옷처럼
몸을 감싸고 있고
항상 추악한 냄새 나며
때가 많고 더럽고
자기 생각에만 집착하고
화를 잘 내며 성질이 급하고
탐욕과 음탕한 마음이
극에 달하여
짐승도 가리지 않고
욕심을 부리니
이 경전 비방하면
이런 고통과 과보받느니라.
사리불아,
내가 이제 분명히 말하노라.
이 경전을 비방한 자는
그 죄보를 모두 말하려 해도
한량없는 겁을
다 써도 말 못하리.
그러한 인연으로
나는 너에게 이르노니
어리석고 무지한 이에게는

선지식을 따르고
계율을 잘 지키며
맑은 구슬처럼 청정하고
대승경을 구하는 이
그런 이에게 설해 주며,
어떤 사람 성냄 없이
부드럽고 바른 마음으로
모든 중생 불쌍히 여기며
부처님께 공양 올리는 이
그런 이에게 설해 주며
또한 여러 대중 앞에서
인연과 비유
말솜씨로 막힘 없이
법을 설하는 이
그런 이에게 설해 주며
중생을 구제하려는 마음으로
사방을 다니며
부처 지혜 구하고
손 모아 공경하며
대승경을 소중히 여기는 이
이러한 이가 있다면
기꺼이 이 경을 설해 주어라.
외도 경전에는
손도 대지 않는 이
마음이 굳세고 뜻이 정직하여

이 경을 설하지 말라.
만일 지혜가 밝고,
학문이 깊으며
많이 배우고 잘 알고
부처님 도 구하는 이
그런이에게 설해주며
예로부터 한량없는
부처님 뵙고 공덕 쌓으며
믿음이 깊고 견고한 이
부지런히 정진하고
자비로운 마음 닦는 이
몸과 마음 아끼지 않고
바칠 만큼 진지한 수행자
이런 이들에게는
『묘법연화경』을 설해 주며
또 어떤 사람이
마음이 청정하여
세속적인 욕심 버리고
산속이나 조용한 곳에서
홀로 수행하며
자비로운 맘 닦으면
그에게도 이 경을 설해 주라.
또 사리불아,
만일 어떤 사람이
악한 지식 버리고

부처의 사리를 구하며

이 경을 정수리에 이고

받들 듯 공경하는 이

다시는 다른 법을

구하지 않으며

오로지 대승경만을

믿고 따르는 이

이러한 사람에겐

이 경을 설해 주라.

사리불아,

내가 지금 이와 같은

여러 모습으로

불도를 구하는

이를 말하였으나

이처럼 뛰어난 이들조차

겁을 다해도

셀 수 없을 만큼 많도다.

이런 사람들에게는

『묘법연화경』을 설하면

반드시 믿고

이해하고 따르리라.

# 4. 신해품

이때 혜명인 수보리와 마하가섭,
마하가전연, 마하목건련이
예전에는 한 번도 들어보지 못한
법문을 듣고 아뇩다라삼먁삼보리
수기를 문수사리불이 받는 것을
목도하자, 희유한 마음이 일어나
기쁨에 겨워 뛸 듯이 환희하였다.
곧 자리에서 일어나
옷을 가지런히 하고 오른쪽 어깨
드러내고, 오른쪽 무릎 땅에 대고,
두 손 모아 합장하고,
허리 굽혀 예경하며, 부처님의
거룩한 얼굴, 우러러보며 아뢰었다.

"세존이시여,
저희는 대중 가운데 우두머리이나
이미 나이가 많고 늙었습니다.
스스로 생각하되,

'이미 열반을 얻었도다,
더 이상 할 일이 없도다.'
이와 같이 스스로 만족하고
더 이상 아뇩다라삼먁삼보리를
구하지 않았나이다.
세존께서 예로부터 설하신
법문 많사오나, 저희는 몸이
게을러 공하고, 모양이 없고,
지을 것이 없는 것만 관하며,
오직 해탈만을 구하였고,
보살의 법과 신통에 즐거워함과
부처님 국토를 깨끗이 함과 중생을
제도하는 일에는 관심조차 두지
않았습니다.
그 까닭은 세존께서 저희를
삼계에서 벗어나게 하시고
열반을 얻게 하셨으며,
또 저희들 스스로도 늙고, 쇠하였기에

부처님께서 설하시는 보살의 도,
아뇩다라삼먁삼보리에는
조금도 기쁜 마음이 일어나지
않았던 것입니다.
그러나 이제 세존 앞에서
사리불이 수기 받는 것을 듣고
저희들의 마음에 크나큰 환희심이
일어났습니다.
이처럼 기이하고 희유한 법을
뜻밖에 듣게 되어 한없는 기쁨과
다행으로 가득하옵니다.
이는 마치 구하지도 않았는데
스스로 무량한 보물을 얻게 된 것과
같사옵니다.
세존이시여, 지금 저희들이
비유들어 이 깊은 뜻을 밝히고자
하나이다.
옛적에 어떤 사람이 어려서 아버지를
떠나 멀리 타향을 떠돌며 살았나이다.
십 년, 이십 년, 마침내 오십 년을
지나는 동안 몸은 나이 들고,
가난하고, 의식이 궁하여
사방으로 떠돌며 구걸하였나이다.
그러던 어느 날, 우연히 본국을
향하게 되었나이다.

또한 그의 아버지는 아들을 찾아
오랫동안 다녔으나 만나지 못하고,
중도에 어떤 성에 머물러 살게
되었습니다.
그 아버지는 부유한 대부자되어
금, 은, 유리, 산호, 호박, 파리, 진주
갖가지 보배가 창고에 가득하고,
종들과 시종, 관리들이 많으며
코끼리, 말, 수레, 양과 소까지
무수한 재산 지녔으며,
나라 안팎으로 장사와 거래가
널리 번창하였다 하옵니다.
그때 빈궁한 아들은 이 마을
저 마을을 떠돌아다니다가
마침내 오래전에 헤어진 아버지가
살고 있는 그 도시에 이르게
되었습니다.
그 아버지는 아들과 헤어진 지
이미 오십여 년 지났지만,
날마다 그를 잊지 않고 마음속으로
그리워하고 있었습니다.
그러나 아버지는 그 누구에게도
자신의 아들 이야기를 말한 적이
없으며, 다만 홀로 마음속으로
끝없는 회한과 한숨을 되뇌일

뿐이었습니다.
'내 나이 이미 늙고, 이 보배 재산
가득하되 이를 물려줄 이 없으니
죽으면 누구에게 맡기랴'
하며 깊이 근심하였나이다.
그러면서 속으로 생각하되,
'만일 내 아들을 다시 만나
모든 재산을 전해줄 수 있다면
나는 더 바랄 것이 없으리라.
그보다 더한 기쁨이 없으리라.'
하며 자식을 찾을 수 있기를
애타게 바랬나이다.
그때 세존이시여,
빈궁한 아들은 이 마을 저 마을을
떠돌며 품팔이로 연명하였습니다.
우연히도 걸음을 옮겨, 아버지의 집
문 앞에 이르게 되었나이다.
멀리서 바라보니 장엄한 사자좌에
앉은, 위엄 있는 이가 계셨으니,
그 발 아래에는 보배 궤가 놓여 있고
그 몸은 천 냥, 만 냥 진주와 영락으로
빛나며, 귀한 바라문과 찰리,
거사들이 모두 합장하고 둘러서서
공경하였나이다.
좌우에는 시종들이 서서

흰 불자를 높이 들고 있었고,
수많은 꽃과 보배 깃발은
하늘에서 드리워졌으며,
향기로운 물은 땅에 뿌려지고
화려한 꽃들이 흩어졌으며,
쌓여있는 보물을 끊임없이
주고받는 모습, 모든 것이 위덕으로
장엄하였나이다.
그 광경을 멀리서 본 빈궁한 아들은
놀라고 두려워하며 그 자리를
피하려 했나이다.
그 마음속으로 이리 생각하였나니,
'이 분은 틀림없이 왕이시거나
혹은 왕족이실 터인데,
내가 머물고 품팔이 할 자리가
아니다.
차라리 다른 가난한 마을로 가서
마음대로 품을 팔고 의식을 구함만
못하리라.
혹시라도 오래 머물다가는 붙잡혀
강제로 일하게 될까 두렵다.'
이렇게 생각한 그는 그 자리를
황급히 도망쳤나이다.
그때, 장자이신 아버지는 사자좌에서
멀리 달아나는 아들 알아보시고

마음속에 크게 기뻐하며
생각하셨나이다.
'내 창고마다 가득한 재보,
이제 맡길 사람 있도다!
내가 평생 찾고 기다렸으나
만날 수 없었던 아들,
이제 스스로 나에게 왔도다.
나의 소원, 성취함이로다.
나는 비록 늙었으나 안타까운 마음이
있었노라.'
사람을 보내어 아들을 데려오라
하시니, 한 사자가 달려가
붙들어 데려가려 하였나이다.
그 빈궁한 아들은 크게 놀라
소리쳐 외쳤나이다.
'나는 아무 잘못도 없는데
왜 억지로 끌고 갑니까!'
사자는 더 세게 붙들고 억지로 끌고
가려 하니 그는 마음에 생각하길,
'나는 죄 없이 붙잡혔으니
이제 분명히 죽을 것이로다.'
그는 두려움이 가득하여
그만 땅에 쓰러져 기절하고
말았나이다.
아버지는 멀리서 그 모습을 보시고
사자에게 이르시되,
'그 사람을 억지로 데려오지 말라.
그 얼굴에 찬물 뿌려 소생케 한 뒤
아무 말도 하지 말라.'
왜냐 하면 아버지는 아들의 마음과
뜻이 하열한 줄 아셨고,
자기 위엄이 두려움 될까 근심하셨기
때문이나이다.
비록 그가 자신의 아들인 줄 분명히
알았지만, 어쩔 수 없이 다른
사람에게는 밝히지 않고 조용히
방편을 쓰기로 하셨나이다.
그리하여 사자를 시켜 말씀전하되,
'내가 너를 놓아주겠노라.
네 마음대로 가거라.'
빈궁한 아들은 기뻐 벌떡 일어나
다시 가난한 마을로 가서
먹을 것을 구하고 있었나이다.
아버지인 장자는 다시 그를
데려오고자 방편을 쓰기위해 모습이
초라한 두 사람의 사자를 조용히
불러 이르시되,
'그에게 가서 이렇게 말하라.
일할 곳이 있는데 품삯은
다른 데보다 배나 주겠소.

만일 허락하면 데려오고,
혹 그가 무슨 일이냐 물으면
거름 치우는 일이라 하고.
우리도 그대와 함께 하겠다고 하라.'
두 사람은 즉시 빈궁한 사람을
찾아가서 그말을 전했습니다.
그 말을 들은 아들은 기꺼이
응낙하고, 두 사람을 따라 거름을
치우며 일하였나이다.
그 아버지는 늘 그 아들이 불쌍하여,
멀리 방 안에서 그 아들을
바라보시니, 그몸은 야위어 초췌하고,
먼지와 흙으로 더러워 너무도
가련하였나이다.
그리하여 아버지는 좋은 의복과
장식을 벗고, 때 묻은 하인들의
옷으로 갈아입은뒤, 먼지를 온몸에
묻히고, 거름 치우는 기구를 들고,
직접 아들 곁으로 다가가며 근처의
하인들에게 말씀하셨나이다.
'그대들은 게으름 피우지 말고
부지런히 일하라.'
장자는 이렇게 말하며 천천히
아들에게 다가갔고, 방편으로 아들의
마음을 서서히 풀어주었나이다.

장자는 직접 아들에게 이르되,
'너는 다른 데로 가지 말고
항상 이곳에서 일하거라.
품삯도 올려 줄 것이며 필요한 것이
있거든 항아리, 쌀, 밀가루, 소금, 된장
할 것 없이 무엇이든 말하여라.
늙은 하인이 있으니, 너에게 모두
줄 것이니라.
나는 너의 아버지와 같지 않느냐?
그러니 다시는 걱정하지 말고
편히 이곳에서 지내거라.
나는 이미 늙었고 너는 아직 젊은
몸이니, 네가 일하는 것을 보면
속이거나 게으르지 않고 성내거나
원망도 없으며, 다른 일꾼들과
다르더라.
이제부터 나는 너를 내 친자식처럼
여기겠노라.'
그리하여 장자는 그의 이름을 새롭게
지어 주고 아들이라 불렀나이다.
그때 빈궁한 아들은 이러한 귀여움
받음이 기뻤으나, 스스로 생각하길,
'나는 여전히 천한 머슴살이
그 신분은 예전과 다름없도다.'
그리하여 이십 년 동안

여전히 거름만 치우며 살았으며,
마음은 통하였으나, 생활은 여전히
예전 같았나이다.
세존이시여, 그때 아버지 장자는 병을
얻고 죽음이 가까운 줄을 아시고
그 아들에게 말씀하셨나이다.
'나에게는 금과 은, 보배가 많아
창고마다 가득하니 그 속에 있는
것들을 네가 다 알아서 관리하라.
많고 적음, 주고 받는 것,
모두 너의 뜻대로 하라.
내 마음은 이미 정하였고,
이제 너와 나 사이엔 다를 것이
없느니라. 마음을 잘 써서 허비하지
말고 잃지 않도록 하라.'
그때부터 빈궁한 아들은 장자의
말씀대로 금, 은, 보물과 모든 재산,
창고의 일을 맡았으나, 욕심 하나
없이 그 거처는 예전 그대로였고 천한
종의 마음도
조금도 버리지 않았나이다.
세월이 조금 지나, 그의 마음이
점차 열리고 열려 큰 뜻을 이루었으며
스스로 예전의 비천함과 졸렬한
마음을 뉘우칠 줄 알았나이다.

마침내 장자가 임종할 때 아들에게
명하셨나이다.
'친족과 국왕, 대신과 찰제리,
거사들을 모두 모아라.'
그들이 다 모이자 장자는 그들 앞에서
이렇게 선언하셨습니다.
'여러분은 마땅히 알지니,
이 사람은 나의 아들이며 내가 친히
낳았으나 어느 성중에서 나를 떠나
오십여 년을 혼자 떠돌았소.
나는 늘 그를 찾았고 홀연히
여기서 만났소. 본래 이름은 아무개,
나 또한 아무개라 하였고,
이는 내 진실한 자식이오.
내가 가진 모든 재산 이제 아들의
것이니 지금부터는 모든 일을
그가 맡아 처리할 것이오.'
세존이시여, 그때 빈궁한 아들은
이 말을 듣고 크게 기뻐하여
미증유의 법을 얻어 스스로 생각하되,
'나는 본래 바라지 않았으나
지금 이 보물이 창고에 저절로
이르렀도다.'
세존이시여,
이 장자는 곧 여래이시며, 저희들은

다 부처님의 자식이오니
여래께서 항상 말씀하시기를
'너희는 나의 아들이다.'
이와 같이 자애를 베푸셨나이다.
세존이시여, 저희들은 세 가지
괴로움으로 인해 나고 죽는 가운데
끝없는 고통을 겪으며, 미혹하고
어리석은 마음으로 소승의 법에
집착하며, 그것을 기뻐하였나이다.
오늘 세존께서 저희들로 하여금
모든 법이 희롱거리요,
거름과 같은 것임을 알려주시며
그것을 버리라 하셨사옵니다.
저희는 그 속에서도 부지런히
정진하여 얻은 열반이란 것이
겨우 하루 품삯과 같을 뿐이었으되,
마음으로 크게 환희하며
스스로 생각하였나이다.
'부처님 법에 정진한 결과,
나는 많은 것을 얻었다.'
그러나 세존께서는 저희들의 마음이
부족하고 소승에 탐착하여
작은 법에 기뻐하는 줄을 아시고,
내버려 두셨나이다.
'너희도 여래의 지견인 보배의 나눔을
마땅히 얻을 수 있으리라.'
이리 분별하지 않으시고,
방편으로써 여래의 지혜를
말씀하셨사오니, 저희는 하루의
품삯을 받고 크게 만족하며
대승을 구할 뜻조차 갖지 않았던
것이옵니다.
왜냐하면 부처님께서 저희가
소승을 좋아함을 아시고 방편으로
설하셨지만, 저희는 참으로 부처님의
아들이었음을 미처 깨닫지 못하였기
때문이옵니다.
저희들은 이제야 알게 되었나이다.
부처님께서는 불지혜에 아낌이
없으시며 모든 중생을 평등히
제도하셨나이다.
저희가 예전부터 부처님의
아들이었으나, 다만 소승법을
기뻐하여, 스스로 대승을 구하지
않았던 까닭에,
부처님께서도 저희 뜻에 따라
소승법을 설하셨을 뿐입니다.
만일 저희가 대승을 기뻐하였다면
부처님께서는 반드시 대승법을
설해 주셨으리라 생각합니다.

『묘법연화경』에서는 오직 일승만을
설하시고, 보살들 앞에서는
소승에 집착하는 성문들을
꾸짖으셨나이다.
부처님은 오직 대승으로 교화하셨고,
저희는 본래 바라지 않았으나
지금 법왕의 큰보배를 저절로 얻게
되었으니, 불자로서 얻을 것을
이제 모두 얻었나이다."

그 뜻을 드러내고자, 마하가섭이
게송으로 아뢰었다.

오늘 부처님 말씀 듣고
환희에 젖어 용약하며
일찍이 없던 미증유의 법을
지금 이 자리에서 얻었나이다.
"성문들도 부처가 되리라."
이렇게 설하신 세존의 말씀
위없는 보배 구하지 않아도
자연스레 얻게 되었나이다.
비유하건대 어린 아이
어리석고 소견 없어
아버지 장자를 떠나 도망하여
타향 땅에 흘러들어
이리저리 떠돌며 오십 해를
지나오니 그 아비는 걱정하여
사방으로 찾았지만
끝내 만나지 못하고
한 성에 머물며
장대한 집을 짓고
오욕락을 즐기며 살았나이다.
집안엔 금은보화 가득하고
차거, 마노, 진주, 유리,
말과 소, 코끼리, 수레와 양,
온갖 재물이 넘쳐흐르며
논밭과 하인들도 끝이 없고
종들과 일꾼들이 수없이 많아
이익을 거래하는
그 부가 타국까지 미쳤으며
사고파는 장사꾼
줄을 지어 그 집 문 앞을
떠나지 않으며
그 장자 집의 위세와 복락은
이 세상에 비할 바 없었습니다.
천만억 사람들이
둘러서서 공경하고
임금과 귀한 왕족들
항상 그를 예경하고
높은 신분 귀한 호족

| | |
|---|---|
| 한결같이 공경하며 | 어떤 땐 얻지 못해 |
| 이와 같은 인연으로 | 굶주리고 병들어서 |
| 오가는 사람 | 옴과 버짐 덮인 몸 |
| 끊이질 않았나이다. | 이리저리 떠돌다가 |
| 크게 부유하고 세력도 커 | 장자 아비 사는 집에 |
| 사방으로 이름 높았지만 | 이르게 되었나이다. |
| 해가 갈수록 늙어가고 | 품팔이하며 떠돌다가 |
| 자식 생각 더욱 깊어지니 | 우연히 아비집에 이르렀고 |
| 자나 깨나 마음속에 | 그때 큰 부자인 아비는 |
| 아들 생각 간절하고 | 보배 휘장 둘러치고 |
| 마침내 죽을 때 다가와도 | 사자좌에 앉았으니 |
| 만나지 못해 한탄만이 | 시종들이 둘러 앉고 |
| 있었나이다. | 여러 사람이 호위하고 |
| 어리석은 그 자식은 | 있었나이다. |
| 떠난 지 오십여 해 되어 | 그 중 몇몇은 보물을 셈하고 |
| 아버지 창고마다 | 주는 이, 받는 이, 분주하고 |
| 가득 찬 금은보화 | 모든 일 기록하는 자들 |
| 몰랐나이다. | 출납을 도맡아 보고 있었으며 |
| 많은 전답, 넓은 재산 | 아버지의 위엄 있는 모습 |
| 이것들을 어찌하리요? | 궁한 아들 멀리서 보았나이다. |
| 이때에 가난한 아들 | 저분은 혹시 왕이시거나 |
| 먹고살 양식 찾아 | 아니면 왕족 아닐런가? |
| 이 성에서 저 성으로 | 내가 어쩌다 이리로 왔나? |
| 저 나라와 이 나라로 | 놀라고 두려웠습니다. |
| 어떤 땐 얻고 | 다시 생각하니 |

혹시 여기 오래 있다
붙잡혀 억지로 일하면
고된 노동 피할 수 없어
이곳을 벗어나리라
결심했나이다.
이런 생각 놀란 마음
정신없이 도망쳐서
가난한 마을 찾아가
품팔이로 연명하려 했나이다.
그때 장자 아버지는
사자좌에 높이 앉아
멀리서 바라 보고
곧바로 알아보았고
급히 사자 보내시어
데려 오게 하였으나
궁한 아들 놀라서
기절하며 쓰러졌나이다.
'이 사람이 날 잡으니
나는 이제 죽는구나.
그저 밥 한 끼 찾다
이렇게 화를 당하는가.'
아들이 가진 용렬한 마음
어리석고 아비 뜻을 믿지 못해
친아비도 몰라보니
장자 아비 또한

이를 알아챘나이다.
그래서 다시 방편 써서
사자들을 보내시니
애꾸눈에 난쟁이 등
보잘것없는 이들 보내
"이리 와서 일하면
거름만 치면 된다 하고
품삯은 남들보다 배로
줄 테니 오게 하여라."
그 말을 들은 가난한 아들
기뻐하며 따라오고
거름치고 청소하며
장자 집에서 일하였나이다.
문틈 사이로 장자는
아들을 살펴보며
어리석은 저 자식이
천한 일에만 갇혀 있자
측은한 마음 일어나
장자는 하인 옷으로 갈아입고
거름 삼태 들고 나가
아들에게 다가갔나이다.
방편으로 말을 하되
"부지런히 일 잘하면
품삯을 더 쳐 주겠고
먹을 것도 주고

이불도 주어

따뜻하게 편히

지낼 수 있게 하리.

너는 나의 아들 같다."

그렇게 부드럽게 말하고

지혜로 그를 인도하니

집안일을 맡기고는

드나듦도 허락하였나이다.

이십 년 세월 흘러

그 아들은 살림 맡고

금, 은과 진주, 파려있는 창고

열어 보게 하며

출납 살림 모두 맡겨

믿음을 더욱 주었으나

아들은 대문 밖 초막에 살며

'나는 본래 가난뱅이

물건 하나 가진 것 없다.'

스스로 그렇게 여기었나이다.

아버지가 아들 마음

점점 넓어짐을 보고

모든 재산까지

물려주려 하였나이다.

친척들과 국왕들과

대신들과 재가자들

거사들을 불러모아

대중 앞에 공개적으로

말하였습니다.

"이 사람이 나의 아들

어릴 적에 나를 떠나

오십 해를 헤매다가

우연히 날 찾아와

그 뒤로 이십 해가 지났소.

예전 한 성에서

내가 이 아이 잃고

헤매고 또 헤매다가

애를 쓰던 끝에

여기까지 온 것이오.

이제 내가 가진

모든 집과 재물 하인들도

모두 아들에게 주어

뜻대로 쓰게 하리이다."

그 아들은 궁하고도

마음조차 좁았지만

이제야 아버지의

넓은 뜻을 알게 되었나이다.

많은 집과 재산

한량없는 금은보화

모두 받은 아들 마음

크게 기뻐 환희하며

미증유를 얻었더라.

부처님은 아셨나이다.
저희들이 소승 좋아
오직 작은 깨달음에
마음 두고 머물렀네.
"너희 또한 성불하리"
말씀조차 않으시고
무루법만 얻었다고
소승 이룬 성문이라
부르셨나이다.
그러나 이제 부처님은
지극한 도 말씀하시고
"이 법 닦는 모든 이들
성불하리라" 하셨나이다.
그 말씀 따라 저희들은
모든 인연 비유들어
보살들에게 설법하며
참된 도 전했나이다.
그때 들은 불자들은
밤낮 없이 생각하며
부지런히 도 닦으니
마침내 수기 받았나이다.
"너희들은 오는 세상
반드시 부처 되리라."
부처님들 말씀하시니
희망의 빛 솟아났나이다.

시방세계 모든 부처
비밀한 큰 법장도
오직 보살 위하여만
참된 이치 연설하고
저희들 위해서는
아무 말씀 않으시니
마치 그 궁한 아들
아버지에게 가까이 가
보배 맡고도 모르듯이
저희도 법장 연설하되
스스로 구함이 없었나니
최상의 도라 여기었고
번뇌 멸한 그 자리만
스스로 생각하여
만족하다 여기옵고
이런 일은 알지마는
다른 일은 없으니
불국토를 청정히 함과
중생들 교화함을 듣더라도
즐겁게 듣지 못했나이다.
그 까닭을 말씀드리면
이 세간의 모든 법은
본래 고요한 것이요
멸함도 없고 남도 없고
작고 큰 것 다 같으며

| | |
|---|---|
| 무루요 무위이니라 | 참된 이익 있음을 |
| 이렇게만 여기었습니다. | 권하시지 않으셨나이다. |
| 그러니 즐거움조차 없고 | 그 마음이 어리석은 것 |
| 오랜 세월 부처님의 | 장자 또한 알고 있듯 |
| 큰 지혜 탐하는 일 없고 | 방편으로 길들인 뒤 |
| 원하지도 아니하며 | 모든 재산 물려주듯 |
| 저희가 얻은 그 법을 | 부처님도 희유하사 |
| 구경이라 여기오며 | 소승에 머문 줄 아시고 |
| 공한 법을 닦고 익혀 | 방편력 베푸시어 |
| 욕계, 색계, 무색계를 | 마음을 돌려주시며 |
| 벗어났나이다. | 큰 지혜 가르치니 |
| 고통 세계 끊어내고 | 저희들은 오늘에야 |
| 최후의 몸 끝마쳐서 | 처음 듣는 큰 법 만나 |
| 유여열반 얻었노라 여기며 | 미증유를 얻었으며 |
| 부처님의 교화 받아 | 바라던 일 아니오나 |
| 참된 도를 얻었으니 | 저절로 얻었으니 |
| 부처님의 깊은 은혜 갚았다고 | 한량없이 보배 얻은 |
| 저희들 서로 자인하고 | 궁한 아들과 같았나이다. |
| 그리 여기었나이다. | 세존이시여, |
| 불자들에게 법 전하며 | 이제야 도와 과보 얻었으며 |
| 보살도를 말했으나 | 무루법의 깊은 가운데 |
| 스스로는 구할 뜻도 | 청정한 눈 얻었나이다. |
| 바라는 마음도 없었고 | 오랜 세월 이어오며 |
| 그러므로 도사께서 | 청정 계율 지켜오다 |
| 저희의 마음 아시고는 | 오늘날 그 과보를 얻었나이다. |

법왕의 큰 법 안에서
범행을 오래 닦고
무루의 큰 과보 얻게 되어
참된 성문 되었나이다.
불도의 소리 따라
온갖 법을 들었으며
오늘에야 비로소 저희는
참된 아라한 되었나이다.
세간의 하늘 사람과
마와 범천들이
많은 대중 속에 함께 모여
공양을 받게 되니
세존의 위대한 은혜
참으로 희유하옵고
중생 제도하시어 크나큰
이익 주셨나이다.
억겁을 다한다 해도
그 은혜 어찌 갚으리까.
수족되어 받들고서
머리 조아려 공양하리다.
정성 다해 공양해도
은혜 다 못 갚사오며
머리 위에 받들거나
등에 업고 모신다 해도
항하사의 오랜 세월

마음 다해 공양해도
그 은혜 다 갚기엔
미치지 못하나이다.
아름다운 음식이며
의복들과 자리와 탕약들
귀한 향과 보배 내어
넓고 높은 탑을 짓고
옷을 벗어 땅에 깔고
정성 다한 그 공양도
은혜는 다 못 갚나이다.
희유하신 부처님은
한량없고 가없는 분
불가사의한 큰 신통과
무루, 무위 법왕이시니
어리석은 중생 위해
이러한 일 감내하시고
범부에게 맞추어서
마땅한 법 설하셨나이다.
모든 부처님들 자재한 법
얻으시고 중생들의
모든 욕락 두루 다 아시며
그 뜻과 능력 헤아리어
감당할 수 있음 보시고
무량한 비유들어
미묘한 법 설하셨나니

과거세 중생들의

선근을 살피시어

성숙함과 미성숙함

분별하여 아셨나이다.

여러 방법 요량하사

지혜로써 분별하시고

일불승 설하시려

삼승법을 펴셨나이다.

# 5. 약초유품

그때 석가모니 세존께서 마하가섭과
여러 대제자들에게 말씀하셨다.

"참으로 훌륭하도다, 가섭이여.
그대는 여래의 참된 공덕을
잘 설하였느니라.
그대가 말한 그대로니,
여래는 헤아릴 수 없는 한량없는
아승기의 공덕을 지녔느니라.
억겁 동안 설한다 해도
다 설할 수 없으리라.
가섭이여, 알아야 하느니라.
여래는 모든 법의 왕이니,
그가 설한 말은
하나도 허망하지 않느니라.
모든 법에 대해 지혜로운 방편으로
설하시되, 그 설한 모든 가르침은
일체지지에 도달하고,
곧 온갖 지혜에 이르게 하느니라.
여래는 모든 법이 돌아가는
근본을 관찰해 알고,
중생의 마음과 행을 꿰뚫어 아시며,
걸림없이 통달하시고,
모든 법의 궁극적 진실도 명확히
아시느니라.
그러므로 중생들에게
일체 지혜의 길을 보이시느니라.
가섭이여, 비유하면 이러하니라.
삼천대천세계의 산과 강, 골짜기와
들판에 초목과 숲, 약초들이 자라고
있으나 그 생김새와 이름이
각각 다르듯이, 하늘에 짙은 구름이
가득 퍼져 삼천대천세계를 덮고
한꺼번에 풍요롭게 비를 내리면,
큰 나무와 작은 풀, 약초와
숲의 크고 작은 뿌리와 줄기,

가지와 잎들이 그 성질과 크기에 따라
제각기 비를 머금고 자라나느니라.
비록 같은 구름, 같은 하늘에서 내린
비라 하여도, 그 비는 각각의 존재가
지닌 그릇만큼 자라게 하고
꽃 피우며 열매를 맺게 하느니라.
비록 한 땅에서 나는 것이며
한 비로 적시는 것이지만,
풀과 나무 저마다 차별이 있느니라.
가섭아,
이것을 마땅히 알아야 하느니라.
여래께서 세상에 출현하심도
이와 같으니, 하늘에서 큰 구름이
일어나는 것과 같도다.
여래의 법음은 널리 울려
삼천대천세계를 두루 덮으며,
하늘과 인간과 아수라 모두에게
두루 미치게 되느니라.
부처님께서는 대중 가운데서
말씀하셨느니라.
'나는 여래, 응공, 정변지, 명행족,
선서, 세간해, 무상사, 조어장부,
천인사, 불세존이니라.
나는 아직 제도되지 못한 중생을
제도하고, 이해하지 못한 이를
이해하게 하며, 편안하지 못한 이를
편안하게 하고, 고요하지 못한 이들을
편안케 하며, 열반에 이르지 못한
이들을 열반으로 이끄느니라.
현세에서 미래세까지,
나는 모든 것을 참되게 알고 있으며,
일체를 알고, 일체를 보며,
도를 깨닫고, 그 도를 열어 보이며,
설하는 자니라.
그러니 하늘과 인간, 아수라들이여,
모두 이 자리에 모여 법을 들으라.'
그리하여, 한량없는 천만억 중생들이
부처님께 나와 그 가르침을
들었느니라.
부처님께서는 자비의 눈으로
관찰하여 모든 중생이 영리하거나
둔하고, 정진하거나 게으른 근기가
제각기 다르기에, 그들에게 감당할 수
있는 법을 무량한 방편으로 나누어
설하시니, 이들 모두 즐겁게 하며
좋은 이익 얻게 하셨느니라.
중생들이 이 법을 듣고, 현세에는
평안함을 얻고, 내세에는 좋은 곳에
태어나 법의 기쁨을 누리며,
또 법을 듣게 되며, 법을 듣고는 모든

업장과 걸림을 여의고, 점점 도에
들게 되니, 그 모습은 마치, 하늘의 큰
구름이 널리 비를 내릴 때, 풀과 나무,
숲과 약초가 저마다 성질에 따라
비를 머금고, 저마다 다르게 자라나는
것과 같으니라.
여래가 설하는 법은 하나의 모습,
하나의 맛을 지녔으며,
모두 부처님의 지혜로 이끌게 되니,
필경에는 일체 종지에 이르는
것이니라.
어느 중생이든지 여래의 법문을 듣고
그대로 지니거나 읽고 외우며
말한 대로 수행할지라도
그 공덕의 깊이를 스스로는
알지 못하느니라.
왜냐 하면, 오직 여래만이 알 수 있기
때문이라.
이 중생들이 어떤 종류이며,
모습과 성품이 어떠한지,
무엇을 염하고, 무슨 뜻을 품으며,
무슨 일을 닦고 수행하는지,
그 마음과 행을 어떻게 세우는지,
또 어떤 법을 의지하여
무슨 법을 얻는지를

여래께서는 두루 밝혀 아시나니,
중생의 차이를 오직 여래만이
분명히 알며,
그에 따라 법을 설하시되,
마치 저 풀, 나무, 숲, 약초들이
스스로 상, 중, 하의 성품을
알지 못하는 것과 같기 때문이니라.
여래는 이 한 모습이며 한맛인 법을
아나니, 이른바 해탈의 모습,
여의는 모습, 멸하는 모습,
구경열반의 적멸한 모습이니라.
마침내는 빈곳으로 돌아가니,
부처는 이것을 이미 알고
중생의 욕망을 관찰하고,
잘 보호하여 곧 그들에게
일체를 말하지 아니하였거늘,
가섭아, 너희들은
매우 드물고 훌륭하도다.
여래께서 중생의 근기 따라
방편으로 법 설하심을
믿고 따르니,
이것은 실로 이해하기 어렵고
헤아리기 어려운 일이기 때문이니라."

이어서 부처님께서는 이 뜻을

거듭 펴 게송으로 설하셨다.

유를 파한 법왕이
이 세상에 나시어
중생들의 뜻을 따라
무량한 법 설하셨네.
여래의 가르침 깊고 높아
중요한 법 오래 숨기시고
지혜 있는 이라야 믿고
헤아릴 수 있도다.
어리석은 중생들은
의심 속에 길을 잃고
참된 도를 보지 못해
영원히 떠나게 되나니.
가섭아,
그러므로 여래는 방편을 쓰시어
근기에 따라 설하시고
각각 인연 밝혀주며
바른 견해 들게 하시니
비유하면 큰 구름이 일어나
하늘가득 퍼지듯이 부처님의 지혜
구름 온 세상 덮으시네.
번갯불 번쩍이고
천둥소리 진동하며
중생들 마음 열고

기쁨으로 맞이하네. 1
햇살은 사라지고 2
땅 위는 서늘해지고 3
구름은 두텁게 덮여 4
손끝에 닿을 듯하네. 5
사방 어디서든지 6
골고루 내리는 단비 7
사방의 어디에나 8
넘치도록 적시도다. 9
산과 골짜기 따라 10
깊은 곳서 자라난 풀과 약초 11
모두 단비를 받도다. 12
초목과 약초들과 13
작은 가지, 큰 나무들 14
곡식 싹과 감자들 15
포도까지 자라나네. 16
단비 받아 풍성하게 피어나네. 17
모든 초목 나무들이 18
같은 비를 받지만은 19
그 뿌리, 줄기, 꽃과 잎, 빛깔 20
모양 다 다르도다. 21
풀마다 분수 따라 22
저마다 다르게 자라며 23
큰 줄기, 작은 줄기 24
그대로 드러나고 25

크고 작은 성질 따라
같은 비를 받았어도
무성함은 각기 다르네.
부처님도 이와 같이
이 세상에 큰 구름처럼 오시어
온 세상에 법 주시네.
모든 중생 위하여
온갖 법 나누시고
참된 도의 이치를
차별 없이 펴시도다.
큰 성인이신 세존께서
천인과 사람들
모든 대중 모인 자리에서
크게 선언하셨도다.
"나는 곧 여래이며
가장 높은 양족존
이 세상에 출현함은
큰 구름 덮임 같아
마른 땅에 단비 내려
중생 마음 적셔 주고
고통과 괴로움 여의고
안온한 낙을 얻게 하리.
세간의 즐거움이요
열반락을 얻게 하니
천인과 사람 대중들
모두 일심으로 따르도다.
너도 나도 함께 모여
세존을 친견하니
나는 바로 세존이라
미칠 자가 따로 없네.
중생을 평안케 하려
세상에 출현하였고
대중을 위해
오늘 감로의 법 전하노라.
이 법은 한 가지 맛
해탈과 열반의 맛이니
한 음성으로 설하되
그 뜻은 오직 대승이라.
언제나 대승 법문을
인과로서 밝혀 주고
내가 보는 모든 것은
평등하고 고루하도다.
이것이요, 저것이란
차별된 마음 일지 않고
곱고 미움 따지지 않으며
탐착도, 걸림도 없도다."
일체 중생 위하여
평등하게 설법하사
한 사람을 대하듯이
모든 중생 똑같이 하네.

언제 어디서든지

법을 펴심 한결같아

가는 길도, 머무름도

피곤함을 모르시네.

세상마다 고루 내려

단비처럼 젖게 하니

귀한 이나, 천한 이나

계를 지닌 이나

계를 파한 이나

위의 갖춘 이들 또한

그렇지 못한 이들까지

바른 견해, 삿된 소견

영리하건, 어리석건

평등한 법비에

두루 적셔 주시나니

게으름 없이 가르치사

차별 없이 이끄시네.

법을 한번 들은 이들

자기 힘껏 익혀 가고

그 지위에 머물면서

도를 따라 닦아가네.

혹은 천상 혹은 인간

전륜성왕, 제석천왕

범천왕과 같은 이

이러한 중생들

모두 작은 약초라.

무루법을 깨달아서

열반의 길 이르고

육신통을 얻은 이가

삼명까지 갖춘 후에

숲속에서 홀로 앉아

항상 선정 닦는 이

연각의 과를 증득하면

이런 이는 중품 약초라.

세존 계신 곳을 찾아

"나도 성불하리라"

다짐하고 깊은 선정 닦으며

게으름 없이 정진하는 이는

바로 상품 약초라네.

또 어떤 불자들은

마음 다해 도 닦으며

자비심을 품고 살아

성불함을 스스로 믿고

의심조차 없이 나아가니

이런 이는 작은 나무라네.

신통 속에 머물면서

불퇴전의 법륜 굴려

백천만억 중생 제도하면

이같은 보살들은

큰 나무라 불리나니.

부처님의 평등한 법
모두 한맛 비 같으니
중생 따라 받는 법은
받는 것이 같지 않아
한 비라도 받는 바는
풀과 나무가 다르도다.
부처님께서 비유 들어
방편으로 법을 펴시며
갖가지 이야기 통해
한 가지 법을 설하셨네.
부처님의 깊은 지혜
한 방울 같을지라도
그 안에 담긴 의미는
한량없는 큰 바다라네.
법비 내려 세간을
가득 적시니
한맛 가진 법 속에
힘을 따라 닦는 이들
숲속의 풀과 약초
자기 분수 따라 자라나네.
여러 부처님 설한 법은
언제나 한 가지 맛이니,
세간의 모든 중생들
골고루 이 법을 따르고
점점 행을 닦아 가며

결국 도를 얻게 되리.
성문 연각 수행자도
산림 속에 머물면서
최후몸을 받았거니
법을 듣고 과를 얻네.
이 또한 약초들이
서로 다르게 자람 같고
보살들 지혜가 견고하여
삼계의 실상 꿰뚫어 보고
무상한 법 구하는 이
이런 이는 작은 나무 같도다.
깊은 선정 머무르며
신통의 힘 이루고
공한 법을 깨달으며
큰 기쁨 아는 이는
광명을 널리 비추어
수많은 중생 제도하니
그 모습은 큰 나무가
풍성히 자라는 것 같도다.
가섭아, 알지어다.
부처님 설하신 이 법
한 비 같아 고루 적시며
꽃과 열매 맺게 하나니.
이와 같은 여러 비유
수많은 인연 통해

부처님 도 연설하심은
모두가 방편이로다.
이제는 너를 위해
참다운 길 설하노니
성문 대중 너희들도
멸도만이 끝이 아니니
오직 너희 마땅히 할 길
보살의 도 뿐이니라.
점점 닦아 나아가면
모두 다 성불하리.

석가모니 부처님께서 마하가섭에게 말씀하셨다.

"가섭아, 여래께서는 중생을 교화하실 때에 법을 평등하게 베푸시느니라. 태양과 달이 하늘에서 고르게 빛을 비추듯, 향기롭거나 악취가 나거나, 높은 곳이나 낮은 곳을 가리지 않고 모두를 비추는 것과 같으니라. 이와 같이 여래도 모든 중생들에게 법을 설하실 때, 그들의 성향과 근기에 따라 때로는 성문승, 연각승, 보살승이라 하여 차등이 있는 듯 말씀하였으나, 진실은 모두 일불승이니라. 복과 지혜가 점점 모여 여래의 지견이 나타남은, 모자람도 넘침도 없이 완전하도다. 그러므로 진실로 삼승이 있는 것이 아니라, 중생들의 수행이 다르기에 여래께서 방편으로 그렇게 말씀하신 것이니라."

이때 마하가섭이 석가모니 부처님께 다시 여쭈었다.

"세존이시여, 삼승이 참으로 없다면 어찌하여 지금 세상에서는 성문승, 연각승, 보살승이라 불리우는 것입니까?"

석가모니 부처님께서 말씀하셨다.

"마치 도공이 한 가지 점토로 여러 모양의 그릇을 만들되, 그 그릇에는 설탕을 담기도 하고, 버터와 우유를 담기도 하며, 때로는 더러운 것을 담기도 하느니라. 그릇의 본바탕은 모두 같으되,

담는 내용에 따라 달라지는 것이니라.
이와 같이 불승만이 참된 법이요,
이승이나 삼승은 다만 방편일
뿐이니라."

마하가섭이 다시 여쭈어 말하였다.

"세존이시여, 중생들이 각기
다른 믿음을 가진다면, 삼계를
벗어나는 열반의 길도 한 가지,
두 가지, 세 가지로 나뉘는
것입니까?"

부처님께서 다시 말씀하셨다.

"열반은 일체의 법이 평등함을
깨달음으로 이루어지나니, 참으로
열반은 하나요, 둘도 셋도 없느니라.
그러므로 내가 너에게 비유로써
이 뜻을 풀어 말하리니,
지혜 있는 이는 이를 듣고 바로
이해하리라.
오래전 눈먼 장님이 있었느니라.
그는 말하기를
'아름다운 것도 추한 것도 없고,

태양도 달도 별도 없다. 그것을 보는
이도 없다.'하였느니라.
그러나 다른 이들은 그에게 이렇게
말하였다.
'세상에는 아름다움과 추함이 있고,
태양과 달과 별이 있으며, 이를 보는
이들도 있느니라.'
그러나 그 장님은 믿지 않고
받아들이지 않았느니라.
이때, 모든 병을 잘 아는 명의가
있었다. 그는 장님을 살펴보며,
'이 병은 전생의 악업으로 인한
것'이라 생각하고, 병을 고칠
방편을 깊이 생각하였느니라.
그 의사는 깊은 산중에 들어가
약초를 구하였으니,
첫째는 모든 색과 향을 가진 약초요,
둘째는 온갖 병을 다스리는 약초요,
셋째는 독을 풀어주는 약초요,
넷째는 처한 곳마다 편안함을 주는
약초이니라.
의사는 자비심을 가지고
네 가지 방법으로 약을 주었으니,
씹어 먹게 하거나, 달여 주거나,
다른 약과 섞거나, 음식에 넣거나,

침을 놓거나, 불에 그을리기도
하였느니라.
이 모든 치료를 받은 후,
장님은 마침내 시력을 회복하였고,
안과 밖, 가까운 것과 먼 것,
태양과 달과 별자리를 다 보게
되었느니라.
그 장님은 이렇게 말하였느니라.
'예전에는 믿지 않았지만,
이제 모든 것이 환히 보이도다.
나는 원래 장님이었으나,
이제는 눈을 뜨게 되었으며,
이와 같은 복을 얻은 이는 드물도다.'
그때 오신통을 갖춘 한 선인이
있었느니라.
그는 비범한 눈으로 세상을 보고,
사람들의 소리를 들으며,
중생의 마음을 알며, 전생의 인연을
꿰뚫어 보고, 자유자재로 나타나고
사라지는 신통력을 지닌 이였느니라.
그 선인이 장님이었던 그 사람에게
말하였느니.
'선남자여, 그대가 지금 눈을 뜨고
사물을 보게 되었지만, 진정한 앎은
아직 갖추지 못하였느니라.

어찌하여 스스로 모든 것을 보고
안다고 자만하는가?
그대는 지혜와 명철함을 아직 얻지
못하였도다.
선남자여, 그대가 방 안에 앉아
있을 때, 밖의 형상을 어찌 보며
구분하겠는가?
그대는 중생의 마음이 선한지
악한지를 분별하지 못하니라.
오유순 떨어진 곳에서 들려오는
소리, 북소리, 고동소리, 사람의
말소리조차도 들을 수 없지 않은가.
한 걸음도 옮기지 않고 먼 곳을
다녀올 수도 없고, 어머니 태중에
있었던 지난 생의 기억도 없으니,
어찌 '나는 모든 것을 본다'고 할 수
있겠는가?
선남자여, 그대는 밝음을 어둠이라
여기고, 어둠을 밝음이라
여겼느니라.'
이 말을 들은 그 사람은 선인 앞에
나아가 정중히 여쭈었느니라.
'거룩하신 이시여, 저도 당신과 같은
지혜를 얻고, 청정한 신심과 공덕을
지니려면 어떠한 방편을 행하고

어떠한 수행을 해야 하겠나이까?'
선인이 답하였느니라.
'그대가 이와 같은 지혜를 얻고자
한다면, 마땅히 한적한 산속에
들어가 동굴에 머물며,
불법을 사유하고
모든 번뇌를 끊으라.
그리하면 곧 공덕을 원만히 갖추고
신통력을 얻게 되리라.'
이에 그 사람은 선인의 가르침을
깊이 마음에 새기고 출가하였느니라.
조용한 산속에서 몸과 마음을
단정히 하여 정진하였으며,
온갖 욕망을 여의고 일심으로 닦아
수행하였느니라.
그는 마침내 다섯 가지 신통을
얻었느니라.
그리고 스스로 말하였느니라.
'나는 예전에는 선한 업을 닦지
않았기에 공덕이 없었음을 이제야
알겠도다.
지금은 내가 생각만 해도 마음 가는
대로 즉시 그곳에 도달할 수 있으니,
이전의 나는 무지하고
눈먼 장님이었으며, 지금에야 비로소

참된 앎과 보임을 얻었도다.'
가섭아, 나는 너에게 비유를 들어
나의 깊은 뜻을 전하고자 하였느니라.
선천적으로 눈 먼 장님은
육도 윤회의 거친 물결 속에 빠져
떠도는 어리석은 중생들을
말함이니라.
그들은 바른 법에 들지 못하고,
깨달음을 얻지 못한 채 살아가며,
무명과 번뇌는 날로 더해져
어둠은 점점 깊어지며,
마침내 참된 앎을 잃게 되느니라.
무지를 근본으로 삼아 몸과 말과
뜻으로 악업을 지으며,
그로 인해 삶은 점점 더 미혹해지고,
큰 괴로움의 수렁에 빠지게 되느니라.
이처럼 어리석고 눈 먼 중생들은
생사의 괴로움 속에서 방황하나니,
그들을 구제하시기 위해 오직
여래께서 삼계에 출현하셨느니라.
자애로운 아버지가
외아들을 아끼는 것과 같이,
부처님께서는 무한한 자비로
모든 중생을 돌보시니라.
부처님께서는 법의 눈으로

세간을 관찰하시고,
중생이 욕망과 성냄과 어리석음
속에서 윤회하며 고통받는 것을
살펴보셨느니라.
그리고 말씀하시니라.
'이 중생들은 전생의 선업에 따라
성냄이 적고 욕심이 많거나,
욕심이 적고 성냄이 많기도 하며,
지혜가 있거나 지혜가 부족하기도
하도다.
바른 견해를 지닌 자도 있으나,
삿된 견해에 빠진 자도 많도다.'
이와 같이 성품과 업이 다른
중생들을 위해 부처님께서는
방편으로 삼승을 나누어
말씀하셨느니라.
그러나 본래의 진리는 다르지 않으며,
일승으로 회귀하나니,
이는 모든 이가 불지혜에 이르도록
하기 위함이니라.
비유하건대, 오신통을 갖추고
청정한 눈을 지닌 선인은 지혜를 이룬
보살을 나타냄이요, 생하고 멸하지
않는 법을 깨달아 무생법인에
드신 분이니라.

또한 대의사는 곧 여래를 뜻함이요,
눈 먼 장님은 무지에 빠진
모든 중생을 상징하느니라.
관절의 병은 탐욕을,
소화의 병은 성냄을,
내분비의 병은 어리석음을,
그리고 상한 체액은
육십이 가지의 삿된 견해를
비유함이니라.
이 병들을 고치는 약은
'공, 무상, 무원, 해탈'의
네 가지 진리와 같도다.
마땅히 병에 맞는 처방을 써서
몸과 마음의 병을 고쳐야 하며,
그리하여 무지를 끊고
고통의 뿌리를 뽑게 되느니라.
무지가 사라지면 선과 악을
분별하고자 하는 마음도 끊어지며,
삼계의 굴레에서 자유로워지느니라.
그리하여 다섯 가지 신통을 얻고
삶과 죽음의 바다를 건넌 이가
곧 성문승이며, 연각승이니라.
그들은 스스로 말하였느니라.
'이제 나는 더 이상 깨달을 법이
없도다. 나는 이미 열반에 들었노라.'

그때 부처님께서는 그들에게
부드럽고 자비로운 눈빛으로
말씀하셨느니라.
'어찌하여 너는 모든 법을 통달하지
못하고서도 스스로 열반에
도달했다고 여기느냐?'
부처님께서는 그들의 마음속에
일어난 자만과 집착을 아시고,
보리심을 일으켜 그를 교화하시고자
하였느니라.
그의 마음에 자각이 일어나,
비로소 세속에 머무르지 않고자
하였으나, 아직도 참된 열반에
이른 것은 아니었느니라.
그들이 점차 깊이 들어 시방삼계의
모든 법이 공하다는 이치를
깨닫고 나니, 눈앞의 모든 것들이
마치 꿈과 같고, 망상과 같으며,
산울림처럼 메아리칠 뿐인 것임을
알게 되었느니라.
그들은 또한 보았느니라.
모든 법은 본래 나지도 않고,
멸하지도 않으며, 속박되지도 않고,
해탈됨도 없고, 어둡지도 않고,
밝지도 않도다.

그러한 '법 아닌 법'을 깊이
응시하였느니라.
겉으로는 아무것도 보지 않는
듯하였으나, 그 마음은 삼계에 가득한
모든 중생의 마음을 관찰하고,
그 깊은 뜻을 낱낱이 꿰뚫어
보았느니라."

그때 석가모니 부처님께서는 이 뜻을
거듭 밝히고자 게송으로 말씀하셨다.

해와 달의 밝은 빛이
삼천세계를 비추듯이
선악과 고하를 가리지 않고
모든 중생 평등하게 비추듯
여래 지혜 해와 달 같아
일체 중생 차별 없이
크신 자비 베푸시고
법의 길로 인도하네.
도예가는 한 점토로
그릇들을 만들어서
설탕 담고, 버터 담고
우유 치즈 담기도 하네.
또 어떤 그릇은 더러운 것
불순물도 담아내고

같은 흙으로 만들어졌어도
내용 따라 달라지네.
이렇듯 여래 지혜 또한
모든 중생 근기 따라
말씀 다르게 하시지만
본래 법은 오직 하나.
삼승이라 불리지만
결국은 모두 일불승
한 길로서 귀의하네.
윤회 중생 어둠 속에
열반 적멸 알지 못해
중생 따라 방편 내어
깨달음 길 여시도다.
모든 법은 공한 법이요
태어남도 사라짐도 없네.
형상 없이 고요하여
여래 지견 닿게 하네.
연각승은 조용한 지혜
성문승은 듣고 배우나
결국 모두 이끄시어
보리심에 이르게 하네.
정변지의 무한 방편
중생 위해 설법하니
지혜 문을 열어 주어
불지혜로 이끄시네.

눈먼 장님 어리석어
햇빛 달빛 알지 못해
별과 별자리 보지 못해
아무것도 없다 하네
어리석은 중생들을
불쌍히 여긴 대의사
자비심을 일으키고
높은 산을 향해 가네.
모든 색과 향을 가진
네 가지 약초 구해
씹고 삶고 돌로 갈아
모든 법에 맞게 쓰네.
가루로도 조제하고
약과 약을 섞어서
그 장님의 눈을 뜨네.
밝은 눈을 회복하고
해와 달빛 밝히 보며
지난날의 무지함을
스스로 뉘우치도다.
세간 중생 장님 같아
윤회 속에 갇혀 있네.
무지로서 업을 짓고
고통 길을 걷고 있네.
여래께서 대의사 되어
삼계 중생 살피시고

자비 깊은 방편 지혜
진실 법을 설하시네.
중생 따라 법을 설해
보통 지혜 밝혀 주고
세속 굴레 두려워한
중생 마음 어루만져
성문들은 열반이라
스스로를 여기지만
모든 법을 깨달으면
참된 열반 이르리라.
부처님은 자비하여
다시 한번 일러주네.
너희들의 그 지혜는
아직 완전하지 않다.
방 안에 앉은 너희는
밖의 세계 알지 못해
멀리 있는 북소리도
듣지 못함 어찌 알랴.
방 안에 앉은 자는
밖의 세상 알지 못해
멀리 있는 사람들의
행동조차 보지 못해
사악하고 자비로움
구분조차 힘들도다.
자만심은 어디서 오며
지혜롭다 말 못하네.
오유순의 먼 거리도
소리조차 듣지 못해.
십리길도 걷지않고
다다를 수 없잖은가.
태어났던 그 기억도
하나 없이 잊었도다.
무엇으로 지혜롭다
자부하며 말하겠나.
오신통을 갖추시고
모든 법을 꿰뚫어서
중생 마음 다 보시네.
여래께서 말씀하사
너희들은 어리석어
지혜조차 갖지 못해
오신통을 얻으려면
한적한 곳 머물지라.
청정법을 사유하고
모든 번뇌 끊어내면
오신통을 얻게 되리.
그 뜻을 안 그 사람들
참선하고 고요하여
다섯 신통 이뤄내고
지혜 또한 밝아졌네.
그러하나 그 열반은

잠시 머문 열반이요
궁극 아닌 참된 열반
최상의 깨달음 아니니라.
여래께서 방편으로
삼승이라 설하셨고
중생들의 기질 따라
서로 다르게 인도하네.
진실한 법 밝히시면
모든 승은 오직 하나
일불승만 존재하니
다른 길은 방편이라
윤회 속의 어리석음
장님처럼 어둡도다.
세속 굴레 얽매이니
고통 길을 벗지 못해
여래께서 대의사로
중생들을 살피시고
자비 가득 방편지혜
진리 법을 설하셨네.
욕심 분노 어리석음
몸과 맘을 해롭게 해
육십이견 사견 따라
병든 마음 번뇌 되네.
열반 향한 법의 약초
바른 수행 따라 가면

지혜 되어 병 사라지네.
무명을 다 끊어내면
고통 또한 사라지니
좋고 나쁜 분별조차
마음 따라 사라지네.
성문승들 말을 하되
"나는 열반에 이미 도달했노라"
그러나 그 열반은
참된 열반 아니로다.
열반 아닌 깨달음은
부처님의 설법 듣고
오직 일승 바르게 가면
감로법에 이르리라.
삼승이라 말하였으나
다만 방편일 뿐이요.
진실한 길 하나이니
일불승만 존재하네.
모든 법은 공한 이치
평등하여 다름 없고
지혜로서 꿰뚫으면
감로열반 이르리라.

# 6. 수기품

그때 석가모니 부처님께서는 모든 게송을 마치신 뒤, 대중들을 향하여 말씀하셨다.

"내 제자 마하가섭은 앞으로 다가올 세상에서 삼백만억 부처님들을 친견하고 공경하며, 정성으로 공양하고, 존중하고 찬탄하며, 그 부처님들께서 설하신 한량없는 위대한 법 널리 전할 것이니라.
그리하여 마침내 최후의 몸에서 성불하여 부처가 되리니,
그 이름은 '광명여래'라 하리라.
그는 응공, 정변지, 명행족, 선서, 세간해, 무상사, 조어장부, 천인사, 불세존이라 불릴 것이다.
그 부처님이 태어날 나라는 '광덕'이라 하고, 그 시대의 겁 이름은 '대장엄'이라 하며, 부처님의 수명은 십이소겁에 이르며, 정법이 이십소겁 동안 머물고, 상법 또한 이십소겁 머무를 것이다.
그 국토는 청정하고 아름답게 장엄되어 있어, 더럽고 악한 것들이나 기와, 돌, 가시덤불, 오물 같은 것이 없으며, 온 땅은 평탄하여 언덕이나 구릉이 없고, 유리로 이루어진 대지 위로는 보배로운 나무들이 길을 따라 늘어서고 황금으로 엮은 줄로 경계를 삼고 있으며, 향기로운 꽃들을 흩어 청정함이 가득하다.
그곳의 보살들은 무량한 천만억이며, 성문대중 또한 헤아릴 수 없고, 마귀나 삿된 무리를 섬기는 일도

없으며, 혹 있다 하더라도 모두
부처님의 법 받들어 지킬 것이다."

그때 석가모니 부처님께서는 이 깊은
뜻을 다시금 게송으로 설하시었다.

비구들에게 말하노라.
부처의 눈으로 보니
가섭은 미래세에
겁이 지나 수없는 날
깨달음을 이루리라.
삼백만억 부처님께
공양하고 친견하며
부처의 큰 지혜와
범행을 맑게 닦네.
가장 위가 되신
양족존께 공양하고
일체의 위없는 지혜
닦고 익혀 최후의 몸인
부처를 깨달아 이루리.
그 나라 맑고 청정하여
유리 땅이 반짝이며
보배 나무 줄지어져
도로마다 빛내도다.
황금 줄로 경계 짓고,

향기로운 꽃을 뿌려
갖가지 아름다운
그런 걸로 장엄할새
그 땅은 평정하여
구릉 언덕 전혀 없네.
그 나라 보살대중은
그 수가 셀 수 없으며
자비하고 마음 부드러워
큰 신통을 갖추었네.
부처님의 대승경전
받들고 지니며
성문들도 머무르니
최후의 받은 몸들,
법왕의 아들들도
그 수가 무량하도다.
천안으로 본다 해도
끝내 셀 수 없으리라.
그 부처의 수명 또한
십이소겁 되시며
정법 머물 시기는
이십소겁이라 하네.
상법 또한 마찬가지
같은 세월 머무르며
광명의 그 세존께서
하시는 일 이러하네.

그때 대목건련, 수보리,
마하가전연 등 여러 제자들이
부끄럽고 송구한 마음을 품고,
한마음으로 두 손을 모아
합장하였으며, 석가모니 부처님의
거룩한 얼굴을 우러러보며
눈도 깜박이지 않더니
곧 한 목소리로 게송으로 말하였다.

장하신 세존이시여
석가문중 법왕이시여
불쌍한 저희 중생 위해
부처님 말씀 내려 주소서.
저희 마음 아시고서
수기를 주신다면
타오르는 번뇌의 열기
감로수로 식히는 듯 하옵니다.
굶주림에 지친 이가
대왕 성찬 만나도
감히 먹지 못하오니
두려운 마음 때문이옵니다.
허나 왕께서 말씀하시기를
"먹어도 된다" 하시면
그제야 안심하고
감사히 받는 것과 같사옵니다.

저희 또한 그러하옵니다.
소승 과보에 집착하고
부처님의 무상지혜
감히 바라보지 못하였고
"너희도 성불하리라."
자비로운 음성 들었으나
오히려 두려운 마음
선뜻 믿지 못하였나이다.
허나 이제 수기를 주신다면
마음 깊이 안락하고
장하신 세존의 뜻
따르겠나이다.

그때 석가모니 부처님께서는 여러
제자들이 마음속에 품은 뜻을 아시고
비구들에게 말씀하셨다.

"수보리는 장차 오랜 세월 뒤에,
삼백만억 나유타에 이르는 수많은
부처님을 친견하고, 그들을 받들고
공양하며, 공경하고 찬탄할 것이다.
항상 청정한 범행을 닦고, 보살의
길을 원만히 이루어 마침내 최후의
몸에서 성불하게 되리니,
그 이름은 '명상여래'가 될 것이다.

그는 응공, 정변지, 명행족, 선서,
세간해, 무상사, 조어장부, 천인사,
불세존이라 부를 것이다.
그 여래가 머무실 겁의 이름은
'유보'이고, 그 나라의 이름은
'보생'이라 하리라.
그 국토는 평탄하며, 땅은 파려로
되어 있고, 길가에는 보배 나무가
줄지어 서 있으며, 구릉도 언덕도
없고, 사금파리나 가시덤불,
더러운 똥이나 오줌 같은
부정한 것도 없으리라.
그 땅은 보배꽃이 가득히 덮여
사방이 청정하고 아름다우며,
그 나라 사람들은 보배로 지은 집이나
훌륭한 누각에서 살게 되리라.
그곳의 성문 제자는 셀 수 없이
많고 많아 숫자로나 비유로나
헤아릴 수 없으며, 보살 대중도 또한
무수하니, 천만억 나유타에 이르리라.
부처님의 수명은 십이소겁이
될 것이며, 정법이 머무는 세월도
이십소겁, 상법이 머무는 세월도
이십소겁이리라.
그 부처님께서는 항상 허공에
머무르며 한량없는 보살과
성문들을 위해 설법하시고,
모든 중생을 제도하시리라."

그때 석가모니 부처님께서 이 뜻을
거듭 밝히시기 위해 게송으로
설하셨다.

여러 비구들아
내가 이제 말하노라.
마음을 하나로 모아
깊이 법을 들을지니
내 큰제자 수보리는
미래세에 도래하여
부처님 되오리니
그 이름은 '명상'이니라.
한량없는 만억 부처님께
공양하고 따르면서
그 행을 점차 익혀
크고 깊은 도 닦으리.
최후에 받은 몸은
삼십이상 다 갖추고
빛나고 단정하며
보배산과 같으리라.
그 부처님 계신 나라

엄정함이 제일이라
이를보는 중생모두
다 즐겨 하니
부처님 그 나라에서
무량 중생 제도하고
그 법문 펼치시는
도량 안엔 보살 많네.
모두 영리하고 지혜로워
불퇴륜 굴리며
항상 저 나라 온 땅이
보살로써 장엄되네.
성문 대중들도
셀 수 없이 많은 수라
모두 다 삼명 얻고
육신통을 갖추어
팔해탈에 머물러서
큰 위덕이 있으니
그 부처님 설하시는
법은 가이 없도다.
그 신통 변화함은
불가사의 하여서
항하강 모래와 같은
천상인들 따르도다.
그 모두가 합장하고
법문 듣기 원하나니

그 부처님 수명은
십이소겁이요
정법 머무는 기간은
이십소겁이라 하고
상법 또한 마찬가지
이십소겁 머물리라.

그때 석가모니 부처님께서 다시 비구 대중에게 말씀하셨다.

"이제 너희에게 다시 이르노라. 이 대가전연은 장차 무수한 공양구를 갖추어 팔천억 부처님께 정성으로 공양하고, 깊은 존경과 공경의 마음을 다할 것이다. 부처님들이 열반하신 뒤에는 그 한 분 한 분을 위해 장엄한 탑을 세우리니, 그 탑의 높이는 천 유순에 이르고, 너비와 길이 또한 오백 유순에 달하리라. 그 탑들은 금과 은, 유리와 차거, 마노와 진주, 민괴 같은 칠보를 써서 장엄히 세워지며, 향기로운 꽃과 영락, 도향과 말향, 소향과 온갖 좋은 향기와 깃발과 일산으로 장엄하게 공양하리라.
그렇게 모든 공양을 마친 뒤에는
이만억 부처님께도 같은 정성으로
공양을 다하리니, 마침내 그는
성불하게 될 것이다.
그 부처님의 이름은 염부나제금광
여래, 응공, 정변지, 명행족, 선서,
세간해, 무상사, 조어장부, 천인사,
불세존이리라.
그 나라의 땅은 평탄하고 또 유리로
땅이 되며 보배 나무로 장엄되고
황금으로 줄을 꼬아 길을 경계하며,
아름다운 꽃으로 땅을 덮어
두루 청정하니, 그 나라를 바라보는
이마다 기쁨에 넘치고,
네 가지 악한 갈래, 지옥, 아귀,
축생, 아수라가 없고, 많은 천상과
인간 그리고 여러 성문과 한량없는
만억 보살들이 그 나라를 장엄하며,
그 부처님께서 누리실 수명은
십이소겁에 이르며, 그 나라에 정법이
머무는 기간도 이십소겁, 상법 역시
정법과 같은 세월 동안 머무르리라."

그때 석가모니 부처님께서 거듭

그 뜻을 밝히시고
게송으로 설하셨다.

여러 비구들아,
마음 모아 들을지니라.
내가 이제 설하는 법
참되고 거짓 없음이라.
나의 제자 가전연은
정성 담은 공양 기구
여러 부처님께 예 올리고
부처님 멸도하신 뒤
칠보탑을 세우고
아름다운 꽃을 바쳐
사리를 정성껏 공양하네.
마침내 최후의 몸 받아
불지혜를 성취하여
등정각을 이루었고
맑고 청정한 부처 나라
억겁 중생 제도하리.
시방 하늘과 인간들이
공양하고 우러르며
광명 빛난 그 부처님
그보다 나은 이 없도다.
염부금광이라 불리는
밝고 위대한 그 부처님

수많은 보살과 성문들이
온갖 번뇌 끊어내고
한량없는 세계 안을
복덕과 지혜로 장엄하리라.

그 때에 석가모니 부처님께서 다시
대중에게 말씀하셨다.

"내 이제 너희에게 분명히 말하노라.
여기 대목건련은 무량한 공경심으로
팔천 부처님께 정성껏 공양 올리고,
공경하며 예배하였느니라.
부처님들께서 열반에 드신 뒤에는
하나하나의 탑묘를 세우리니,
그 높이는 천 유순이요,
길이와 너비는 각각 오백 유순이라.
이 탑은 금과 은, 유리와 차거,
마노와 진주, 민괴에 이르기까지
칠보를 합하여 장엄히 지으며,
온갖 꽃과 영락, 향기로운 도향과
말향, 소향과 증개, 당번으로 정성껏
공양하며, 그 모든 공양 원만히 마친
뒤엔 다시 이백만억 부처님을
차례로 예배하고 섬기며,
마침내 성불을 이루리니, 그 이름은
다마라발전단향여래라 하며,
응공, 정변지, 명행족, 선서,
세간해, 무상사, 조어장부, 천인사,
불세존이리라.
그 겁의 이름은 '희만'이요,
나라 이름은 '의락'이라 하느니라.
그 나라는 평탄하여 바닥은 파려로
이루어졌고, 보배 나무들이 곳곳을
장엄히 둘렀으며, 진주로 된 꽃이
흩어져 청정한 기운이 두루 감돌아,
그곳을 바라보는 이마다 환희에
젖느니라.
그 나라에는 천상 사람도 많고,
보살과 성문도 무수히 많으며,
그 부처님의 수명은 이십사소겁이요,
정법은 세상에 사십소겁을 머무르고,
그 뒤 상법도 또한 정법과 같은 기간
동안 머무르리라."

그때 세존께서 거듭 그 뜻을 펴시려고
게송으로 말씀하셨다.

내 큰 제자인
이 자리에 있는 대목건련
이 몸을 마친 뒤에는

수없는 세월 거치며
팔천이백만억 부처님께
공양하고 공경하리라.
부처님들 계신 곳마다
공경하고 찬탄하며
범행을 오래 닦아
불법을 받들고 익히리니
부처님들 열반하신 뒤엔
칠보탑을 세우리라.
금빛 칠한 긴 표찰을
그 꼭대기에 높이 세우고
향기로운 꽃과 악기로
정성 다해 공양하리라.
보살도를 점점 갖추고
의락국에서
다마라발전단향이라는
부처 되리라.
그 수명은 이십사소겁
천상과 인간 위해
불법을 펼치시리.
무량한 성문 제자
항아강의 모래 같으며
삼명과 육신통으로
큰 위덕을 갖추리라.
무수한 보살들은
굳은 뜻으로 불지혜에
정진하여 물러남 없으리니.
부처님 열반하신 후
정법과 상법 머무르되
각각 사십소겁 동안
이 세상에 빛이 되리라.
위덕을 갖춘
나의 제자 오백인데
한 사람도 빠짐없이
오는 세상 성불한다
수기하여 줄 것이니
나와 너희들의
과거 깊은 인연
지금 밝히려 하노니
이 진리 귀담아 들으라.

# 7. 화성유품

부처님께서 여러 비구들에게 말씀하셨다.

"비구들이여, 상상조차 어려운 아승기겁에 한 부처님께서 계셨으니, 대통지승여래, 응공, 정변지, 명행족, 선서, 세간해, 무상사, 조어장부, 천인사, 불세존이었느니라.
그 나라는 '호성'이라 불렸고, 겁의 이름은 '대상'이었느니라.
비구들이여, 그 부처님께서 열반하신 지는 참으로 오래되었느니라.
비유하자면, 이 삼천대천세계의 땅을 모두 갈아 먹물로 만들고, 어떤 사람이 그 먹물을 들고 동쪽으로 천개의 국토를 지나갈 때마다 티끌만큼의 한 방울을 떨어뜨린다면, 그리고 또 천 국토를 지나 다시 한 방울을 떨어뜨리고, 이와 같은 방식으로 모든 먹물을 다 쓰게 되었다 하자.
비구들이여, 너희 생각은 어떠하냐? 이렇게 점을 찍은 모든 나라의 수를, 셈에 능한 사람이나 그 제자들이 과연 다 헤아릴 수 있겠느냐?"

비구들이 합장하고 대답하였다.

"세존이시여, 그 수를 다 셀 수 없을 것입니다."

석가모니 부처님께서 말씀하셨다.

"비구들이여, 이제 이 사람이 지나온 길에 점을 찍은 국토나 찍지 않은 국토를 전부 합쳐 다시 그 흙을 곱게 갈아 티끌로 만든다 하자.
그 중의 한 티끌을 일겁으로 삼아도,
그 모든 겁을 합친 것보다도 더 오래
전에 대통지승여래께서 열반에
드셨느니라.

비구들이여, 나는 여래의 지혜와
통찰의 힘으로, 이처럼 먼 과거의
일도 마치 오늘의 일처럼 분명히 보고
알 수 있느니라."

그때 세존께서 이 뜻을 다시
밝히시고자 게송으로 설하셨다.

지난 세상 깊은 겁에
한 부처님 계셨으니
그 이름 대통지승
어떤 이가 마음 다해
삼천대천 온 땅덩이
모두 먹물로 만들고
일천 국토 지나갈 때마다
한 방울씩 떨어뜨리니
그렇게 옮겨가다가
먹물 다 써버려도
떨어진 땅, 안 떨어진 땅
모두 티끌로 만들어서,

한 티끌이 한 겁이라면
대통지승 여래께서
멸도하신 그 시절은
그보다도 더 오래요
한량없는 아승기겁이니라.
걸림 없는 부처 지혜
모든 과거를 꿰뚫어서
옛 부처님 열반하신 일도
오늘 본 듯 밝히시네.
비구들이여, 바로 알라.
거룩하신 부처 지혜
걸림 없고, 장애 없고
무량한 겁을 통하니라.

석가모니 부처님께서
여러 비구들에게 말씀하셨다.

"대통지승 부처님의 수명은
상상할 수 없이 긴 세월,
오백사십만억 나유타겁이니라.
그 부처님께서 처음 도량에 나아가
수행하실 때, 마군의 온갖 방해를
물리치고 아뇩다라삼먁삼보리를
이루고자 하셨으나,
모든 부처님들의 법이 아직 그 앞에

드러나지 않았기에,
일소겁에서 십소겁에 이르기까지
가부좌를 틀고 앉은 채 몸도 마음도
한 번도 움직이지 않으시었다.
그렇게 긴 시간 동안에도 그 법은
아직 나타나지 않았던 것이니라.
그때 도리천의 여러 사람들이
대통지승 부처님을 위해
보리수 아래에 사자좌를 마련해
드렸고, 그 좌대는 일유순이나 되는
높이였느니라.
부처님께서는 그 위에 앉으시어
다짐하시기를,
'나는 반드시 아뇩다라삼먁삼보리를
이루리라.' 하셨도다.
이때 여러 범천왕들이 하늘꽃을
비처럼 내려 공양하니,
그 꽃들이 수북이 쌓여 백 유순의
높이에 이르렀느니라.
바로 그때, 향기로운 바람이 알맞은
때에 불어와 시든 꽃은 걷어내고,
다시 새로운 꽃이 피어나게 하였으며,
그렇게 십소겁 동안 꽃 공양은
끊임없이 이어졌느니라.
이 공양은 단지 성도 시기뿐 아니라
부처님께서 열반에 드시기까지
계속되었으며,
사천왕과 여러 하늘의 신들은
늘 하늘북을 울려 공양하였고,
다른 하늘의 중생들은 하늘의 악기를
연주하여 마음으로 예경하고
공양을 올렸느니라.
그러한 정성과 공경은 십소겁이
다하도록 이어졌으며,
부처님께서 열반에 드시는
그날까지도 끊이지 않았느니라.
비구들이여, 대통지승 부처님께서는
이와 같이 십소겁이 지나서야
마침내 부처님의 법이
그 눈앞에 드러났고, 드디어
아뇩다라삼먁삼보리를 이루셨느니라.
대통지승 부처님께서 출가하시기
전에는 열여섯 명의 아들이 있었는데,
그 가운데 맏아들의 이름은 지적이라
하였느니라.
그 아들들은 저마다 온갖 보배로운
기구들을 갖고 있었는데,
아버지께서 아뇩다라삼먁삼보리를
얻었다는 말을 듣고, 모든 보물
내려놓고, 대통지승 부처님께 예를

올리기 위해 도량으로 달려왔느니라.
그들의 어머니는 눈물을 흘리며
아들들을 떠나보냈고, 할아버지인
전륜성왕은 일백 인의 대신들과
셀 수 없이 많은 백성들을 이끌고
부처님 계신 도량으로 나아가
대통지승 부처님을 다 같이 친근하고,
공경과 찬탄의 마음으로 머리 숙여
예배를 올렸느니라.
그리고 나서 대통지승 부처님을
향해 공손히 손을 모아 합장하고,
자비로운 얼굴을 우러러보며
게송으로 찬탄의 말씀을 드렸느니라.

큰 위덕 세존께서
중생 구제하시려고
억만 년이 지나서야
성불 하셨나니.
모든 소원 이룩하시고
거룩하여 위없으시며
희유하신 그 세존은
십소겁을 한자리에
몸과 손발 움직임 없고
안온하게 평정하사
마음 또한 산란 없고

고요 속에 머무셨네.
마침내는 적멸 이루어
성불에 이르시니
저희들은 그 모습 보고
기쁨 가득 넘칩니다.
중생들은 고통 속에
밝은 길을 알지 못해
도 닦을 줄도 모르며
해탈 뜻도 몰랐으니
악업만이 자라나고
하늘 사람 줄어들어
어둠 속을 헤매다가
부처님 이름 못 들었네.
이제 드디어 안온한 도
무상도 얻으신 부처님
하늘 인간 저희 모두
헤아릴 수 없는 이익 얻어
깊이 머리 조아리며
무상존께 귀의합니다.

그때 열여섯 왕자들은
게송으로 부처님을 찬탄한 뒤,
세존께 법륜 굴려 주시기를 간청하며,
두 손 모아 공경히 여쭈었느니라.
'세존이시여, 세존께서 설하시는 법은

저희에게 깊은 안온을 주시나이다.
부디 저희를 불쌍히 여기시어,
여러 하늘 사람들과 세간의
중생들에게 큰 이익과 기쁨을
베풀어 주옵소서.'
그리고는 다시 게송으로
간청드렸느니라.

세상에 다시 없는 이여
복덕으로 장엄하신 부처님
무상의 지혜를 이루시어
세간 위해 설법하시네.
저희들과 모든 중생들,
해탈의 길로 인도하사
분별하여 보이시고
지혜 얻게 하옵소서.
저희 또한 성불하면
중생들 역시 그리 되리이다.
세존께서는 환히 아시나니
중생들 깊은 마음속 뜻도
저희가 닦아온 행 또한
지혜의 힘도 다 아시나이다.
즐거움과 복된 과보
과거세의 모든 행까지도
세존께서 아시옵기에

무상 법륜 굴려 주소서."

그때 석가모니 부처님께서 여러
비구들에게 말씀하셨다.

"대통지승 부처님께서 아뇩다라삼먁
삼보리를 이루시던 그 순간,
시방의 오백만억 불세계가
여섯 가지로 진동하고,
해와 달조차 비추지 못하던
깊은 어둠의 골짜기까지,
찬란한 광명이 가득 비추었느니라.
이 광명을 본 중생들은 놀라 서로를
바라보며 이렇게 물었느니,
'이처럼 경이로운 일이 어찌하여
홀연히 일어나는가?'
또한 그 불세계에 있는 하늘의
궁전들, 그리고 범천의 궁전들까지
여섯 가지로 요동하였으며,
광명의 기운이 끝없이 퍼져
온 세계를 환하게 밝혔나니,
이 광명은 다른 어느 때의 하늘빛보다
더욱 찬란하였느니라.
그때 동방의 오백만억 국토에 머물던
범천의 궁전들도 이 광명에 물들어

예전보다 더 밝게 빛났으며,
이에 여러 범천왕들은 스스로
생각하였느니라.
'지금 이 궁전에 비치는 이 밝은
광명은 일찍이 없던 상서로운
조짐이다. 이러한 일이 어찌하여
일어나는가?'
이때 여러 범천왕들이 서로 마주보며,
이 상서로운 현상에 대해 함께
의논하더니, 그 가운데 이름이
구일체라 불리는 위대한 범천왕이
여러 범천 대중을 위해 게송으로
말하였느니라.

우리 궁전 곳곳마다
이전엔 없던 큰 광명
그 까닭이 무엇인지
함께 살펴보세.
위대한 성인이 나신 것인가?
부처님께서 출현하신 것인가?
시방세계 온 누리에
한없이 퍼지는 이 밝은 빛이여.

그때 오백만억 세계의 여러
범천왕들이 각자 궁전과 하늘꽃을
가득 담은 보배 그릇을 지니고
서방을 향해 나아가 상서로운 광명의
근원을 찾으셨도다.
그때 대통지승 부처님께서 보리수
아래 사자좌에 앉아 계시고,
그 곁에는 하늘과 용왕, 건달바와
긴나라, 마후라가 등 사람도 아니고
하늘도 아닌 존재들이 모여들어
공경하는 모습을 모두 눈으로
확인하셨느니라.
또한 열여섯 왕자들이 세존께
법의 수레바퀴를 굴려 주시기를
간절히 청하는 광경을 보고,
범천왕들 역시 큰 감동 받아
머리 숙여 부처님께 예배드리고,
그 주위를 백천 번이나 돌며
존경의 뜻을 표하셨느니라.
그들은 하늘꽃을 부처님께 흩어
공양하였고, 그 꽃은 마치 수미산처럼
높이 쌓였으며, 보리수 아래에 계신
부처님께도 꽃을 흩어 공양하였으니,
그 보리수는 높이가 십 유순이나
되었다.
꽃 공양을 마친 뒤, 각자 가져온
궁전을 부처님께 받들어 올리며

이런 말을 아뢰었느니라.
'저희들을 가엾이 여기시고,
드리는 이 궁전을 받아 주옵소서.
그리고 저희들을 이롭게 하옵소서.'
이때 여러 범천왕들은 한결같은
마음과 음성으로 부처님 앞에서
게송을 함께 하였느니라.

세존은 참으로 희유하신 분
세상에 나시기 참으로 어렵고
한량없는 공덕을 갖추시어
일체 중생을 모두 건지시네.
하늘과 인간의 큰 스승 되시어
세상의 고통을 어루만지시니
시방 세계 모든 중생들
이 얼마나 큰 복인가.
저희들 오백만억 국토에서
선정의 평안 다 버리고
이 자리에 모인 까닭
거룩하신 부처님께
공양드리려 함이고
지난 세상 쌓은 공덕으로
장엄된 궁전 여러 채 지어
세존께 공양 올리오니
크신 자비로 받으시옵소서.

그때 여러 범천왕들은 부처님께
드리는 게송 찬탄을 마치고,
깊은 존경의 마음으로
각각 말씀드렸느니라.
'세존이시여, 간절히 청하옵나이다.
자비를 베푸시어 법의 수레바퀴를
굴리시고, 중생들을 고통에서
건지시며, 해탈의 문을 열어주시고,
열반의 길을 밝혀 주시옵소서.'
그들은 모두 한마음 한뜻으로,
부처님 앞에 나아가 게송으로
말씀을 올렸느니라.

거룩하신 양족존이시여
자비로운 법문을 펴시어
크신 자비와 위신의 힘으로
모든 중생을 제도하소서.

그때 대통지승여래께서는 묵묵히
받아들이셨도다.
비구들이여, 이와 같은 때, 동남방의
오백만억 세계에 있는 모든
대범천왕들의 궁전마다 옛날에는
없었던 밝은 빛이 가득 비추었느니라.
그 범천왕들은 이 상서로운 광명을

보고 크게 기뻐하며 몸을 들썩이고,
마음 깊이 놀라고 경이로워
서로 찾아가 이 뜻을 의논하였더니,
그 가운데 '대비'라 이름한
한 범천왕이 있어, 모인 모든 범천
대중을 향하여 게송으로 그 뜻을 펼쳐
말하였느니라.

이 상서로운 광명의 뜻
무슨 인연으로 일어났나이까.
우리 궁전 밝게 비치고
이전에는 없던 일이라
큰 덕을 갖춘 성인
이 세상에 나신 것인지
위없는 부처님께서
중생 위해 출현하신 것인지.
이러한 상서 처음이니
일심으로 그 뜻을 찾고자 하며
천만억 세계를 지나서라도
그 근본을 밝히리라.
아마도 중생을 제도하시려
자비하신 부처님 오신 것이리라.

그때 오백만억 국토의 여러
범천왕들이 자신의 궁전과 갖가지
하늘꽃을 가득 담은 그릇을 지니고
서북방을 향하여 함께 나아갔느니라.
그들은 상서로운 광명의 근원을
찾아가다가 도량의 보리수 아래
사자좌에 앉아 계신 대통지승
부처님을 친견하게 되었느니라.
그 주위에는 여러 하늘 신들과 용왕,
건달바와 긴나라, 마후라가 등
사람 같기도 하고 같지 않기도 한
존재들이 공경심을 다해 부처님을
둘러싸고 있었느니라.
또한 열여섯 왕자들이 부처님께
법륜을 굴려주시기를 간절히
청하고 있는 것을 보고,
그 광경을 마주한 여러 범천왕들도
즉시 머리 숙여 예배드리고,
백천 번이나 부처님 주위를 공경히
돌며, 하늘꽃을 부처님께 흩어
올렸느니라.
그 꽃은 수미산과 같을 정도로
쌓였고, 보리수 아래에도
꽃 공양을 정성껏 올렸느니라.
그들은 다시 각자가 가져온 궁전을
정성스레 부처님께 올려 바치며
이렇게 말했다.

'세존이시여, 저희를 불쌍히 여기시고
자비로이 이롭게 하옵소서.
저희가 올리는 이 궁전을
받아 주옵소서.'
이때 여러 범천왕들은 일심으로
부처님 앞에 나아가 게송으로
말하였느니라.

성주의 덕을 지닌
하늘의 왕이신 부처님께서
가릉빈가와 같은 맑은 음성으로
중생을 위해 설법하시니
저희 모두 깊이 공경하나이다.
세존이시여,
이 세상에 나오심은
참으로 희유하옵고
그 모습을 뵙기 어려운 일이니
백팔십겁이나 되는
오랜 세월 동안 부처님의
출현이 없었나이다.
그동안 삼악도는 가득 차고
하늘의 중생들조차
줄어들었사오니
이제 부처님께서 세상에 나오시어
중생의 밝은 눈이 되셨나이다.

세간의 중생들은
모두 머리 숙여 귀의하오며
온갖 고통에서
구원을 받나이다.
부처님은 중생의
자비로운 아버지시니
불쌍히 여기시어
큰 이익을 내려주시나이다.
저희들 지난 세상에서
쌓아온 복덕의 힘으로
오늘 이처럼 거룩하신 세존을
친견하게 되었나이다.

그때 여러 범천왕들은 게송으로
부처님을 찬탄한 뒤,
각기 한마음으로 예를 올리며
이렇게 말씀드렸느니라.
'세존이시여, 온 세상의 중생들을
자비로써 굽어 살펴주시옵소서.
또한 법륜을 굴리시어 중생들을
고통에서 건지시고 해탈의 길로
이끌어 주소서.'
이때 모든 범천왕들은 대통지승
부처님께 게송으로 청하였느니라.

대성이신 세존께서

큰 법륜 굴리시어

깊고 넓은 법문을

무수하게 펴 보이시니

어둠 속에 괴로워하던 중생들

그 법을 듣고 마음마다

환희하며 나아가네.

이 법 들은 중생들은

악도를 벗어나고

복을 지어 천상 올라

선한 삶을 이뤄가네.

한 큰 범천왕이 있어 모든 범천의

중생을 위해 게송으로 말하였느니라.

우리들 궁전마다

찬란한 빛이 가득하니

이처럼 상서로운 일

무슨 인연에서 비롯된가?

오랜 세월 흘렀어도

이런 광명 본 적 없네.

대덕 성인이 오셨는가?

부처님이 세상에 나셨는가?

그때 대통지승 부처님께서는

묵연히 그 뜻을 허락하셨도다.

여러 비구들이여,

남방에 있는 오백만억 국토의

수많은 대범천왕들 또한

자신들의 궁전에, 이전에 없던

찬란한 광명이 비추는 것을 보았으며,

그들은 마음 깊이 기뻐하며

크게 놀라고 감격하여

곧 서로를 찾아가 말하였느니라.

'이 광명의 상서로움은

과연 어떤 인연으로 나타났는가?'

그 대중 가운데 이름이 묘법인

그때 오백만억의 여러 범천왕들이

자신의 궁전과 갖가지 하늘꽃을

담은 그릇을 가지고 북방으로

함께 향하여 상서로운 광명의

근원을 찾았으며,

마침내 대통지승 부처님께서 도량의

보리수 아래 사자좌에 앉아 계심과

그 주위에는 여러 하늘의 신중과

용왕, 건달바, 긴나라, 마후라가 등

사람 같기도 하고 같지 않은 존재들이

모여서 공경하고 둘러선 모습을

보았느니라.

또한 열여섯 왕자들이 대통지승

부처님께 법륜을 굴려 주시기를
간청하는 장면을 보고, 범천왕들도
곧 머리를 숙여 예배하고 백천
번이나 대통지승 부처님 주위를 돌며
예경드렸느니라.
그들은 하늘꽃을 대통지승 부처님
위에 흩었고, 그 꽃은 수미산처럼
높이 쌓였으며, 보리수에도
꽃 공양을 마치고, 각각 가지고 온
궁전을 그 대통지승 부처님께 올리며
이렇게 아뢰었느니라.
'세존이시여, 저희들을 자비로
굽어살피시어 이 궁전을 받아 주시고
저희에게 이익을 더해 주옵소서.'
그때 여러 범천왕들은 다시 대통지승
부처님께 같은 소리를 내어 게송으로
청하였느니라.

번뇌 모두 파하시는
세존 뵙기 어렵나니
백삼십겁 다 지나고
오랜 세월 지나
오늘 뵈옵니다.
갈증에 시달리던
중생들, 이제 법비 내려

한량없는 지혜 가득합니다.
우담바라꽃 드물게 피듯
수없이 긴 세월 지나
오늘 이렇게 세상에 오신
부처님을 친견하옵고
광명으로 장엄된
저희 궁전, 지극한 마음
담아 올리오니
크신 자비 베푸시어
부디 받아 주옵소서.

그때 여러 범천왕들이 대통지승
부처님께 찬탄하는 게송을 마친 뒤,
모두가 합장하여 아뢰었도다.
'세존이시여, 저희는 간절히
원하옵나이다.
이 세간과 하늘, 마군, 범천, 사문과
바라문들까지 모두 평안하게 하시고,
고통에서 벗어나 해탈에 이르도록
거룩한 법의 바퀴를 굴려
주시옵소서.'
그리하여 여러 범천왕들은 동일한
음성으로 거듭 간청하였느니라.

저희는 간절히 원하옵나니
세존께서 무상의 바른 진리
거룩한 법륜을 굴리시어
법의 북을 울리시고
큰 법이라 부르시며
은혜로운 법비 널리 내려
모든 중생 제도하여 주심
귀의하여 바라옵건데
자비로이 설하여 주옵소서.

그때 대통지승 부처님께서는
말씀 없이 조용히 끄덕이시며
그 간청을 허락하셨느니라.
그와 같은 길상한 일, 서남방과
하방의 세계들에서도 같이 일어나고,
그때 상방의 오백만억 국토에 있는
수많은 범천왕들도 이전에 보지
못했던 밝은 광명이 자기들의 궁전에
가득 비치는 것을 보고 크게 기뻐하며
이렇게 말하였다.
'무슨 인연으로 우리 궁전에
이런 찬란한 광명이 비치는 것인가?'
그때 그 대중 가운데 '시기'라는
이름을 가진 한 큰 범천왕이 모든
범천 대중을 위해 게송으로

그 뜻을 말하였느니라.

지금 이 일이 어떤 인연에서
비롯된 것인가.
우리들이 사는 이 모든 궁전마다
맑고도 위엄 있는 빛이 가득하니
예전엔 본 적 없는
참으로 희유한 장엄이라.
이토록 고요하고 아름다운 모습
들어본 적도, 본 적도 없었나이다.
덕이 크신 이가 하늘에서
태어나려 하심이옵니까?
아니면, 부처님께서 이 세상에
출현하시려는 것입니까?

그때 오백만억 범천왕들은,
자신의 궁전과 갖가지
하늘꽃을 담은 공양구를 가지고
하방 세계로 함께 내려가,
이 상서로운 광명의 인연을 찾아
나섰도다.
그들은 마침내 도량의 보리수 아래,
사자좌에 앉아 계신 대통지승
부처님을 친견하게 되었고, 그
주위에는 하늘의 중생들과 용왕,

건달바, 긴나라, 마후라가 등
사람 같기도 하고 그렇지 않기도
한 존재들이 공경스럽게 둘러서
계시었느니라.
또한 열여섯 왕자들이 대통지승
부처님께 법륜을 굴려 주시기를
간청하고 있는 모습을 함께
목도하였다.
이 모습을 본 범천왕들은
즉시 머리숙여 대통지승 부처님께
예배하고, 좌우를 백천 번이나 돌며
공경하였으며,
그 후, 하늘꽃을 대통지승 부처님
위에 흩어 공양하니, 그 꽃들은
수미산처럼
가득 쌓였느니라.
부처님께서 앉아계신 보리수에도
꽃 공양을 올리고, 그들이 가져온
궁전을 부처님께 받들어 올리며
간절히 아뢰었다.
'저희를 불쌍히 여기시고 이롭게
하옵소서.
이 공양드리는 궁전을 부디
받아 주옵소서.'
그때 모든 범천왕들은

한마음 한뜻으로 부처님 앞에 나아가
게송을 올리나니,

거룩하신 부처님들
세상 고난 건지시고
삼계 지옥 중생들을
부지런히 제도하네.
크신 지혜 세존께서
불쌍타 중생 보시고
감로문의 길 여시어
일체 제도하옵소서.
오랜 세월 부처 없고
헛된 날만 흐르니라.
시방세계 어두워서
삼악도만 가득하네.
아수라는 성하고
하늘 중생 줄어들어
죽어지고 악 떨어져
복과 덕이 쇠하도다.
부처님법 떠나가고
선한 길은 버려지며
지혜 덕도 줄어들고
형상조차 사라지네.
죄업 따라 괴로우며
즐거움도 사라지고

삿된 법에 사로잡혀
정법조차 알지 못해
가르침을 받지 못해
악한 길에 떨어지고
세간의 눈이신 부처님
오랜 후에 오셨도다.
고통 많은 중생들을
불쌍히 여기시어
최정각을 이루니
모두 마음 기쁘도다.
그 밖의 많은 중생들
이 일조차 알까마는
기쁜 마음 모아
궁전으로 공양하네.
장엄되고 밝은 궁전
세존께 바치오니
크신 자비 베푸시어
기꺼이 받아주소서.
이러한 공덕으로
일체에 보급하여
저희들과 여러 중생들
부처님 도 이룰지어다.

그때 오백만억의 여러 범천왕들이
게송으로 부처님을 찬탄한 뒤

각기 부처님께 합장하고
아뢰었느니라.
'세존이시여, 간절히 원하옵나니,
법륜을 굴리시어 중생들을 편안케
하시고 해탈의 길로 이끌어
주옵소서.'
그리고 여러 범천왕들은 다시
게송으로 말하였느니라.

높으신 세존이시여
법륜 굴리시어
감로 같은 법북을
크신 자비로 울리시니
고뇌속에 잠긴 중생들
어둠에서 벗어나게
열반의 크신 길을
밝게 열어 주옵소서.
저희들의 간절한 뜻
거룩하신 세존께 올리며
미묘하고 깊은 진리
자비의 음성으로 설하소서.
무명 속에 헤매는 중생
깨닫지 못해 슬퍼하니
무량겁 닦으신 지혜
설해 주옵소서.

그때 대통지승 부처님께서는
시방 세계에서 모여든
범천왕들과 열여섯 왕자들의
간청을 자비로이 받아들이시고
삼전십이행 법륜을 굴리시니,
그 가르침은 사문이나 바라문,
천상이나 마군, 범천이나
세간의 그 누구도 설할 수 없는
가장 위없는 법이었느니라.
그리고는 대통지승 부처님께서
설하셨느니라.
'이것이 고이며, 이것이 고의
원인이고, 이것이 고의 멸이며,
이것이 고를 멸하는 길이니라.'
이렇게 사성제의 진리를 밝히시고
다시 널리 열두가지 인연법을
설하셨느니라.
'무명은 행을 인연하고,
행은 식을 인연하고,
식은 명색을 인연하고,
명색은 육입을 인연하고,
육입은 촉을, 촉은 수를,
수는 애를, 애는 취를, 취는 유를,
유는 생을 인연하고,
생은 결국 늙음과 죽음,
슬픔과 비탄, 고뇌를 인연하느니라.
따라서 무명이 멸하면 행도 멸하고,
행이 멸하면 식이 멸하며,
식이 멸하면 명색이 멸하고,
명색이 멸하면 육입이 멸하며,
육입이 멸하면 촉이 멸하고,
촉이 멸하면 수가 멸하며,
수가 멸하면 애가 멸하고,
애가 멸하면 취가 멸하며,
취가 멸하면 유가 멸하고,
유가 멸하면 생이 멸하며,
생이 멸하면 곧 늙음과 죽음,
슬픔과 고뇌도 멸하느니라.'
이와 같이 세존께서 천상과 인간,
모든 대중 앞에서 이법을 설하셨을
때, 육백만억 나유타의 중생들이
세간의 속박을 떠나 모든 번뇌에서
벗어나 마음의 해탈을 얻었으며,
삼명과 육신통을 얻으며, 팔해탈을
완전히 갖춘 자들도 많았도다.
두 번째, 세 번째, 네 번째로
세존께서 법을 거듭 설하실 때마다
천만억 항하강의 모래처럼 셀 수 없는
중생들이 번뇌에서 벗어나
마음의 자유를 얻었으며,

그 뒤에도 성문 대중이 한량없이 모여
그 수를 헤아릴 수 없을 만큼
광대한 깨달음을 이루었느니라.
그때 열여섯 왕자들은 모두 아직
어린 동자였으나 깨달음을 향한 깊은
원력으로 출가하여 사미가 되었으니,
근기가 뛰어나고 지혜가 밝아,
이미 예로부터 백천만억 부처님께
공양드린 공덕을 지녔으며, 청정한
범행을 닦아 최상의 깨달음인
아뇩다라삼먁삼보리를 성취하려
함께 합장하고 여쭈었느니라.
'세존이시여, 무량한 성문들이
성취하였나이다.
저희들을 위하여 마땅히
아뇩다라삼먁삼보리의 법을 설하여
주옵소서.
저희는 간절한 마음으로 여래의
지견을 구하며, 깊은 뜻을
듣고 닦고 배우려 하나이다.
세존께서는 모든 법을 증득하셨기에
저희의 소원을 잘 아시리이다.'
그 광경을 지켜보던 전륜성왕의
대중 중 팔만억 인이 그 감동에
마음이 움직여 자신들 또한
출가하기를 바랐으며,
전륜성왕께서 이를 허락하시니
무수한 이들이 함께 수행의 길로
나아갔도다.
그때 부처님께서는 열여섯 사미들의
청을 받아 이만 겁이라는 긴 시간
동안 모든 사부대중에게
대승의 거룩한 경전을 설하셨나니,
그 이름은 『묘법연화경』이라.
이는 오직 보살들을 위해 설하신
가르침이요, 부처님께서 항상
수호하고 생각하신 법이었다.
경을 모두 설하신 후,
열여섯 사미 보살들은
아뇩다라삼먁삼보리를 받아 지니고
외우며 읽고 그 깊은 뜻에 통달하여
대승의 정수를 익히게 되었느니라.
또한 경을 설하실 때
이 보살 사미들은 믿고 따랐으며,
성문 대중 가운데도 이에 깊이
이해한 이들이 있었으나, 그 외의
천만억 중생들은 의심을 품고 믿지
못하였느니라.
대통지승 부처님께서는 팔천 겁의
긴 세월 동안 쉬지 않고 이 경을

설하셨고, 경이 끝난 뒤에는 조용히
고요한 선정에 드시어 팔만사천 겁
동안을 그렇게 머무르셨느니라.
그때 열여섯 보살 사미들은
대통지승 부처님께서 선정에 드신
것을 보고 각각 법의 자리에 올라
팔만사천 겁 동안 모든 사부대중을
위하여 『묘법연화경』을 널리
분별하여 설하였으며, 그 하나하나가
육백만억 나유타 항하강의 모래 같은
무량한 중생들을 제도하고 가르쳐
이익되게 하며, 모두가 기쁜 마음으로
아뇩다라삼먁삼보리를 향한 마음을
일으키게 하였느니라.
대통지승부처님께서는 팔만사천 겁의
긴 세월이 지난 뒤, 삼매에서
일어나시어 법의 자리에 나아가
편안히 앉으시며, 여러 대중들을
향하여 말씀하셨느니라.
'이 열여섯 보살 사미들은
참으로 드물고도 희유하며,
육근이 밝고 총명하며,
지혜는 맑고 뚜렷하였느니라.
이미 무량 천만억의 부처님들께
공양을 올렸고, 언제나 부처님 곁에서
청정한 행을 닦아 여래의 지혜받아
간직해 왔나니,
이제 이 지혜를 세상에 드러내어
중생들로 하여금 그 법 안에
들게 할것이니라.
너희들은 반드시 이들을 자주
친견하고, 공양하며 공경할지니라.
왜냐 하면, 비록 성문, 벽지불,
보살이라 하더라도 이 열여섯
보살들이 설하는 법을 믿고 받아
지니며, 헐뜯지 아니한 이는 모두
여래의 지혜인 아뇩다라삼먁삼보리를
증득하게 되기 때문이니라.'
부처님께서 다시 비구들에게
말씀하시길,
'이 열여섯 보살들은 항상
『묘법연화경』을 즐겨 설하며,
각기 교화한 육백만억 나유타
항아강의 모래 같은 무수한 중생들이
태어날 때마다 이 보살들과
함께 나서 그들 곁에서 법을 듣고,
진심으로 믿고 이해하였나니,
이와 같은 인연으로 지금까지 사만억
부처님들을 친견하고 공양하였지만,
그 인연은 아직 다하지 않았느니라.

비구들아, 이제 너희에게 분명히 말하노라.

당시 부처님의 제자였던 이 열여섯 명의 사미들은 지금 모두 아뇩다라삼먁삼보리를 이루어, 시방세계 여러 국토에서 부처가 되어 설법을 하고 있느니라.

그들은 모두 무수한 보살들과 성문들의 공경을 받으며, 그들과 함께 머물고 있느니라.

그 가운데, 동방에서 부처가된 두 분은 첫째가 '아촉불'이니 '환희국'에 계시며, 둘째는 '수미정불'이시다.

동남방의 부처님 두 분은 '사자음불'과 '사자상불'이시며, 남방에는 '허공주불'과 '상멸불', 서남방에는 '제상불'과 '범상불'이 계시고, 서방에는 널리 알려진 '아미타불'과 '도일체세간고뇌불'이 계시며, 서북방의 두 분은 '다마라발전단향신통불'과 '수미상불'이시다.

북방에는 '운자재불'과 '운자재왕불'이 계시고, 동북방에는 '괴일체세간포외불'이 계시며, 열여섯째 부처는 바로 나, 석가모니불이니라.

이 사바세계에서 아뇩다라삼먁삼보리를 성취하였느니라.

여러 비구들이여, 우리가 예전에 사미로 있을 때, 각각 교화한 무량한 중생들이 백천만억 항아강의 모래처럼 한량없고, 모두 나를 따라 법을 들으며 아뇩다라삼먁삼보리를 향해 나아갔으며,

이 모든 중생들은 당시에는 성문의 지위에 머물러 있었지만, 나는 늘 대승의 법으로 교화하였고, 그들은 이 법 따라 점차 불도에 들게 되었느니라.

왜냐하면 여래의 지혜는 믿기 어렵고, 또 깨닫기도 어려운 법이기 때문이라.

그때 교화한 무수한 중생들이란 지금 여기 있는 너희 비구들과 같으며, 또 내가 멸도한 뒤, 앞으로 이 세상에 나서게 될 나의 성문 제자들이다.

내가 멸도한 뒤, 만일 어떤 제자가 이 경을 듣지 못하고, 보살의 수행을

알지도 못하며 깊이 깨닫지도
못한 채, 자신이 얻은 공덕으로
마땅히 열반에 든다는 생각을 한다면,
나는 다시 다른 국토에 나서,
다른 이름으로 성불하여,
그 제자가 있는 곳에서 이 경을
다시 설할 것이니라.
비록 그 제자가 스스로 열반에
들었다고 여기더라도, 그 부처님이
있는 세계에서 여래의 지혜를 구하게
되고 마침내 이 경을 듣게 되리라.
그러므로 분명히 알지니,
참된 멸도는 오직 불승을 통해서만
얻을 수 있으며, 그 밖에 승은 없다.
단지 여러 부처님들께서 방편으로
설한 법은 제외되느니라.
여러 비구들이여, 만약 여래께서
열반에 이르렀을 때 그 대중 가운데
믿음이 깊고, 이해가 굳건하며,
법의 본뜻을 꿰뚫고, 깊은 선정에
들었음을 아신다면,
그때는 여러 보살들과 성문들을 모아
이 대승의 법을 설하시리니,
세간에서는 두 가지 승을 통해
멸도를 얻는 것처럼 말하지만,

실로 오직 일불승만이 참된 멸도를
이루는 길이다.
비구들이여, 알아야 하느니라.
여래께서는 방편으로 중생들의
근기를 살펴 그들이 소승법을
좋아하며 오욕에 깊이 집착하고
있음을 보시고, 그에 따라 열반의
법을 설하시니, 그들은 들으면
곧 믿고 따르나니, 이 또한 모두
중생의 성품에 따라 방편으로 베푼
가르침이니라.
비유하건대, 오백 유순이나 되는
험하고 사나운 길이 있어 사람
그림자조차 드문 무섭고 두려운 곳에
수많은 사람들이 그 길을 지나
진귀한 보물이 있는 곳에 이르려
하였으나, 이때 한 도사가 있었으니,
지혜가 밝고 통달하여 그 길의 뚫리고
막힌 모습까지도 잘 알고 있었느니라.
도사는 여러 사람을 이끌고
그 험한 길을 인도하여 보물이 있는
곳으로 함께 가려 하였도다.
그런데 중도에 이르자,
그 무리들은 지치고 나태해져
도사에게 이렇게 말하였느니라.

'저희들은 몹시 피로하고 두렵습니다.
앞길이 아직도 멀어 보이니 차라리
이대로 되돌아가고자 하나이다.'
그때 도사는 이들을 불쌍히 여기고
이렇게 마음속으로 생각하였도다.
'이 사람들은 어찌하여
그 귀중한 보물을 눈앞에 두고
힘들다고 그만두려 하는가?'
곧 도사는 뛰어난 방편을 써서
그 험한 길 중간, 삼백 유순되는
지점에 한 커다란 성을 변화시켜
만들어 놓고는, 이렇게 말하였느니라.
'두려워 말고 되돌아가지 마시오.
이 앞에 큰 성 있으니, 그 안에
들어가면 편안하고 즐거우며,
마음대로 쉴 수 있으니,
또한 앞에 있는 보물의 세계로도
다시 갈 수 있을 것이노라.'
그때 지친 사람들은 마음 깊이
기뻐하며 말하였나니
'일찍이 이런 일은 없었도다.
험한 길 벗어나 안온을 얻었도다.'
이들은 눈앞에 펼쳐진 변화의 성 안에
들어가 이미 제도되었노라 생각하고
안심하여 머물며 쉼을 얻었노라.

그러나 모든 것을 아는 도사는
그 변화된 성을 다시 거두며
이들에게 진실을 일러 말하였느니라.
'여러분, 이 성은 실로 변화된 것이니,
여러분이 중도에서 지쳐
되돌아가려 하였기에, 잠시 머물게
하려고 만든 환상의 성일 뿐이노라.
자, 이제 다시 길을 떠나야하니,
보물이 있는 곳은 이제 멀지
않았노라.'
여러 비구들이여, 여래도 이와
같으니라.
여래도 또한 큰 도사가 되어,
너희 중생들을 모든 고통과 생사,
번뇌로 가득한 험하고 길고
먼 길에서 구제하여 벗어나게 하려고
하였느니라.
만일 중생들이 오직 일불승만을 듣게
된다면, 부처님을 만나기를 주저하고
다가가려는 마음도 일으키지
아니하며 이렇게 생각할 것이다.
'부처님의 도는 매우 깊고 멀어,
오랜 세월을 두고 지극한 정진과
고행을 해야만 겨우 닿을 수 있구나.'
그 마음이 약하고 미혹함을 아신

여래께서는 자비한 방편을 베푸시어 잠시 쉬게 하고자, 중간에 두 가지 열반의 경계를 열어 보이셨으며, 만일 어떤 중생이 이 두 지위, 즉 성문과 연각의 길에 머물러 있다면, 여래께서는 이렇게 일깨우시니라.

'너희들이 아직 할 바를 다하지 못하였느니라. 지금의 지위는 부처님의 지혜에 가까우니 마땅히 더 깊이 관찰하고, 깊은 뜻을 사량하여야 하느니라. 지금 너희가 얻었다고 여기는 열반은 참된 열반이 아니니, 이것은 여래가 자비로써 진실한 일불승의 길을 방편으로 나누어 삼승이라 설하신 것이니라. 이것은 마치 도사가 지친 무리를 위해 중간에 변화로 큰 성을 만들었다가 쉴 만큼 쉬었다고 판단한 뒤 그 성이 실상은 허상이었음을 알려 참된 보물의 세계로 다시 이끄는 것과 같으니라.'고 하는 말과 같으니라."

그때 석가모니 부처님께서 말씀하신 깊은 뜻을 다시 게송으로 설하셨으니,

대통지승여래께서 도량에
앉으시어 십소겁 동안
선정에 드셨으나
부처님의 지혜와 법
못 보시어 성불 못 하셨거늘
하늘의 천신들과 귀신들
용왕과 아수라의 무리들이 모여
항상 하늘에서 꽃비내려
그 부처님께 공양올리고
하늘 북 울리고, 악기를
연주하며 그분께 청량한
공양을 드렸느니라.
십소겁 지나 마침내
부처님 도 이루시니
하늘과 인간 세상
함께 기뻐하고 마음마다
환희하여 뛰었으며
열여섯 왕자들은
천만억 무리 거느리고
부처님께 다가가 머리 숙여
예배하고, 법바퀴를 일심으로
부처님께 청하였느니라.
"거룩하신 성자시여,

만나 뵙기 어려운 세존께서
본래 자비심을 내어 주시고
감로의 문을 활짝 여시어
무상 법륜 굴리소서.
무량한 지혜를 지닌 세존께서
간절한 청을 받아 주시고
사제와 십이인연의 이치를
여러 방편으로 널리 설하셨네.
무명에서 시작된 고뇌가
노사에 이르기까지 이어지며,
이 모든 인연 따라 중생은
환난을 겪게 되나니.
그 법 설하실 때, 육백만억
나유타의 중생들이
모든 괴로움을 여의고
아라한의 열매를 이루었네.
두번째 설법하실 때에는
천만억 항아강의 모래만큼
중생들이 세간의 속박에서
벗어나 아라한을 성취하였고
그 후로도 도를 이룬 중생들은
그 수가 한량없고
가늠할 수 없으며, 만억 겁이
지나도 그 끝을 알 수 없었네.
그때 열여섯 왕자들은

바라옵나니 법비를 내리시어
온 중생들 마음에
가득히 적셔 주소서."
세존을 친견하기는 무량겁에
한 번이라, 온 중생 깨우치기
위하여 법 설하신 그 순간
온 세계가 진동하였노라.
동방의 수많은 세계들
오백만억 국토마다
범천왕들의 궁전에
찬란한 광명이 비쳤으니
그 모습은 일찍이 없던 크고
신비로운 상서였느니라.
상서로움을 본 범천들이
부처님 계신 도량 찾아가
하늘꽃으로 공양 올리고
찬란한 궁전 바치며
전법륜도 간청하고
게송으로 세존을 찬탄하니
부처님께서는 묵연히 침묵으로
'지금은 때가 아니니라' 하시네.
삼방과 사유, 상하 세계의
모든 범천들 또한 나타나
꽃과 궁전, 공양 올리며
위없는 법을 간절히 청하였네.

출가하여 사미가 되었고,
대통지승 부처님 앞에 나아가
합장하고, 이와 같이 청하였네.
"대승법을 설하옵소서."
우리들과 따라온 이
부처님 도 이루려니
청정하기 제일가는
혜안 얻게 하옵소서.
부처님께서 육바라밀을
설하시고 온갖 신통묘용도
보이시며 진실하고 참된 법을
펼치시어 보살도의 길을
분명히 밝혀 주셨네.
항아강의 모래처럼 많은 게송
『법화경』에 설하시고
설법 마친 대통지승 부처님
깊은 고요 속 삼매에 드시어
팔만사천 겁 동안을
한 자리에 머무르셨네.
그 모든 사미들도 이를 알고
부처님의 뜻을 따라
선정에 들었고, 무량한 중생을
제도하고자 무상 지혜
널리 펴려 하였네.
사미들은 하나하나

법의 자리에 올라 앉아
이 대승경을 설하였고
부처님께서 열반하신
뒤에도 끊임없이 교화의
등불을 밝혔나니.
그 사미들이 제도한 중생들
그 수가 육백만억에 이르며
항아강의 모래처럼 헤아릴 수 없도다.
그 부처님께서 열반하신 후
이 법을 들은 중생들은
부처님의 국토마다
그 스승과 함께 다시 태어나리.
열여섯 명의 사미들은 마침내
부처님의 길 다 이루어
지금 이 순간에도 시방세계에서
정각을 이루어 설법하고 계시며
그때 함께 법을 들은 이들 또한
각기 부처님의 세계에서
성문의 지위에 머무르며
불도에 들 수 있도록
교화받고 있나니라.
내가 왕자였던 시절
너희를 위하여 이미 이 법을
설하였고, 그 인연 따라
방편을 써서 부처님의 지혜로

07

되돌아가려는 그들 위해
방편을 써야겠다 생각하였느니
도사는 신통한 힘을 내어
험한 길 삼백 유순 지난 곳에
변화로써 큰 성을 만들어
장엄한 저택과 수풀과 연못
누각과 성문, 남녀들로
충만하게 하였고,
이 모든 변화를 마친 후
사람들을 위로하며 말하되
"이 성에 들어가면 자유롭고
편안히 쉴 수 있으니
이제 안심하고 즐기도록 하라."
하였느니라.
모든 사람들이 성에 들어
크게 기뻐하고 마음 편히 쉬며
이미 제도되었다 생각하였느니라.
그들이 편히 쉰 줄 아신
도사는 대중들에게
"이제 다시 길을 떠나라.
지금 머무는 이 성은 변화된 것이니
너희들이 지치고 피로하여
되돌아 가려 하기에
방편으로 신통력을 써서
잠시 안식처를 만든 것이라.

인도하였노라.
본래 이러한 깊은 인연으로
『법화경』을 설하여 중생들이
불도에 들게 하려 하니
놀라거나 두려워하지 말지니라.
비유하면 험하고 험한 길이 있어
사람 드물고 맹수 많으며
물도 없고 풀도 없는
한없는 공포의 땅을 지나야 하니
무수한 천만 대중이 그 길을
지나 보물을 구하려 하지만
그 길은 멀고도 거칠며
무려 오백 유순이나 되느니라.
이때 한 도사가 나타나 지혜로
밝게 통달하고, 그 길의 형편을
잘 알고 있어 이끌어 인도하였느니
가는 이들 중 많은 중생들이
지치고 피곤하여 도사에게 말하되
"우리들은 이제 너무 피곤하여
이 길을 더는 갈 수 없으니
되돌아가려 하옵니다."
하였느니라.
이 말 들은 도사는 그들이
참으로 불쌍하다 여기며
진귀한 보물을 앞에 두고

이제 쉬었으니 정진하라.
보물이 있는 곳은 가까우니라."
나도 또한 이와 같으니
위대한 도사되어
부처님의 길 구하려 하나
중도에서 게으르고 나태하여
생사와 번뇌, 험한 길에서
제도되지 못하는
이들을 살피시니라.
그들을 위해 방편을 베풀어
열반의 법을 설하시며
괴로움이 멸하였다고 하며
할 일을 다했다고 전하시니
이 말 들은 중생들은
참된 열반에 이르렀다 여기며
아라한의 경지를 얻었다고
생각하였느니라.
하지만 여래께서는
진실한 법을 설하시되
삼승으로 분별한 것은
오직 방편일 뿐이라 하시니라.
참으로 존재하는 길은
오직 '일불승' 뿐
이승은 단지 쉬게 하기 위한
말이었으며, 너희들이 얻은

그 열반은 참된 멸도가 아니니
부처님의 모든 지혜를
얻고자 한다면
게으른 마음을 버리고
부지런히 정진하라.
일체지와 십력을 갖추며
부처님의 법, 완전히 깨달아
삼십이상을 두루 구족할 때
비로소 그것이 진정한 열반이니라.
도사이신 부처님께서
처음에는 열반을 설하여
쉬게 하시고
쉼이 끝났다고 여기실 때
곧바로 부처님의 지혜로
중생을 인도하시는 것이니라.

# 8. 오백제자수기품

그때 부루나미다라니자는
부처님께서 지혜로운 방편으로
중생의 근기에 맞게 법을 설하시는
말씀을 듣고, 또 여러 큰 제자들에게
아뇩다라삼먁삼보리를 수기하시는
것을 들었으며, 과거세에 맺어졌던
인연 또한 들었다.
그리고 여러 부처님들께서
자유롭고 위대한 신통력을 지니고
계시다는 것을 듣고는,
이전에 없던 놀라움과 환희를 느끼며
그 마음이 청정해졌다.
그는 뛸 듯이 기뻐하며, 자리에서
일어나 석가모니 부처님께
예배드리고, 한쪽으로 물러나
부처님의 얼굴을 우러러보되,
눈을 깜빡이지도 않으며 바라보며
생각하였다.

'세존께서는 참으로 기이하고
특별하며 그 하시는 일 또한
희유하시다.
세상의 온갖 중생들의 성품을 따라
방편과 지혜로 법을 설하시고,
집착에 얽힌 이들로 하여금
그 미혹된 곳에서 벗어나게 하시니,
그 공덕을 어찌 말로 다 할 수 있으랴!
부처님 세존만이 우리들의
마음 깊숙한 곳, 본래 간절히
바라왔던 바를 아시고 계실 것이다.'
이때 석가모니 부처님께서
비구들에게 말씀하셨다.

"너희는 이 부루나미다라니자를
보았느냐? 나는 언제나 설법하는
사람들 가운데 그가 가장 뛰어나다고
칭찬해 왔으며, 그가 지닌 여러

공덕도 항상 찬탄해 왔느니라.
부지런히 정진하며 나의 법을 받들고
선설하여, 사부대중에게 바르게
가르치며 이롭게 하고 기쁘게 하며,
모든 덕목을 두루 갖추었느니라.
그는 부처님의 바른 법을
해석하여 함께 수행하는 이들을
크게 이익되게 하며,
여래를 제외하고는 그 언변과 지혜에
필적할 자가 없느니라.
그러니 너희는 부루나미다라니자가
나의 법만 돕는다고 생각하지 말라.
그는 과거 구십억 부처님이 계신
곳에서도 바른 법을 받들고 선설하여,
그때마다 설법하는 자 가운데 가장
뛰어났느니라.
그는 부처님께서 설하신 공법도
통달하여 사무애지 얻었으며,
법을 청정하게 설하되 의심이나
혼란이 없고, 보살의 신통력을
갖추고, 자신의 수명을 따라
항상 청정한 수행을 닦았기에
당시 세상의 사람들은 모두 그를
참다운 성문이라 불렀느니라.
그는 이러한 지혜로운 방편으로
헤아릴 수 없는 중생들을 이롭게
하고, 한량없는 아승기의 사람들을
교화하여 아뇩다라삼먁삼보리에
이르도록 하며, 국토를 청정하게
하고자 항상 불사를 행하며
중생을 교화하느니라.
여러 비구들아, 부루나는 과거의
일곱 부처님께서 계신 곳에서도
설법으로 제일 가는 이였으며,
지금 나의 설법처에서도 가장
뛰어난 설법자이니라.
앞으로 올 현겁의 모든 부처님들
앞에서도 법을 받아 펼치는
이들 가운데 제일이 될 것이며,
한량없고 가없는 미래의
부처님들께서 설하시는 법도
받들어 수행하고 널리 전하며,
헤아릴 수 없는 중생들을
교화하고 이익되게 하여 모두가
아뇩다라삼먁삼보리를 이루게
하리라.
그는 부처님의 국토를 청정히 하기
위하여 쉬지 않고 정진할 것이며,
수많은 중생을 가엾이 여겨
보살의 길을 점점 갖추어 가리라.

이와 같이 무량한 아승기겁을 지나 마침내 이 땅에서 아뇩다라삼먁삼보리를 이룰 것이니, 그 부처님의 이름은 법명여래라 하느니라.

응공이며, 정변지요, 명행족이며, 선서요, 세간해요, 무상사요, 조어장부요, 천인사요, 불세존이라 불리우리라.

그 법명 부처님은 항아강의 모래처럼 많은 삼천대천세계를 하나의 국토로 만들 것이며, 그 땅은 모두 칠보로 되어 있고 마치 손바닥처럼 평평하며, 산과 계곡이 없으며, 보배로운 누각들이 그 가운데 가득하고, 하늘의 궁전들이 허공 가까이 있어 천상과 인간이 서로 볼 수 있느니라.

그곳에는 지옥도, 아귀도, 축생도 없고, 여자도 없으며, 모든 중생은 화생하여 음욕이 없고, 큰 신통을 얻어 몸에서 광명이 나며, 자유롭게 하늘을 날고 뜻이 굳고 정진에 힘쓰며, 자신의 몸을 황금색의 삼십이상으로 장엄하게 꾸미느니라.

그 나라의 중생은 두 가지 음식만으로 만족하니, 첫째는 법을 듣고 기쁨이요, 둘째는 선정에 드는 기쁨이니라.

그곳에는 한량없는 보살 대중이 있어 모두 사무애지와 큰 신통을 얻었고, 수없이 많은 성문도 육신통과 삼명, 팔해탈을 모두 갖추었느니라.

그 부처님이 계신 나라는 이와 같이 헤아릴 수 없는 공덕으로 장엄하게 되어 있고, 그 겁의 이름은 '보명'이며, 그 나라 이름은 '선정'이라 한다.

그 부처님의 수명은 한량없는 아승기겁에 달하고, 그 법 또한 세상에 오래 머무르며, 그 부처님이 열반하신 뒤에는 그 나라에 가득히 칠보탑을 세우리라."

그때 석가모니 부처님께서는 앞서 하신 이 뜻을 다시 한 번 널리 펼쳐 보이고자 게송을 설하셨다.

비구들이여, 잘 들지니라.
불자는 방편을 닦고 배우며
부처님의 도를 익히나니
그 지혜는 너희 힘으로

헤아릴 수 없느니라.
어리석은 중생들은
소승법을 좋아하고
큰 지혜를 두려워하거늘
보살들은 이를 미리 알고
성문, 연각의 형상으로
중생을 교화하느니라.
나는 참된 성문이라 말하되
부처님의 큰 도는 너무나 높고
중생 제도하여 이끌되
마음이 게으를지라도
점차 닦아 부처 이르게 하느니라.
겉으로는 성문의 모습이나
속으로는 보살행을 행하고
적은 것 희망하고 생사에 얽혔어도
그 실은 불국토를 청정하게
하려는 뜻이니라.
삼독의 두려움을 드러내고
그릇된 견해를 보여주며
중생의 집착을 끊어주려
방편으로 제도하느니라.
만일 내가 모든 구족을 드러내면
중생들 의혹을 품을 것이니
여기 있는 부루나는
예로부터 천억의 부처님 곁에서

부지런히 도를 닦았으며
가르침을 듣고 잘 설하였도다.
큰 제자 되어 법을 전하고
두려움 없이 법을 설하며
중생들이 듣고 기뻐하여
지치지도, 권태롭지도 않았느니라.
부처님 일에 잘 조력하고
크나큰 신통을 얻었으며
사무애지 갖추고
갖가지 근기에 맞춰
청정한 법을 설하였느니라.
그 깊은 뜻을 밝게 드러내
천억 중생을 교화하며
대승에 머물게 하였고
불국토는 스스로 맑아졌느니라.
미래의 모든 부처님들께
공양하며 법을 보호하고
청정한 국토를
더욱 장엄하게 하느니라.
그는 여러 방편을 펴고
두려움 없는 법 설하며
많은 중생 제도하여
지혜를 모두 성취하게 하느니라.
모든 여래 친견하고 공양하며
법보장을 받들고 나아가

미래에는 반드시 성불하리니  공덕 원만히 다 이룬 뒤
그 이름은 '법명'이라 하리라.  그 청정한 국토 가운데
그 국토는 '선정'이라 불리며  성인들을 많이 얻게 되리라.
모든 것이 칠보로 이루어지고  앞으로 올 세상 속에서
겁의 이름은 '보명'이라.  도 닦고 성불할 그날에
보살들은 헤아릴 수 없이 많으리라.  한량없는 그 일들을
모두가 신통을 지녔으며  내가 간략히 말하였느니라.
위덕 또한 두루 갖추었고
삼천대천 곳곳마다  그때 일천이백 인의 아라한들은
보살의 무리가 충만하느니라.  마음이 평온해져 자재함을 얻고,
성문들도 많고 많아  기쁜 마음으로 이렇게 생각하였다.
삼명, 팔해탈, 사무애지  '지금 우리는 일찍이 없던
모두 갖추어 법에 밝고  큰 기쁨을 얻었나이다.
청정한 수행자들이 되었느니라.  세존께서 다른 큰 제자들처럼,
그 나라 중생들 모두  우리에게도 수기해 주신다면 얼마나
음욕을 이미 끊고  기쁠것인가.'
화생으로 태어나 광명 이루고  석가모니 부처님께서는 이들의
몸과 마음이 청정하였느니라.  마음속 생각을 아시고, 마하가섭에게
법희와 선열로 음식을 삼아  말씀하셨다.
삿된 생각은 다시 없느니라.
그 국토에는 여인이 없고  "일천이백 아라한들에게
악한 길도 없으며  지금 이 자리에서 하나하나
모든 이가 맑고 밝아  아뇩다라삼먁삼보리의 수기를
성스러운 모습으로 살아가느니라.  주리라.
지금 여기 있는 부루나 비구  그 가운데 내 제자인 교진여 비구는

장차 육만이천억 부처님들을 공양한
뒤, 마침내 부처를 이루게 될 것이니,
그 이름은 '보명여래'라 하리라.
응공, 정변지, 명행족, 선서,
세간해, 무상사, 조어장부, 천인사,
불세존이리라.
또한 오백 명 아라한들
우루빈라가섭, 가야가섭, 나제가섭,
가류타이, 우타이, 아누루타, 리바다,
겁빈나, 박구라, 주타, 사가타 등도
모두 장차 아뇩다라삼먁삼보리를
이루게 되리니, 그들의 부처 이름
또한 '보명'이 될지니라."

이때 세존께서는 이 뜻을 거듭
펴시기 위해 게송으로 말씀하셨다.

나의 큰 제자 교진여 비구는
한량없는 부처님을 친견하고
아승기 세월을 지낸 뒤
마침내 위없는 등정각을 이루시니
광명을 놓고 신통을 갖추어
그 이름 시방세계에 널리 퍼지고
모든 중생의 공경 받으리라.
큰 도의 말씀 항상 설하시고

그 이름 '보명'이라 불리시리.
그 부처님 나라 청정하고
그곳 보살들 용맹 정진하네.
미묘한 누각에 머무르면서
시방 국토를 거닐며 놀고
온갖 훌륭한 공양구로써
수많은 부처님을 받들고 공양하네.
공양을 마치신 뒤
큰 기쁨 안고 본국에 돌아가니
그 신통력 참으로 뛰어나도다.
그 부처님의 수명은 육만겁 이어지며
그 정법은 그 배로 머물고
상법 또한 다시 그 배가 되나니
이 겁의 수를 누가 헤아릴까.
법이 멸한 뒤 하늘과 사람은
근심 가득히 살아가리라.
그러나 오백의 비구들도
범행을 닦아 부처가 되리니
그 이름 또한 모두 '보명'이라.
이와 같이 차례차례 수기하시고
내가 멸도한 뒤에는 누구든지
마땅히 성불하리라.
그가 교화할 부처님 세계는
지금 이 세상과 같으리니
그 나라 또한 장엄히 꾸며지고

보살과 성문 대중이 많으며
신통의 힘을 두루 갖추어
정법과 상법이 머무르나니
그 겁의 수, 많고 적음 또한
헤아릴 수 없는지라.
내가 앞서 설한 이 뜻을
가섭아, 너는 잘 알고 있으니
오백의 자재한 아라한들과
그 밖의 성문 대중들 가운데
지금 이 자리에 없는 이들에게도
내가 말한 이 법을
너는 빠짐없이 전하여라.

그때 오백 아라한들은
부처님 앞에서 수기를 받고,
마음이 환희에 가득 차 기뻐 뛰며,
자리에서 일어나 부처님께 머리 숙여
예배하였다.
그리고 스스로 지난 잘못 뉘우치며
이렇게 고백하였다.

"세존이시여, 저희는 그동안
이런 생각을 해왔습니다.
'이제 우리는 최상의 열반을 얻었다.'
하고 스스로 여겼사오나,

지금와서 돌아보니
참으로 어리석은 일이었습니다.
왜냐하면 저희가 진정으로
얻어야 할 것은 여래의 지혜였건만,
그저 작은 지혜 얻고는 만족하고
있었기 때문입니다.
세존이시여, 마치 이런 일과
같습니다. 어떤 사람이 술에 취해
친구의 집에 와 잠들었을 때,
친구는 급한 일이 생겨 나가면서
그에게 값을 헤아릴 수 없는 보배
구슬을 옷 속에 넣어주었습니다.
그러나 취한 그는 아무것도 모르고,
잠이 깬 뒤에는 먼 다른 나라로
흘러가, 의식주를 위해 힘겹게
살면서 조그만 소득에도 만족하며
살아갔습니다.
오랜 세월이 흐른 뒤,
그를 다시 만난 친구는 이렇게
말하였습니다.
'아, 너는 지금도 의, 식, 주에
매달려 구차하게 사는구나.
옛날 네가 내 집에 와 잠들었을 때,
내가 너의 옷 속에 보배 구슬을
넣어 주었지 않느냐?

그 보물이 지금도 네 옷에
그대로 있을 터인데,
너는 그 사실도 모른 채
오랜 세월 번뇌 속에 보냈구나.
이제 그 구슬로 마음껏
필요한 것을 구하고,
부족함 없이 살아가도록 하라.'
부처님께서도 이와 같으시니,
저희가 과거 보살의 가르침을
받았을 때, 여래께서는 일체지에
이르는 씨앗을 저희 안에
심어주셨습니다.
그러나 저희는 그 사실을 알지
못하고, 다만 지금의 아라한 경지에
머물러 스스로 열반을 얻었다고
여겼습니다.
사실 저희는 원래 가난한 자와 같아,
작은 것만 얻어도 그것으로
만족하였고, 더 큰 지혜를 구할
생각조차 잊고 살아왔습니다.
그러나 깊은 마음속에서는
일체지의 도를 바라는 뜻을 결코
놓지 않았습니다.
이제 세존께서 저희를 다시 깨우쳐
주셨습니다.

'너희들이 지금 얻은 것은
구경의 열반이 아니니라.
나는 오랜 세월 너희로 하여금
부처의 선근을 심게 하였고,
방편으로서 일시의 열반을 보였을
뿐이니라. 진정한 열반은
아직 이루지 못한 것이니라.'
세존이시여, 저희는 오늘에야
비로소 알게 되었습니다.
우리 또한 보살로서
아뇩다라삼먁삼보리를 얻을 수
있다는 사실을, 그리고 그것이
이미 오래전부터 인연 지어진
결과임을 말입니다.
이에 저희는 말로 다 할 수 없는
전에 없던 환희심에 가득 차
있나이다."

그때 교진여 등은 이 뜻을 다시 펴기
위해 게송으로 말하였다.

저희들, 이 자리에서 크고도
위없는 안온의 수기
세존의 자비하신 음성으로 듣고
가없는 기쁨에 환희로 가득하나이다.

세존 앞에 머리 숙여 참회하며
스스로 지은 허물을 뉘우쳐
살펴보니 한량없는
부처님 지혜의 보배 중에
겨우 열반의 한 조각만 얻고도
지혜없이 어리석은 중생처럼
작은 깨달음에 스스로
만족하였나이다.
비유하면 한 가난한 이
친구의 집을 찾아간 일이라
그 벗은 재물 많고 넉넉하여
온갖 음식으로 대접하고
값으로도 헤아릴 수 없는
보배 구슬을 말없이
그 옷 속에 넣어 주었건만
취한 채 잠든 그 사람은
그것조차 알지 못한 채
깨어난 후 먼 타국에 이르러
먹을 것, 입을 것 찾아 몸과 마음
모두가 구차한 생활
적은 것 얻고도 만족하고
살아갔나이다.
그 보배구슬 몸에 지녔으나
깨닫지 못하고 고생하며 살았을 때
그 친구 다시 찾아와 말하길

"너의 옷에 귀한 구슬을 두었노라."
깜짝 놀란 그 친구, 구슬 보고
한없는 기쁨에 가슴 벅차오르고
그제야 깨달아 오욕을 마음껏
누릴 수 있었나이다.
세존이시여,
저희도 이와 같사옵니다.
오랜 세월, 세존께서
무량한 중생 교화하시며
불지의 씨앗 심어주셨으나
저희는 근기 엷고 무지하여
그 뜻을 모르고 헤매다가
열반의 그림자만 얻고서도
다 이루었다 자만하였나이다.
그러나 오늘, 세존의 자비로
일깨우심 받아
"참멸도는 오직 불지혜를 얻어야
한다."는 진실의 말씀듣고
알게 되었나이다.
지금 저희들은, 수기하시는
그 장엄한 뜻을 직접 듣고
차례차례 수기하리라는
말씀 듣고 몸과 마음
모두 환희합니다.

# 9. 수학무학인기품

그때 아난과 라후라는 마음속으로
생각하였다.
'우리도 부처님께 수기를 받을 수
있다면, 이보다 더 기쁠 수 없을
것이다.'
곧 자리에서 일어나 석가모니 부처님
앞으로 나아가 머리 숙여 예배하며
아뢰었다.

"세존이시여, 저희도 분수에 맞는
가르침을 받기를 원하옵니다.
저희는 오직 여래께 귀의하였고,
하늘과 인간, 아수라의 세간이
모두 저희를 보고 있습니다.
아난은 항상 시자로서
법장을 받들어 왔고,
라후라는 부처님의 아들이오니,
만일 저희에게도
아뇩다라삼먁삼보리의 수기를
내려 주신다면,
저희의 소원은 이루어질 것이며
대중들의 뜻 또한 크게 만족할
것입니다."

이때 배우는 이와 다 배운 이,
성문 제자 이천 인이 모두 자리에서
일어나 오른쪽 어깨를 드러내고
합장한 채, 일심으로 아난과
라후라처럼 되기를 원하며
조용히 한쪽에 물러나 앉았습니다.
그때 석가모니 부처님께서 아난을
향해 말씀하셨다.

"아난아, 너는 장차 미래세에
반드시 부처가 되리니, 그 이름은
'산해혜자재통왕여래'라.

응공, 정변지, 명행족, 선서, 세간해, 무상사, 조어장부, 천인사, 불세존이 되리라.

너는 마땅히 육십이억 부처님께 공양하고, 법장을 받들어 지닌 뒤에 아뇩다라삼먁삼보리를 이루게 되리라.

또한 이십천만억 항아강의 모래처럼 많은 보살들을 교화하여 아뇩다라삼먁삼보리를 얻게 하리라.

그 부처님의 나라 이름은 '상립승번'이며 그 국토는 청정하고 그 땅은 유리로 장엄되어 있느니라.

그 겁의 이름은 '묘음변만'이라 하며, 부처님의 수명은 한량없는 천만억 아승기겁이니, 만일 누군가 천만억 아승기겁 동안 수를 세어도 그 다함을 알 수 없으리라.

정법은 수명의 두 배 동안 머무르고, 상법은 다시 그 두 배 동안 머물 것이니라.

아난아, 이 산해혜자재통왕불은 시방세계 무량한 항아강의 모래처럼 많은 부처님들께서 함께 그 공덕을 찬탄하게 되리라."

그때 세존께서는 이 뜻을 거듭 펴시기 위해 게송으로 말씀하셨다.

내 이제 대중에게
분명히 말하노라.
큰제자 아난은
법을 받들어, 장차 오시는
부처님들께 공양하고
그 모든 행을 마친 뒤
정각을 이루리라.
그 부처님의 이름은
산해혜자재통왕불
그가 머무는 국토는
늘 청정하며
그 나라 이름 또한
'상립승번'이라 하리.
그곳에는 보살들이
머물러 있나니
그 수는 항아강의
모래처럼 한량없으며
그 부처님의 위덕은
찬탄하기 어려워
그 이름과 공덕은
시방에 퍼지리라.
그 부처님은 끝없는

수명을 누리시고
그 모든 것은 중생을
위한 자비이니
그 수명의 두 배 동안
정법이 머무르고
그 두 배만큼
다시 상법이 이어지리.
그 오랜 세월 머무는
법 속에서 한량없는
중생들이 불도닦고
그 가운데 많은 이들이
인연을 지어
장차 부처가 될
씨앗 심게 되리라.

그때 대중 가운데 막 새롭게 발심한
팔천 인의 보살들은 마음속으로
이렇게 생각하였다.
'우리와 같은 초발심 보살은 물론이고,
저 이름 높은 큰 보살들도
아직 수기를 받았다는 말을 듣지
못하였거늘, 어찌하여 성문의
제자들이 먼저 그처럼 깊은 결정과
수기를 얻는가?'
세존께서는 여러 보살들이
마음속으로 생각하는 바를 아시고
말씀하셨다.

"선남자들이여, 나와 아난은
먼 옛날 공왕불께서 설법하실 때 함께
아뇩다라삼먁삼보리를 발원하였다.
그러나 아난은 항상 법을 좋아하여
듣기를 즐겼고, 나는 늘 쉬지 않고
정진하였기에 아뇩다라삼먁삼보리를
이루었다. 아난은 내 법을 받들어
오래도록 지켜 왔고,
장차도 수많은 부처님의 법장을
전수하며 보살들을 널리 교화하여
성취케 하리라.
이러한 본래의 깊은 원이 있으므로,
지금 그에게 수기를 주는 것이다."

이렇게 말씀하신 뒤, 아난은
부처님 앞에서 스스로 수기를 받았다.
장엄한 국토의 모습을 듣고
마음속 깊은 소원이 이루어졌음을
느끼며, 전에 없던 환희를 얻고
몸과 마음이 벅차올랐다.
그 순간, 아난은 과거의 한량없는
천만억 부처님들께서 법을 전하신

그 모든 장면을 떠올릴 수 있었고,
지금 이 자리에서 듣는 것처럼
막힘없이 통달하여 기억하였다.
자신이 오래도록 품었던 서원을
이제 환히 알게 되었던 것이다.
그때 아난은 게송으로 말하였다.

거룩하시고 높으신 세존께서
내게 은혜를 베푸시어
무량한 과거 세상에
여러 부처님께서 설하신 법을
오늘 이 자리에서 들은 것처럼
또렷하게 기억하게 하셨습니다.
그 덕으로 마음에 품었던 의혹은
이제 모두 사라졌고
저는 오직 불도에 안온히
머무르게 되었나니
비록 방편으로 시자의 몸이었으나
저는 참으로 여러 부처님들의
법을 받들고 지켜온 자였나이다.

그때 석가모니 부처님께서 라후라를
바라보시며 이렇게 말씀하셨다.

"라후라야, 너는 먼 훗날,
오는 세상에 반드시 성불하게 되리니,
그 이름은 도칠보화여래라 하리라.
응공이요, 정변지이며, 명행족,
선서, 세간해요, 무상사, 조어장부,
천인사요, 불세존이라 불릴지니라.
너는 시방세계의 가는 티끌보다도
많은 수의 부처님을 공양하게 되며,
그 모습은 지금과 다름없이,
항상 청정하고 바른 도를 따르며,
각 부처님들 앞에서 장자로서
빛나게 되리라.
도칠보화여래의 국토는 장엄하고
청정하며, 그 수명 또한 깊고,
넓고 길며, 가르침을 따르는 중생과
제자들, 머무는 정법과 상법의
세월까지도 산해혜자재통왕여래와
다르지 아니하니,
너 또한 이 국토에서 다시 장자의
몸으로 나서 마침내 위없는
아뇩다라삼먁삼보리를
반드시 이루게 될 것이다."

그때 석가모니 부처님께서는 이 뜻을
거듭펴시려고 게송으로 말씀하셨다.

옛날 내가 태자로 있었을 때
라후라는 나의 장자로 태어났나니
오늘 나는 마침내 불도를 이루고
그는 이 법을 받아 지니는
법자가 되었도다.
앞으로 다가올 한량없는
세월 속에 억만의 부처님을
친견하고 공양하며
그때마다 그 부처님의
장자로 태어나 한결같은
마음으로 위없는 도를 구하리라.
라후라의 깊고 고요한
밀행은 이 세상에서 오직
나만이 아는 바라.
지금도 그는 나의 큰 장자로서
모든 중생들에게 그 모습을
드러내고 있느니라.
그가 쌓은 천만억 공덕
이루 다 헤아릴 수 없나니
불법에 머물러 정진하고
무상의 높은 깨달음을
구하고 있음이니라.

그때 석가모니 부처님께서는
아직 배우는 이와 이미 배운 이,
이천 인 제자들의 마음이 부드럽고
고요하며, 티 하나 없이 청정하여
한결같은 마음으로 석가모니
부처님을 우러러보는 것을 보시고
아난에게 말씀하셨다.

"아난아, 너는 지금 이 대중
가운데 배우는 이와 다 배운 이,
이천 인의 제자들을 보았느냐?"

아난이 답하였다.

"예, 세존이시여,
그들을 제가 분명히 보았나이다."

석가모니 부처님께서 다시 이르셨다.

"아난아, 이 많은 제자들은
장차 반드시 다섯 시방세계의
가는 티끌과도 같은 수많은 부처님을
차례로 공양하고, 그 법장을 받들어
지니며 공경하고 존중하며 받들다가
가장 마지막에 시방의 국토에서
각각 성불할 것이며, 그때에 이들이
얻게 될 부처님의 이름은 한결같이

보상여래라 하리니, 응공, 정변지, 명행족, 선서, 세간해, 무상사, 조어장부, 천인사, 불세존이라 불리게 되리라.

이 부처님들의 수명은 모두 일 겁 동안 이어지고, 그 국토의 장엄과, 성문의 수와 보살의 수, 또한 정법과 상법이 세상에 머무는 수명까지도 모두 같게 될 것이니라."

그때 석가모니 부처님께서는 이 뜻을 거듭 펴시기 위해 게송으로 말씀하셨다.

지금 이 자리에 머물러
법을 듣고 있는
이천 인의 성문들
모두가 한결같이
위대한 수기 받아
장차 오랜 세월 지난 뒤
모두 성불하게 되리라.
위에서 내가 말한 바와 같이
가는 티끌처럼 많은 수 없는
부처님들을 차례로 친견하고
그 앞에 공양하며

깊고도 높은 법장을 받들어  1
지니고서 마침내 정각을 이루리라.  2
그들이 부처로 나아갈  3
도량은 시방의 국토마다  4
함께 펼쳐지며  5
그 모든 성불한 부처님들은  6
모두 다 똑같은 이름을  7
가지게 되리니  8
그 이름은 '보상여래'라 하리라.  9
그들의 장엄한 국토와  10
그 안의 수많은 제자들  11
정법이 머무는 시간과  12
상법이 이어지는 세월까지도  13
하나같이 다르지 않으리라.  14
그 부처님들께서는  15
한량없는 신통한 힘을 펴서  16
시방세계의 무수한 중생들을  17
제도하시고  18
그 높은 이름 널리 퍼져  19
마침내 모든 이로 하여금  20
바라던 열반에 들게 하시리라.  21

 22
그때, 배우고 있는 이들과 이미  23
배운 이들, 이천 인의 성문 대중은  24
부처님께서 내려주신 수기를 받고  25

마음이 깊이 환희하고 용약하여
게송으로 찬탄을 올렸다.

지혜의 빛으로 길을 밝히시는
거룩하신 세존께서
자비로이 수기의 음성을 내려주시니
우리 마음 크나큰 환희함이
온몸에 가득하니
감로의 단비를 퍼부은 것 같습니다.

# 10. 법사품

그때 석가모니 부처님께서는 약왕보살을 인연으로 삼으시어 팔만 대사들에게 말씀하셨다.

"약왕이여, 너는 지금 이 법회에 모인 무량한 하늘과 용왕, 야차와 건달바, 아수라, 가루라, 긴나라, 마후라가 등 사람 같은 이, 사람 아닌 이, 그리고 비구, 비구니, 우바새, 우바이 가운데 성문을 구하는 이와 벽지불을 구하는 이, 위없는 도를 구하는 보살들을 모두 보았느냐?
이들 가운데, 누구든 『묘법연화경』의 한 게송, 한 구절을 듣고 일념으로 기뻐하고 따르기만 하여도 나는 그 모두에게 수기를 주어 반드시 아뇩다라삼먁삼보리를 얻게 하리라."

그리고 부처님께서 다시 약왕보살에게 말씀하셨다.

"여래가 멸도한 뒤에라도, 어떤 사람이 『묘법연화경』의 한 게송, 한 구절을 듣고 진심으로 기뻐한다면, 그 사람에게도 나는 수기를 주리니, 그 또한 아뇩다라삼먁삼보리를 이루게 되리라.
또한, 어떤 사람이 이 경을 받아 외우고 읽으며, 풀이하고 베껴 쓰며, 이 경전을 부처님 모시듯 생각하여 꽃과 향, 영락과 기악, 말향, 도향, 소향, 장엄한 일산과 번, 의복과 보배, 모든 좋은 것으로 공양하며 합장하여 예배하고 공경하는 이라면, 약왕이여, 이 자리에 모인 수많은 사람들을 잘 알아야 하느니라.

이들은 일찍이 십만억 부처님들께
공양 올리며 여러 부처님 앞에서
큰 서원을 세웠고, 오랜 세월 동안
그 뜻을 잃지 않았느니라.
중생을 가엾이 여기고 자비로운
마음으로 다시금 이 사바세계에
태어나 법을 전하고 중생을
제도하려는 이들이니, 그 깊은 인연을
너는 마땅히 알아야 하느니라.
약왕이여, 혹시 누가 물어 이르되,
'어떤 이가 앞으로 반드시
성불하리오?' 하면
너는 마땅히 이렇게 대답하라.
'이와 같은 여러 사람들이 미래에
반드시 성불하리라.'
이처럼 『법화경』의 한 구절이라도
외우고 읽고 설하고 쓰며,
좋은 공양물로 예배하고 합장하는
이런 사람들은 일체 세간이 우러러
받드므로 마땅히 여래께 하는
공양으로 공양을 할지니라.
반드시 알라. 이런 사람은 큰 보살로
아뇩다라삼먁삼보리를 성취하였지만,
중생을 불쌍히 여기어
이 세상에 나기를 원했느니라.

『묘법연화경』을 널리 펴서 설하는
것만으로도 지극한 공덕이거늘,
하물며 이 경을 받아 지니고,
온갖 훌륭한 공양물로 받들어
모신다면 그 공덕이야 어찌 말로
다 하겠느냐?"

석가모니 부처님께서는 이어서
말씀하셨다.

"약왕이여, 이런 사람은
청정한 업과 보를 스스로 버리고,
내가 멸도한 후에도 중생을 불쌍히
여겨 악한 세상에 태어나서
이 경을 연설하는 줄을 알아야
하느니라. 만일 이 선남자, 선여인이
내가 멸도한 후 은밀히 한 사람을
위해서라도 『법화경』의 한 구절을
말해 준다면, 이런 사람은
곧 여래께서 보낸 사자로 여래의 일을
행하는 줄을 알아야 하나니,
하물며 큰 대중 가운데 많은 인간을
위해 설법함이야 말할 것이
있겠느냐?
약왕이여, 혹 어떤 악한 이가

불선한 마음으로 일겁 동안이나
부처님 앞에 나와 모독하고
욕하더라도 그 죄는 아직 가볍지만,
만일 누군가 이 『법화경』을 외우고
실천하는 이를 집안이든 출가자든
헐뜯고 훼방하면, 그 죄는 매우 크고
무거우리라.
약왕이여, 반드시 알아야 하느니라.
이 『법화경』을 받들고 실천하는 이는
곧 부처님이 스스로를 장엄하듯,
법으로 몸을 장엄한 보살이니,
여래의 어깨에 실린 바가 되어
그가 이르는 곳마다 따라 예배하며
일심으로 합장하고 공경하고
공양하며 어디를 가든 사람들과
하늘이 합장 예배하고 꽃과 향과
악기와 보배와 의복, 음식으로 극진히
공양하느니라.
왜냐하면 이 보살이 환희로 설법할 때
그 법을 잠깐만이라도 듣는 이는
아뇩다라삼먁삼보리를 얻기
때문이니라."

그때 세존께서는 이 뜻을
거듭 펴시려고 게송으로 말씀하셨다.

부처님 도에 머물러
스스로 자연지를
이루고자 한다면
『법화경』을 받아 지닌
이에게 부지런히 공양하고
공경해야 하리라.
지혜를 두루 얻고자
하는 이 또한
이 경을 수지한 이를
공양함으로써
그 뜻을 이룰 수 있으리니
경을 받든 이를 모시고
받들어야 하느니라.
만일 어떤 이가
『법화경』을 수지한다면
그는 곧 부처님의
사자로서 중생을
이롭게 하려는 이이니
그가 태어나는 곳은
맑고 청정한 여러 국토
가운데서도 스스로
그런 곳을 마다하고
악한 세상에 몸을 받아
태어나 무상한 법을
설하려는 큰 서원을

지닌 자이니라.
바로 알라.
이런 사람 제 맘대로
나겠지만, 악한 세상
태어나서 위없는 법을
설하리니 하늘에서
내리는 꽃과 향
보배로운 의복과
아름다운 보물들로써
공경하며 받들지니라.
내가 멸도한 후
어지러운 세상에서
이 경을 지닌 자가 있다면
그를 부처님 대하듯이
합장하고 공경하며
맛좋고 좋은 음식
다양한 의복으로
공양하고, 잠시라도
그 법문 들을지라.
훗날 어떤 이가
이 경을 수지한다면
그는 내가 특별히
보내신 사자로서
여래의 일을 행하는
이가 되리라.

비록 어떤 이가
일겁의 긴 세월 동안
악한 마음 품고
부처님을 비방한다면
그 죄는 참으로 무거우며
하물며 『법화경』을
읽고 외우는 이를
잠깐이라도 헐뜯고
욕한다면, 그 죄는
더욱 무거우리라.
불도를 구하려는 이가
긴 세월 일겁 동안
내 앞에서 합장하고
게송으로 찬탄하더라도
그가 얻는 공덕은 한량없지만
『법화경』을 받아
지닌 이를 진심으로
찬탄하는 이는
그보다 더 큰 복을
얻게 되리라.
팔십억 겁 동안
가장 묘한 음성과
향과 음식, 의복으로
경을 수지한 이 공양하고
그 공양을 마친 후

그가 설하는 법을
잠시라도 듣는다면
마음은 크게 기쁨을 얻고
헤아릴 수 없는 이익을
얻게 되리라.
약왕이여, 분명히
알아야 하느니라.
내가 설한 무수한
경전 그 가운데서도
이 『법화경』이야말로
가장 제일이니라.

그때 석가모니 부처님께서
약왕보살에게 이와 같이 말씀하셨다.

"약왕이여, 내가 지금까지 설해 온
수많은 경전들, 앞으로 설할
모든 경전들 가운데서도
이 『묘법연화경』은 가장 믿기 어렵고,
가장 이해하기 어려운 법이다.
이 경전은 과거, 현재, 미래의
모든 부처님들께서 가장 비밀스럽고
소중하게 여기시는 가르침이니,
마땅히 가려 전하고, 함부로 널리
설하지 말지니라.

모든 부처님들이 이 경을 지극히
수호하시는 이유는, 여래가 세상에
계실 때에도 이 경을 설하면
시기와 원망이 많았기 때문이니,
하물며 여래가 멸도하신 뒤에는
오죽하겠느냐?
약왕이여, 여래가 멸도하신 후에도
이 경을 받아 쓰고, 읽고, 외우고,
공양하며 남을 위해 설하는 이가
있다면, 그는 여래의 옷으로 보호받게
될 것이며, 타방세계의 모든
부처님들의 보호 또한 받을 것이니라.
그러한 이는 이미 큰 신통력과
지원력과 여러가지 선근력을 갖춘
사람이며, 여래와 늘 함께 머무는
자이니, 마치 여래께서 그의 머리를
손으로 어루만지는 것과 같다고
알아야 하느니라.
약왕이여, 어느 곳에서든 이 경을
설하거나, 읽거나, 외우거나,
베껴 쓰거나, 혹은 이 경이 모셔져
있는 곳이라면, 마땅히 그 자리에
칠보의 탑을 높고 넓게 세워 장엄하게
장식할지니, 굳이 사리를 따로
봉안하지 않아도 된다.

왜냐하면 그곳에는 이미 여래의
전신이 머물고 있기 때문이니라.
그러므로 이러한 탑에 향과 꽃과
영락과 일산과 당번과 음악과 노래
등으로 공양하고 예배하며 찬탄하라.
만일 누군가 이 탑을 보고
예배하고 공양한다면,
그는 이미 아뇩다라삼먁삼보리에
가까운 자임을 알아야 하느니라.
약왕이여, 어떤 이가 재가자이든
출가자이든 보살행을 닦고자
하면서도 『법화경』을 듣지 않고,
읽지도 외우지도 않고,
공양하지 않는다면, 그는 참된
보살행을 실천하지 못하는 자라
할 것이요, 이 경을 기꺼이 듣는 이는
참된 보살행을 닦는 자라 할지니라.
세속 중생들 가운데 부처님의 도를
구하는 이가 이 경을 보고 듣고 믿어
이해한다면,
그는 아뇩다라삼먁삼보리에 가까운
자임을 분명히 알아야 하느니라.
약왕이여, 비유하자면, 어떤 이가
물이 없어 높은 언덕에 우물을
파고자 할 때 처음엔 마른 흙만 나와
물이 먼 듯 보이지만, 계속하여 깊이
파다 보면 점차 젖은 흙이 나오고
진흙이 나오게 되어 물이 가까움을
알게 되듯이, 『법화경』을 듣지
못하고 이해하지도 닦지도 않는
이는 아직 아뇩다라삼먁삼보리에
멀리 있는 자요, 이 경을 기꺼이
받아 듣고 이해하고 실천하는 이는
아뇩다라삼먁삼보리에 이른 자임을
마땅히 알지니라.
왜냐하면 모든 보살의
아뇩다라삼먁삼보리는 바로
이 경전에 담겨 있기 때문이니,
이 경은 방편의 문을 여는 것이요,
진실의 형상을 드러내는 열쇠이며,
깊고 단단하며 헤아릴 수 없기에
일반이 이를 깨달을 수 없지만,
부처님께서 보살을 교화하고
성취시키기 위해 이를 펼쳐 보이시는
것이니라.
약왕이여, 만일 어떤 보살이 이
『법화경』을 듣고 두려워하거나
의심하고 주저한다면,
그는 이제 막 발심한 새 보살이며,
만일 성문이 이 경을 듣고 놀라고

거부하고 두려워한다면,
그는 아만에 사로잡힌 자임을 알아야
하느니라.
약왕이여, 선남자와 선여인이
여래 멸도 후 사부대중을 위해
이 경을 설하고자 한다면,
반드시 여래의 방에 들어가고,
여래의 옷을 입고, 여래의 자리에
앉아 설해야 하느니라.
여래의 방이란 중생을 향한 크고
넓은 자비심이요, 여래의 옷이란
온화하고 부드러운 인욕심이며,
여래의 자리는 모든 법이 공하다는
진리이니, 이 세 가지를 갖추어
마음을 굳게 지니고 게으르지 않게
『법화경』을 널리 설할지니라.
약왕이여, 내가 다른 나라에 있더라도
이 설법자를 위해, 변화한 무리들을
보내어 법문을 들을 대중을 모으고,
비구, 비구니, 우바새, 우바이로
변화시켜 그 법을 듣게 할 것이다.
이 변화인들은 경을 들으며 믿고
받아들이며 거스르지 않고 따를
것이요, 만일 설법자가 한적한 곳에서
홀로 설한다면, 내가 다시 하늘과 용,
귀신, 건달바, 아수라 등을 보내어
듣게 하리라.
내가 비록 멀리 떨어져 있더라도
설법자가 나의 몸을 보게 될 것이며,
혹 설법 도중 경문의 구절을 잊었을
때에는 내가 그것을 알게 하고
완전히 채워주리라."

그때 세존께서 깊은 뜻을 거듭 밝혀
주시고자 게송으로 전하셨다.

게으름을 떨치고자 하거든
이 경전을 듣도록 하라.
얻어 듣기 어렵고도
받아 믿기 또한 어려우니라.
마치 목마른 사람이 언덕에
우물을 팔 때, 마른 흙이
먼저 나오면 물은 아직 멀다 여기나
진흙이 드러나거든
물이 가까움을 알게 되나니.
약왕이여, 분명히 알지니라.
이런 이들이 만일『법화경』을
듣지 못하면 지혜의 길에서
멀리 떠나 있으나
만일 이 경을 듣게 되면

성문의 법을 반드시 깨치리라.
이 경은 경전 중의 왕
가히 으뜸되는 법이니
잘 듣고 깊이 사유하면
지혜에 가까운 이가 되리라.
이 경전을 설하고자 하거든
여래의 방으로 들어가고
여래의 옷을 갖추며
여래의 자리에 앉을지니라.
그리하여 대중 앞에서
두려움 없이 말하되
지혜로 분별하여
널리 설할지니라.
대자비는 여래의 방이 되고
부드럽고 참는 마음은
옷이 되며 공한 법의 진리는
여래의 자리
그 자리에 앉아 법을 설하리라.
『법화경』을 설하고
분별할 때 혹 어떤 이가
거친 말로 모욕하고
욕되이 훼방하며
칼과 막대기
돌을 들어 때리고
던지려 할지라도

지혜와 신통 갖추신
부처님을 생각할지니
그 모든 고통 견디고도
능히 다 참아야 하느니라.
나는 천만억 국토마다
청정한 몸을 드러내어
한량없는 억겁 동안
중생 위하여 법 설하였노라.
내가 멸도한 뒤에
이 경전을 설하는 이에게는
사부대중을 변화로 보내어
따르게 하고 그 법사께
공양하게 하리라.
모든 중생을 인도하여
그 법사가 전하는 법
모두 듣게 하며
법회에 모이게 하리라.
칼과 막대기로 위협하는 이
돌을 던지는 이 있으면
나는 변화인을 보내어
그 법사를 지키게 하리라.
법을 설하는 이가
고요한 곳에 홀로 있어
속세를 멀리 떠나
이 경전을 독송하면

나는 그를 위해 청정한

광명을 비추리니

한 구절 잊은 일이 있거든

곧 설하여 깨우쳐 주리라.

이런 덕을 지닌 이는

사부대중 앞에 법 설하고

고요한 곳에서 경 읽을 때

나의 몸을 친견하리라.

하늘과 용왕, 야차, 귀신들

내가 모두 보내어

그가 설하는 법문을

빠짐없이 듣게 하리니

이런 이는 설법을 즐기고

장애됨이 없으리라.

그 힘은 부처님에서 오며

그 설법은 대중을 환희케 하리라.

법사를 친근히 하면

보살도를 빨리 성취하고

그를 따라 배우는 이는

많은 부처님을 친견하리라.

# 11. 견보탑품

그때 석가모니 부처님께서
설법하시는 도량 앞에, 하늘을 찌를
듯한 칠보탑이 땅속에서 솟아올라
허공에 머물렀다.
탑의 높이는 오백 유순,
너비는 이백오십 유순이나 되었으며,
온갖 보물로 화려하게 장엄되었고,
오천 개의 난간과 천만 개의 방을
갖추고 있었다.
탑 곳곳에는 수없이 많은 보배 방울이
달려 있었고, 사방에는 향기로운
다마라발전단향이 피워져 그 향이
온 세계에 퍼졌다.
이 보배탑은 금, 은, 유리, 차거, 마노,
진주, 민괴 등 칠보로 만들어졌으며,
그 꼭대기는 사천왕의 궁전까지
닿아 있었다.
삼십삼천의 하늘들은 만다라꽃을
비처럼 내리며 탑에 공양했고,
하늘과 용, 야차, 건달바, 아수라,
가루라, 긴나라, 마후라가 등 수많은
존재들도 각종 꽃과 향, 영락, 악기로
이 탑을 공양하며 공경하고 존중하며
찬탄하였다.
그때 보배탑 안에서 웅장한 음성이
울려 퍼졌다.

"거룩하고도 거룩하시도다.
석가모니 세존이시여.
당신께서는 평등한 큰 지혜로
보살들을 교화하시며, 부처님들께서
수호하시는 『묘법연화경』을 대중에게
설하시니, 이 모든 가르침은 참으로
진실하느니라."

이 장엄한 보배탑이 허공에 머물며

음성을 내는 것을 본 사부대중들은
크게 기뻐하며 놀라워하였다.
모두 자리에서 일어나
공경의 예를 올리고는 조용히
물러나 서 있었다.
그때 '대요설보살마하살'이
사부대중의 마음에 일어난 의심을
알아차리고 부처님께 여쭈었다.

"세존이시여, 이처럼 거대한 보배탑이
어찌하여 땅에서 솟아났으며,
그 안에서는 또 어찌하여 음성이
울려 퍼지는 것입니까?"

이에 석가모니 부처님께서
말씀하셨다.

"이 보배탑 안에는 예전에 멸도하신
'다보여래'의 전신이 계시니라.
오랜 옛날, 동방 한량없는 천만억
아승기 세계를 지나 '보정'이라
불리는 나라에 '다보여래'께서
출현하셨다. 그 부처님께서는
보살행을 수행하시던 시절,
큰 서원을 세우셨다.

'내가 성불하여 멸도한 뒤에도,
시방 세계에서 누군가
『법화경』을 설한다면, 나의 보배탑이
그 앞에 출현하여 법을 증명하고
거룩하다고 찬탄하리라.'
그리하여 다보여래께서는 멸도에
임하시며 하늘과 인간 가운데서
여러 비구들에게 말씀하셨느니라.
'나의 몸에 공양하고자 하는 이는
큰 탑을 세우라.'
이후 그 원력에 따라
지금도 누군가 『법화경』을 설하면,
다보불의 보배탑은 그곳에 출현하여
법의 진실을 증명하는 것이다.
그러니 지금 이 탑 역시
그와 같은 원력으로 솟아올라,
이 경전을 찬탄하고 있는 것이다."

이때 대요설보살마하살이 여래의
신통한 힘으로 부처님께 여쭈었다.

"세존이시여,
저희들은 그 다보여래님의 전신을
뵙고자 합니다."

172

석가모니 부처님께서 말씀하셨다.

"다보불께서는 깊은 원을
세우셨으니, 그분의 모습을 보려면
조건이 하나 있다.
바로 시방세계에서 『법화경』을
법설하고 있는 나의 분신 부처님들을
모두 모아야 한다. 그래야 다보불께서
몸을 드러내 보이느니라."

이에 대요설보살마하살이
다시 아뢰었다.

"세존이시여, 저희들 또한
그 많은 분신 부처님들을 친견하고,
예경하며 공양하고 싶습니다."

부처님께서는 백호의 한 광명을
놓으시니, 그 광명은 동방으로
오백만억 나유타의 항하강의
모래만큼 펼쳐졌다.
각 세계마다 땅은 유리처럼 투명하고,
보배 나무와 의복으로 장엄되었으며,
한량없이 많은 천만억 보살들이
충만해 있었다.

하늘의 보배 그물이 위를 덮고
있었고, 각 부처님들께서는 크고
미묘한 음성으로 설법하고 있었다.
이와 같은 국토들은 남, 서, 북방과
사유, 상하 할 것 없이 어느 곳이나
백호의 광명이 비치는 곳은
모두 이와 같았다.
그때 시방의 여러 부처님들께서
보살들에게 이르셨다.

"선남자들이여, 이제 사바세계로
가서 석가모니불께 공양하고,
다보불의 보배탑에도 공양하리라."

그 순간, 석가모니불께서 계신
사바세계는 청정하게 변하였다.
땅은 유리로 되어 있었고, 팔방에는
황금줄이 늘어졌으며,
산과 강, 바다, 마을, 도시는
모두 사라지고 오직 이 회중만
남기고 하늘이나 인간들은 다른
땅으로 옮겨지고, 보배향이 피워지고
만다라꽃들이 땅을 가득 덮었다.
이때 시방의 분신 부처님들은
저마다 하나씩 보살 사자를 이끌고

사바세계로 와서 보배 나무 아래 사자좌에 앉으셨다.

그 하나하나의 보배 나무는 높이가 오백 유순이며, 가지와 잎과 꽃과 열매가 모두 차례대로 장엄되었다.

그 많은 보배 나무 아래에는 각각 사자좌가 있었으니, 그 높이가 오유순으로 큰 보배로 꾸며졌고, 오신 여러 부처님들이 이 자리에 가부좌를 틀고 앉으실 때, 이와 같이 전전하여 삼천대천세계가 가득 찼지만 석가모니불의 한쪽 방위 분신불도 못 되었다.

그때 석가모니 부처님께서는 분신 부처님들께 자리를 마련해 드리기 위해, 팔방으로 이백만억 나유타의 국토를 다시 청정하게 하셨다.

그 청정한 국토들에는 지옥도 없고, 아귀도 없으며, 축생도, 아수라도 사라졌고, 모든 하늘과 인간들은 다른 세계로 옮겨졌다.

그 변화된 땅은 유리와 같은 청정한 대지로 되어 있었고, 그 위에는 온갖 보배 나무들이 화려하게 장엄되어 있었다.

보배 나무의 높이는 무려 오백 유순에 이르렀고, 그 가지와 잎, 꽃과 열매는 질서 정연하게 드리워져 장엄하고 아름다웠다.

그 나무 아래에는 온갖 보배로 꾸며진 사자좌가 있었고, 그 좌대 또한 오백 유순의 높이로 모든 보물로 장식되었으며, 그 청정한 국토에는 더 이상 큰 바다도, 강도, 하천도 없었고, 목진린타산이나 마하목진린타산, 철위산, 대철위산, 수미산과 같은 크고 웅장한 산들도 모두 사라졌다.

그 모든 세계는 하나의 평탄한 불국토로 통일되었고, 그 대지 위에는 보배 장막이 드리워져 있었으며, 하늘의 번개가 번쩍이고, 크고 향기로운 보배 향이 피어올랐으며, 무수한 하늘의 보배꽃들이 그 대지를 온통 가득 덮고 있었다.

석가모니 부처님께서는 또 팔방에서 오실 모든 부처님들을 맞이하여 자리에 앉게 하시려 다시 팔방을 널리 비추어,

이백만억 나유타의 세계를
모두 청정하게 하셨다.
그 국토들에는 더 이상 지옥도,
아귀도, 축생도, 아수라도 없었고,
모든 하늘과 인간들은 각기 다른
국토로 옮겨졌으며,
새로이 청정하게 된 그 세계의 땅은
유리처럼 투명하였고,
보배로운 나무들로 장엄되었으며,
그 나무는 높이 오백 유순에 이르러,
그 가지와 잎과 꽃과 열매가
차례차례 아름답게 드리워져 있었다.
그 나무 아래에는 보배로 만든
사자좌가 높이 오유순에 이르렀고,
온갖 진귀한 보배로 장엄되어
있었으며, 그 국토들에는 큰 바다도
없고, 목진린타산이나 수미산 같은
온갖 산들도 사라져, 하나의 평탄한
불국토로 통일되었다.
그 땅 위에는 보배 장막이
드리워졌고, 무수한 향기와 꽃,
보배 번개가 두루 뿌려져
향기로운 연기가 피어오르고 있었다.
그때 동방의 백천만억 나유타
항하강의 모래 수와 같은 세계에서

설법 중이시던 석가모니 부처님의
분신 부처님들께서 팔방에 앉을 때
그때 하나하나의 방위 사백만억
나유타 국토에 많은 부처님 여래가
가득하게 이곳으로 모여드셨으며,
각기 보배 나무 아래 사자좌에
앉으셨다.
그리고 자신들이 모신 사자를 보내어
보배로운 꽃과 함께 문안을 전하였다.

"선남자야, 너는 기사굴산의
석가모니불께서 계신 곳에
가서 이렇게 말하라.
'병도 없으시고 고뇌도 없으시어
기력이 안락하시며, 보살과
성문 대중도 모두 안온하십니까?'
그리고 이 보배꽃을 흩어
부처님께 공양하고 또 말하여라.
석가모니불께서 병고 없으시고
안락하신지요.
대중은 모두 편안하신지요.
또한, 다보여래의 보배탑을
여시기를 청합니다."

또한 여러 부처님들도 각각

사자를 보내어 이렇게 하니
그때 석가모니불께서는 분신의
모든 부처님이 다 모여 각각 사자
자리에 앉아 있는 것을 보고, 여러
부처님들이 다 이 다보탑을 열어주기
원하는 것을 듣고서 곧 자리에서
일어나 허공 가운데 머무르시니
모든 사부대중이 일어나 일심으로
합장하며 우러러보았다.
이에 석가모니불께서 오른 손가락으로
칠보 탑의 문을 여시니, 큰 성문의
자물쇠가 풀리어 열리는 것과 같이
큰 소리가 났다.
그때 거기 모인 모든 대중들은
보배탑 안의 사자좌에 산란치
않으시고 선정에 드신 다보여래를
보며, 또 그의 음성을 들었다.

"거룩하신 석가모니불이시여,
이 『법화경』을 기쁜 마음으로
설하심을 보고,
내가 이 경을 직접 듣기 위하여
이곳에 나타났노라."

이에 사부대중은 천만억 겁의 오랜
과거, 이미 멸도하신 부처님의 음성을
들으며 미증유한 법회의 인연을
찬탄하고, 다보불과 석가모니불께
꽃을 공양하였다.
다보불께서는 자리를 반으로 나누어
석가모니불께 권하시며 말씀하셨다.

"석가모니불께서 이곳에 앉으소서."

석가모니불께서는 탑 안에 드시어
다보불 곁에 함께 좌정하셨다.
그때 대중들은 두 여래께서 칠보탑
가운데 있는 사자자리에 가부좌를
틀고 앉으신 것을 보고 생각하기를
'부처님의 자리가 매우 높고 멀도다.
부처님께 원하오니 신통력을 쓰시어
우리들로 하여금 허공에 머물도록
이끌어 주시옵소서' 하니,
곧 석가모니불께서 신통력을
나타내시어 대중들을 허공 가운데
모두 이끌어 올리시고, 큰 음성으로
사부대중에게 널리 말씀하셨다.

"이제 누가 이 사바세계에서
『묘법연화경』을 설하겠는가?

지금이야말로 이 경을 설할 때이니라.
여래는 머지않아 열반에 들 것이며,
이 『묘법연화경』을 부촉하려고
여기에 있느니라."

그때 부처님께서 이 뜻을 거듭
펴시려고 게송으로 말씀하셨다.

거룩하신 세존께서
열반하신 지 오래되어도
보탑 속에 머무시며
법 위해 이곳에 오셨도다.
중생들은 어찌하여
법 구하려 하지 않는가.
부처님 이래
세월은 헤아릴 수 없고
곳곳마다 법 듣기는
참으로 얻기 어려우며
그 부처님의 깊은 서원
내가 멸도한 후
어디든지 찾아가서
법 들으려 하느니라.
수없는 분신 부처님
항하강의 모래알처럼
많으시어 법을 듣고자
이곳으로 모여드셨네.
오랜 옛날 멸도하신
다보여래 친견하려
장엄한 국토 모두 버리고
이곳 법회에 나오셨도다.
천룡들과 제자들의
공양마저 사양하고
오직 법을 구하려만
이 자리로 오셨도다.
분신 부처님들 앉게 하려고
신통력 발휘하시어
무수한 중생 옮기시고
국토를 맑게 정화하네.
연못 위에 연꽃 피듯
보배나무 아래마다
사자좌에 부처님이 계시네.
어둠 속의 큰 불빛 같고
시방세계 두루비추니
중생들 향기 맡고
기뻐하는 그 마음
큰 바람이 작은 가지
불어 흔드는 것같이
이런 방편으로써
법 오래 머물게 하리.
대중들에게 말씀하시되

내가 멸도한 뒤
세상에 누가 이 경 설하겠는가?
지금 이 자리, 부처 앞에
스스로 서원을 세울지라.
다보불도 멸도하셨으되
크게 세운 서원으로
사자후를 설하시니
다보불과 내 몸과
수많은 화신불만이
이 깊은 뜻을 아는도다.
여러 불자들아,
누구든지 법 받들면
큰 발원 세워서
오래도록 머물지니
이 경법 받아 지녀
능히 읽고 보호하면
나와 다보불께
공양함이 되느니라.
보배탑에 계신
다보불은 이 경을
듣기 위해 시방세계에
출현하시도다.
광명으로 세계를 장엄하며
이 경 설하는 이에게
화불들과 함께 나아가
몸소 친견하시리라.
여러 선남자들이여,
이 일은 참으로 어려우니
깊이깊이 마음 써서
큰 발원을 세울지니
그 밖의 모든 경전들
항아강의 모래만큼 많아도
모두 다 설한대도
이 경만큼은 아니로다.
수미산처럼 큰 산도
타방의 불국토에 던진대도
그리 어려운 일 아니며
발끝 하나로 삼천세계
들어 옮겨 놓는 것도
결코 어려운 일 아니나
유정천에 올라서서
한량없는 중생들에게
다른 경전 연설해도
어려울 것 없지마는
부처님 멸도하신 뒤
악세에 다시 태어나
이 경전을 설한다면
그 일이야말로 어렵도다.
허공 속을 휘어잡고
그 안에서 거닐어도

어려운 일 아니거늘
내가 멸도한 뒤에
이 경 써서 간직하고
혹은 남에게 시켜도
그 일조차 어렵도다.
큰 땅덩이 발톱 위에 올려
범천 오른대도
어려운 일 아니거늘
부처님 멸도한 후
악한 세상에 태어나
이 경 잠시 읽는 일
이것은 어려운 일
마른 풀을 짊어지고
불 속으로 뛰어들어
몸이 타지 않는다 해도
어려운 일 아니라네.
내가 멸한 그 뒤 세상
이 경 받아 지니고
한 사람에게라도 법 설한다면
그 일은 참으로 어렵도다.
팔만 사천의 법장과
일십이부경문 모두 외워
전한다 해도 어려운 일 아니라네.
그 가르침 따라 듣고
중생들이 해탈하여

육신통을 다 얻는다 해도
그 또한 어렵지 않거늘
내가 멸도한 이후에
이 경전을 받아들고
그 깊은 뜻을 묻는 일
이것이 가장 어렵도다.
한량없고 수가 없는
천만억 항아강의
모래같은 중생들을
모두 교화 인도하여
아라한과 얻게 하고
육신통도 갖추게 한다 해도
그 또한 어려운 일 아니라네.
그러나 내가 멸도 후
이 경 하나 받아들고
지니며 외우는 그 일
참으로 어려운 일일세.
내가 오랜 세월 동안
수없는 국토 돌면서
불도 위해 설해온
모든 경전 있었으나
그 가운데 이 경전은
가장 참되고 으뜸이라.
이 경전을 받아 지니는 것
곧 부처님 받드는 일이라네.

여러 선남자들이여,
내가 멸도한 그 이후에
누가 이 경 수지하고
읽고 외울 수 있겠는가?
이러한 뜻을 지닌 이는
지금 부처님 앞에 나와
스스로 굳게 서원하라.
수지하기 어려운 경
잠시라도 지니면
내 마음과 여러 부처님
다함께 기뻐하리라.
이와 같은 이를 두고
부처님도 찬탄하시리.
이런 이는 진정 용맹하고
범행 닦는 자이니
지계라 이름할 만하며
두타행 또한 갖추었도다.
무상보리 향하여
더욱 빨리 이르리라.
앞으로 오는 세상에
이 경전 수지하면
그 사람은 참된 불자
좋은 땅에 머무르리.
부처님 멸도하신 뒤
그 뜻 밝게 이해하면

하늘과 사람을 위한
세간의 눈이 되리라.
험한 세상 두려운 곳
잠시라도 설법하면
하늘과 인간 일체 모두
그를 우러러 공경하리.

# 12. 제바달다품

그때 석가모니 부처님께서 여러
보살과 하늘, 인간, 사부대중을
둘러보시며 차분히 말씀하셨다.

"내가 머나먼 과거 헤아릴 수 없는
세월 동안, 『법화경』을 구하고자
할 때 한순간도 게으른 마음을
낸 적이 없었느니라.
수많은 생애를 국왕으로 살며,
위없는 보리 구할 때도
마음을 물러선 적이 없었다.
또 육바라밀을 만족하려고 보시를
부지런히 행할적에도 인색한
마음이 없어 코끼리와 말, 칠보와
국토는 물론이요, 내 아내와 자식,
남녀의 종들, 심지어 내 머리와
얼굴, 몸과 손발까지도 아낌없이
내어 주었느니라.

그 시절 사람들의 수명은
이루 말할 수 없이 길었지만,
나는 오직 법을 구하기 위해 왕위를
버리고, 태자에게 정사를 맡긴 뒤
북을 높이 매달고 사방에 명을
내렸느니라.
'누가 이 몸을 위해 대승의 법을
설해 주겠는가? 그런 이가 있다면,
나는 일생 동안 받들어 섬기리라.'
바로 그때, 한 선인이 나를 찾아와
말하였느니라.
'내게는 『묘법연화경』이라
부르는 대승의 경이 있으니,
네가 내 뜻을 거스르지 않는다면
설법해 주겠노라.'
그 말을 들은 나는 한없는 기쁨에
가슴이 벅차올라, 곧장 그 선인을
따르며 섬기기 시작하였느니라.

과일을 따오고 물을 긷고,
장작을 모으고 밥을 지으며,
때로는 내 몸을 그의 자리로
삼아 드리기까지 하였지만,
그 어떤 순간에도 몸과 마음에
게으름이 없었고, 법을 구하는
간절함으로 천 년을 모셔도 조금도
부족함을 느낀 적이 없었느니라."

그때 석가모니 부처님께서는 이 뜻을
다시 게송으로 설하셨다.

내 지난 겁을 돌이키니
큰 법 구할 뜻이 깊어
세상 나라 임금 되었으나
오욕락을 탐하지 않았네.
사방 하늘에 북을 치며
법 설할 자 부르되
내게 설해준다면
그의 종이 되리라 다짐했네.
그때 나타난 아사 선인
내게 이르기를
"내 지닌 법 미묘하여
세간에 드문 법이라네.
만일 이 법 수행하면
너를 위해 설하리라."
그 말 들은 임금된 나는
크게 기뻐하며 따랐도다.
즉시 따라 시봉하니
나물 캐고 나무하며
물 긷고 밥 지어 공양하고
모든 일 정성껏 도왔도다.
마음은 가볍고 신심 깊어
미묘한 법에 뜻을 두었네.
나의 욕심 채우거나
오욕락이 아니므로
큰 나라 왕 되어서도
법 향한 뜻 꺾지 않고
마침내 성불하여
그대 위해 설하노라.

석가모니 부처님께서 여러
비구들에게 말씀하셨다.

"먼 옛날, 국왕이었던 이는
바로 지금의 나이며, 그때 나에게
대승의 가르침을 전한 선인은
다름 아닌 제바달다였느니라.
그가 있었기에 나는 육바라밀을
익히고, 자비와 희사로 중생을

위했으며, 삼십삼상의 몸을 갖추고,
팔십종호로 장엄하게 되었으며,
금빛과 같은 몸을 지니고,
십력과 사무소외의 지혜,
사섭법과 십팔불공법, 그리고
헤아릴 수 없는 신통력을 갖추어
등정각에 이르러 널리 중생을
제도할 수 있었느니라.
이 모든 공덕은 제바달다라선지식
덕택이니라.
그러므로 나는 지금 이 사부대중에게
분명히 말하노라.
제바달다는 헤아릴 수 없이 먼 미래에
반드시 성불하리니, 그때의 이름은
'천왕여래'라 할 것이며
응공, 정변지, 명행족, 선서, 세간해,
무상사, 조어장부, 천인사의 불세존이
되리라.
그분께서 머무실 세계는 '천도'라
이름하리라.
그 천왕여래께서 세상에 머무는
기간은 이십중겁이며,
그동안 미묘한 법을 널리 설하실
것이니, 그 법을 듣는 중생들은
항아강의 모래알처럼 많고,

그 가운데 많은 이들이 아라한과를
얻고, 많은 이들이 연각심을 내며,
다시 많은 이들이 위없는 도심을 내어
무생인을 얻고, 물러남이 없으리라.
천왕불께서 열반에 드신 뒤에도,
정법은 이십중겁 동안 세상에
머무르리니, 그때 전신 사리를 봉안한
칠보탑이 세워질 것이요,
높이는 육십 유순, 너비는 사십 유순에
이르리라. 하늘과 인간들이 꽃과 여러
향, 의복과 영락, 깃발과 번개, 음악과
무희 등으로
그 아름다운 칠보의 보배탑에
예배하고 공양하리라.
그 탑을 공양하는 무수한 중생들이
아라한과를 얻고, 또 한량없이
많은 중생들이 벽지불을 깨닫고,
불가사의한 중생들이 보리심을
발하여 결코 물러나지 않게 되리라."

석가모니 부처님께서는 다시
비구들에게 말씀하셨다.

"앞으로 올 세상에 선남자 또는
선여인이 『묘법연화경』 가운데

이 '제바달다품'을 듣고, 마음이 맑고
청정하여 믿고 공경하며,
그 뜻을 의심하지 않는다면,
그 사람은 비록 지옥이나 아귀나
축생의 세상에 태어난다 하더라도,
다시 시방의 부처님 앞에 나게 될
것이니, 그곳에서 항상 이 경을
들으며, 인간 또는 하늘나라에 태어날
때에는 가장 묘한 기쁨을 누릴
것이요, 부처님 앞에 태어날 경우에는
연꽃에서 태어나는 과보를 받게
되리라."

그 무렵, 하방 세계에서 다보여래를
따라온 지적보살이 다보불께
예를 갖추고 본국으로 돌아가려
하였다. 이를 보신 석가모니
부처님께서 지적보살에게
말씀하셨다.

"선남자여, 잠시 기다리시라. 이곳에
'문수사리'라 하는 보살이 있으니,
먼저 만나 인사를 나누고, 미묘한
법을 함께 논한 뒤에 돌아가라."

문수사리보살은 마치 커다란 수레와
같은 보배 연꽃 위에 앉아 있었고,
함께하는 보살들도 모두 보배
연꽃 위에 앉아 큰 바다의 사갈라
용궁으로부터 저절로 솟아올라
허공에 머물렀다.
그들은 곧 영취산 위로 내려와
석가모니 부처님께 예배드린 뒤,
지적보살을 찾아 서로 문안을 나누고
한쪽에 물러나 있었다.
그때 지적보살이 문수사리에게
물었다.

"자비하신 보살이시여, 용궁에서
교화하신 중생은 얼마나 됩니까?"

문수사리보살이 답하였다.

"그 수는 헤아릴 수 없이 많고,
말로도 다 할 수 없으며, 생각으로도
미칠 수 없으나, 잠시 기다리시면
스스로 확인하게 될 것입니다."

그의 말이 채 끝나기도 전에, 무수한
보살들이 보배의 연꽃 위에 앉아

바다에서 솟아올라, 영취산 허공에 머물렀다.
이 보살들은 모두 문수사리보살이 바다 속에서 교화한 이들이었다.
그들은 보살의 행을 갖추고, 서로 육바라밀을 설하며 논하였으며, 본래 성문의 길을 따르던 이들도 이제는 대승의 공을 닦아 행하고 있었다.
이에 문수사리보살이 지적보살에게 말하였다.

"이와 같은 일이 제가 바다에서 교화한 결과입니다."

그 말을 들은 지적보살은 감격하여 게송으로 찬탄하였다.

크신 지혜, 크신 위덕
위대하신 그 용맹으로
헤아릴 수 없는 중생들을
이끌어 교화하셨도다.
실상의 뜻 밝히시고
일승법을 열어 보여
많은 중생 인도하사

보리의 깨달음
이루게 하셨도다.

문수사리보살이 말하였다.

"나는 바다 한가운데에서 오직 『묘법연화경』만을 설하였습니다."

이에 지적보살이 문수사리보살에게 물었다.

"이 경은 참으로 깊고 미묘하여, 모든 경전 가운데 으뜸이요, 세상에 드문 보배입니다.
만일 어떤 중생이 이 경을 듣고 부지런히 닦는다면, 빠르게 성불을 이룰 수 있겠습니까?"

문수사리는 이렇게 답하였다.

"사갈라국용왕에게 어린 딸이 하나 있었는데, 겨우 여덟 살이었습니다. 그러나 그 지혜는 밝고 영특하여, 중생의 근기와 행업을 환히 알고, 이미 다라니를 얻었으며,

여러 부처님께서 설하신 깊고 신묘한 법장도 두루 수지하고 있었습니다. 그 아이는 깊은 선정에 들어 모든 법의 실상을 깨달았고, 찰나의 순간에도 보리심을 내어 물러나지 않는 진리를 증득하였으며, 변재 또한 막힘이 없었습니다. 어린아이를 사랑하듯 모든 중생을 자비로 돌보며, 온갖 공덕을 갖추었고, 그 말과 뜻이 부드럽고 청정하여 능히 보리의 지위에 이르렀습니다."

이에 지적보살은 다시 이르렀다.

"내가 보기에 석가모니불께서는 한량없는 겁 동안, 헤아릴 수 없는 고난의 수행을 거듭하시고, 무수한 공덕을 쌓아 오직 보리의 도를 구하셨습니다. 일찍이 쉰 일이 없으며, 삼천대천세계 가운데 겨자씨만한 땅이라도 몸을 던지지 않으신 곳이 없으니, 이것은 모두 중생을 위한 뜻이었을 것입니다. 이처럼 무수한 수행과 정진 끝에 성불하셨거늘, 이제 그 어린 용녀가 단번에 바른 깨달음을 이루었다 하니, 실로 믿기 어렵습니다."

그러자 그 말이 채 끝나기도 전에, 어린 용녀가 홀연히 그 앞에 나타나 석가모니 부처님께 예경하고, 다시 한쪽에 물러서서 게송으로 찬탄하였습니다.

죄와 복의 이치를 꿰뚫고
시방세계를 훤히 보시며
청정하고 오묘한 법신을
삼십이상으로 드러내셨네.
팔십 가지 복된 상으로
법신을 장엄하시니
천상 인간 우러러보고
용신들 또한 공경하도다.
세간의 모든 중생들
한마음으로 받들어 모시니
보리의 길을 이루심은
부처님만이 아시나니
나 또한 큰 길을 펼쳐
고해의 중생을 건지리라.

그때 사리불이 용녀에게 향해

말하였다.

"그대가 곧 위없는 바른 깨달음을
얻을 것이라 말하였으나,
나는 그것을 쉽게 믿을 수 없노라.
여자의 몸은 때가 묻고 청정하지
않기에, 법의 그릇이 되기 어렵다.
부처님의 도는 한없이 높고도 먼
것이어서, 무량겁을 두고 부지런히
고행을 닦고, 모든 수행을 갖춘
뒤에야 이루어지는 것인데,
어찌 여자의 몸으로써 그것을
능히 이룬다 하겠는가?
또한 여자의 몸은 다섯 가지 장애를
지녔으니,
하나는 범천왕이 될 수 없고,
둘은 제석천이 될 수 없으며,
셋은 마왕이 될 수 없고,
넷은 전륜성왕이 될 수 없으며,
다섯은 무엇보다도,
불신이 될 수 없다는 것이니라.
그런데 어찌하여 그대는 빠르게
성불할 수 있다 말하는가?"

이때 용녀에게는 값으로
삼천대천세계를 사들일 수 있는 귀한
보배 구슬 하나가 있었는데,
그 구슬을 곧장 석가모니 부처님께
받들어 올리니, 석가모니 부처님께서는
이를 주저 없이 받아 주셨다.
용녀가 지적보살과 사리불 존자에게
말하였다.

"제가 지금 올린 이 구슬, 세존께서
곧 받아주셨으니, 이보다 더 빠른
일이 어디에 있겠습니까?"

두 분이 그 말에 고개를 끄덕이며

"참으로 빠르도다"

하고 대답하자,
용녀가 다시 말하였다.

"그렇다면 여러분은 이제 저의
성불이 이보다도 더 빠르다는 것을
보게 되실 것입니다."

그 말이 끝나기도 전에, 모든 대중은
그 용녀가 순식간에 남자의 몸으로

변화하는 것을 목도하였다.
그는 보살의 모든 행을 갖추고,
남쪽의 청정한 세계로 나아가,
보배 연꽃 위에 앉아 등정각을
이루었으며, 삼십이상과 팔십종호의
몸을 갖추고 시방의 중생을 위하여
깊고도 미묘한 법을 널리 설하고
있었다.
그 광경을 사바세계의 보살들과
성문들, 천룡팔부, 인간과 비인들이
그 용녀가 성불하여 그때 모인 하늘과
인간 대중에게 설법하는 것을 멀리서
보고 모두들 기쁨에 넘쳐 예배하고
찬탄하였으며, 무량한 중생은
그 법을 듣고 즉시 깨달음을 얻고
물러나지 아니하였으며,
또한 헤아릴 수 없이 많은 이들이
도의 수기를 받았다.
그 청정한 세계는 여섯 가지로
크게 진동하였고, 사바세계의
삼천 대중은 모두 물러남이 없는
지위에 이르렀으며, 다시 삼천 대중은
보리심을 내어 장차 성불할 수기를
받았으며, 지적보살과 사리불,
그리고 거기에 모인 모든 대중은
말없이 깊이 머리 숙여 믿고
받아 지녔다.

# 13. 권지품

그때 약왕보살마하살과 대요설보살마하살은 이만 명의 보살 권속들과 함께 석가모니 부처님 앞에 나아가 정중히 맹세의 말씀을 올렸다.

"세존이시여, 부디 염려하지 마옵소서.
부처님께서 멸도 하신 후,
저희가 반드시 이 경을 받들어 읽고 외우며 널리 설하겠습니다.
비록 뒤에 오는 세상, 중생들의 선근은 점점 쇠약하고 탐욕과 분노, 어리석음은 깊어져 공양만을 탐하고 바른 수행을 멀리하는 이들이 많아질지라도, 저희는 큰 인욕의 힘을 일으켜 몸과 목숨까지 아끼지 않고 이 경전을 읽고 외우며, 글로 쓰고 여러 공양으로 받들어 모시겠습니다."

그때 수기를 받은 오백 명의 아라한이 석가모니 부처님께 아뢰었다.

"세존이시여, 저희 또한 다른 국토로 나아가 이 경을 널리 설할 것을 스스로 서원 합니다."

이때 수기를 받은 팔천 명의 배우는 이와 다 배운 이들 또한 자리에서 일어나 합장하고 부처님께 서원을 올렸다.

"세존이시여, 저희도 사바세계를 떠나 다른 세계에서 이 경을 설하겠습니다. 왜냐 하면 이 사바세계의 중생들은 악한 마음이 깊고 시비를 잘하며,

공덕은 얕고 성내기를 잘하고,
거짓으로 아첨하며 진실하지
못하기 때문입니다."

그때 부처님의 이모이신
마하파사파제 비구니는
아직 배우는 이와 다 배운 이
육천 명의 비구니들과 함께
자리에서 일어나 일심으로 합장하고,
세존의 얼굴을 우러러보며
눈을 한순간도 떼지 아니하였다.
이때 세존께서 마하파사파제를
향하여 말씀하셨다.

"마하파사파제야,
어찌하여 근심스러운 표정으로
여래를 바라보느냐?
혹시 내가 너의 이름을 들어 수기를
주지 않을까 염려하고 있느냐?
내가 이미 모든 성문 대중에게
수기를 주었으니, 너 또한 수기를
원한다면 이르노니.
너는 장차 육만팔천억 부처님들께서
출현하시는 법 가운데 크고
훌륭한 법사가 되어 보살도의 수행을

점차 닦아 마침내 성불하리라.
그때 그대의 이름은
'일체중생희견여래'라.
응공, 정변지, 명행족, 선서, 세간해,
무상사, 조어장부, 천인사, 불세존이라
불릴 것이다.
그대와 함께한 비구니 육천 명
또한 함께 수기를 받아 차례로
성불하여 아뇩다라삼먁삼보리를
얻으리라."

이때 라후라의 어머니이신 야수다라
비구니께서는 마음속으로 이렇게
생각하였다.

'세존께서 수기를 내려 주시면서,
어찌하여 내 이름만 빠뜨리시는가?'
그 뜻을 아신 석가모니 부처님께서
야수다라를 향해 말씀하셨다.

"야수다라여, 그대 또한 미래세에
백천만억 부처님들께서 계시는
모든 법 가운데서 보살행을 닦으며,
훌륭한 대법사가 되어 성불하리라.
국토는 청정하고 장엄하며, 이름은
'구족천만광상여래'라 하리니, 응공,

정변지, 명행족, 선서, 세간해, 무상사, 조어장부, 천인사, 불세존이라 불릴 것이다. 그 부처님의 수명은 헤아릴 수 없이 긴 아승기겁이 되리라."

이 말씀을 들은 마하파사파제 비구니와 야수다라 비구니, 그리고 그 권속들은 모두 마음 깊이 환희하여 미증유를 얻고, 부처님 앞에 나아가 게송으로 찬탄을 올렸다.

**거룩하신 세존께서**
**도사되어 하늘과 인간**
**중생들을 편안하게 이끄셨네.**
**우리 또한 그 도 따르며**
**장차 성불하리라는 수기 받고,**
**마음에 평안함을 얻었도다.**

여러 비구니들은 이 게송을 다 마치고 석가모니 부처님께 아뢰었다.

"석가모니 부처님이시여, 저희들도 또한 다른 국토가서 이 경을 널리 설하리다."

그때 세존께서 팔십만억 나유타의 한량없는 많은 보살마하살을 굽어보시니 그 보살들은 모두 아유월치의 신통을 갖추고, 물러섬 없이 법의 수레바퀴를 굴리며 헤아릴 수 없는 다라니 문을 얻었다. 이때 그 보살들은 자리에서 일어나 부처님 앞으로 나아가 한마음으로 합장하고 깊은 생각에 잠겼다. 그때 보살들은 마음속으로 이렇게 생각하였다.
'만일 세존께서 우리에게 이 경을 전하라 분부하신다면, 부처님의 뜻을 좇아 기꺼이 널리 설하리이다.'
그러나 석가모니 부처님께서는 묵묵히 계시어 아무 말씀이 없으시니, 보살들은 다시 생각하였다.
'지금 부처님께서 분부하지 않으시니, 우리가 나아가야 할 길은 무엇인가?'
그리하여 여러 보살들은 부처님의 뜻을 깊이 헤아리고, 공경하는 마음으로 순종하며 스스로 세운 큰 서원을 이루기 위해 부처님 앞으로 나아가 사자후로써 서원을 하였다.

"세존이시여, 저희 또한 다짐하나이다.
여래께서 멸도하신 뒤 시방세계 두루
다니며, 중생들이 이 경을 베껴 쓰고
받아 지니며, 읽고 외우게 하며, 뜻을
풀어 해설하고, 가르침 따라 수행하여
바르게 생각하고, 바르게 알도록
하겠나이다.
이 모든 행은 다 부처님의 위신력
덕택이니 원하옵건대,
세존이시여, 비록 다른 국토에
계시더라도 저희를 멀리서
굽어보시며 항상 보호하여 주소서."

그때 여러 보살들이 모두 함께
게송으로 말하였다.

부처님 멸도하신 뒤
두렵고 험한 세상 속에
저희가 법을 설하오니
염려 마옵소서.
어리석은 많은 이들
험한 말로 욕을 하며
칼과 막대로 해쳐 와도
저희는 참아내리이다.
악한 세상 비구들은

거짓 지혜, 마음 굳고
얻지 못한 진리를
얻은 양 자만하네.
고요한 곳에 머물며
낡은 옷을 걸쳐 입고
바른 도를 닦는다 하고
남들을 업신여기며
이익만을 탐내어
속세 사람 꾀어내고
존경받기 바라면서
육신통의 나한인 듯 행세하네.
이런 자들, 마음 어두워
속세 일만 생각하며,
아련야라 이름하여
남의 허물 끌어내되
이런 말 하느니라.
"저 비구들 보아라.
탐욕에 물든 자들이라.
외도의 글귀 읊조리며
거짓 경전 지어내고
세상 사람 속이며
명예만을 탐하는 자
이 경전을 말하지만
진실을 분별하진 못하네."
그들은 또 대중 안에서

우리를 헐뜯고자 하며
임금과 여러 대신
거사들과 바라문들
그리고 모든 비구들께
우리 험담 퍼뜨리며 이르되
"저 자들은 외도를
전하는 자들이라."
그러하나 저희들은
부처님을 공경하며
이러한 온갖 악행도
다 견디고 참겠나이다.
"너희들이 부처냐?" 하고
비웃으며 조롱해도
저희는 부처님 믿는 마음
끝끝내 놓지 않으리다.
그 사납고 모진 짓도
싫다 하지 않겠나니
흐린 겁 악한 세상
두려움이 많으며
악한 귀신 몸에 들어
꾸짖고 욕을 해도
부처님 믿은 우리
인욕의 갑옷 입고
이 경전을 설법하려
어려운 일 다 참으리

신명을 아끼잖고
위없는 도 구하며
앞으로 오는 세상
부처님 법 지키리다.
세존께선 아시리니
탁한 세상 악한 비구
방편 설법 알지 못해
거친 말로 꾸짖으며
자주 절간 쫓아내고
멀리멀리 내몰아도
부처님 분부 믿으며
그 고통 다 참으리다.
촌락이든 도시든지
법 구하는 이 있으면
저희들이 먼저 가서
부촉하신 법 전하리.
세존의 사자된 우리
두려움 없이 설하여
중생 마음 열게 하고
법의 등불 밝히리다.
시방의 여러 부처님
세존 앞에 나아가
이런 서원 세우오니
저희 마음 아옵소서.

# 14. 안락행품

그때 문수사리 법왕자 보살마하살이 석가모니 부처님께 여쭈었다.

"세존이시여, 지금 이 도량에 모인 여러 보살마하살들은 매우 희유하고 존귀한 분들입니다.
이들은 부처님을 깊이 공경하며 따르고 있사오니,
훗날 악한 세상에 이 『법화경』을 받아 지니고 읽고 외우리니,
세존이시여, 이런 보살들은 장차 그 악한 세상에서 이 경전을 어떻게 설해야 하겠습니까?"

석가모니 부처님께서 문수사리 보살에게 말씀하셨다.

"문수사리야, 보살마하살이 장차 뒤의 악세에서 이 경을 설하려 할 때, 네 가지 법에 편안히 머물러야 하느니라.
첫째는 보살의 행할 바와 친근할 곳에 편안히 머물러 중생을 위하여 이 경을 연설할지니라.
문수사리야, 보살이 머물러야 할 도량이란 이러하니, 그는 인욕의 덕에 깊이 머물러야 하며, 말과 행실이 부드럽고 조화로우며, 거칠고 포악한 기운이 없어야 하고, 마음이 항상 고요하여 놀라지 말아야 하느니라.
또한 '법을 행한다'는 의식마저 버리고, 일체 모든 법을 실상 그대로 관찰하여 취하지도 않고 분별하지도 말아야 하느니라.
이것이 바로 보살마하살이 행할 곳이라.

다음으로, 친근하지 말아야 할
대상이란 이러하니,
보살은 국왕과 왕자, 대신과 관리와
같이 권세를 지닌 자들을 가까이하지
말 것이며, 외도와 그들의 책을
숭상하는 이들, 세속적인 지식이나
말재주로 사람을 홀리는 이들을
따르지 말아야 하느니라.
놀이나 도박, 싸움, 가축을 기르고
생명을 해하는 일을 즐기는 사람들,
또는 전다라와 돼지, 양, 닭, 개 등을
기르는 이와 사냥과 어업에 종사하는
자들을 가까이하지 말 것이며,
다만 그들이 찾아올 때에는 어떤 것도
바라지 않고 법을 설해야 하느니라.
또한 성문승을 구하는 비구, 비구니,
우바새, 우바이를 친근하지 말 것이며,
문안하지도 말며, 혹 방이거나
경쟁하는 곳이나 강당 등에서 함께
어울리지 말고, 혹 그들이 법을
듣고자 찾아오거든 그들의 근기에
맞추어 법을 설하되 어떠한 보답도
바라지 말 것이니라.
문수사리야, 또한 보살은 여인을
바라보며 탐심을 내지 말고,
즐겨 말하거나 가까이하지 말 것이며,
남의 집에 갈 경우에도 젊은 여자나
과부 등과는 말을 삼가고 조심하며,
또 오종불남과 깊이 친하지 말며,
혼자서 머물지 말지니라.
부득이한 인연이 있어 여인의 집에
들더라도, 마음속에는 오직 부처님을
생각하여 한결같은 일념을 지녀야
하며, 그들과 법을 논하더라도 웃으며
장난하지 말고, 가슴을 드러내는 일도
없도록 해야 하느니라.
보살은 어린 제자나 동자승을 기르는
일도 삼가야 하며, 수행 중인 이들과
한 스승 아래에서 함께 기거하기를
즐기지 말고, 항상 좌선을 좋아하되
한적한 곳에 있으면서 그 마음을
잘 닦고 다스릴지니,
문수사리여, 이런 것이 첫째 친근할
곳이니라.
또 보살은 일체 법의 본성이
공함을 실상 그대로 관하고,
그 참모습을 뒤바꾸거나
흔들리지 말아야 하느니라.
모든 법은 허공과 같고 본래 정해진
자성도 없으며, 말로는 다할 수 없고,

생겨나지도 사라지지도 않으며,
모양도 없고 집착할 대상도 아니며,
다만 인연따라 생겨나는 것일 뿐이니,
항상 이와 같이 법의 진실한 모양을
관찰하면, 이것이 곧 보살마하살이
둘째 친근할 곳이니라."

석가모니 부처님께서는 이 뜻을 거듭
펴시고자 게송으로 말씀하셨다.

만일 어떤 보살이
뒤에 오는 악한 세상에서
두려움 없이 이 경을
설하고자 한다면
보살이 머무를 곳과
친근할 곳, 가려야 하느니라.
국왕이나 왕자들과
고관 대작들과 신하들
놀기 좋아하는 사람들과
외도나 범지 같은 자들과
이런 속된 이들을
항상 멀리해야 하며
잘난 체하는 자들과
소승 법에 빠진 자들
삼장 배운 자들조차

지혜 없이 집착하면
그들과도 가까이하지 말고
계를 어긴 비구나
이름뿐인 아라한
웃고 희롱하는 비구니
오욕락을 좋아하며
멸도만을 구하는 우바이 같은
이들도 멀리해야 하느니라.
만일 이런 이들이 찾아와
묻는다 해도 보살은 두려움 없이
집착 없이 법을 설하라.
과부거나 처녀거나
남자답지 못한 자라도
깊은 정 주지 말고
친근하지도 말지어다.
짐승을 죽이거나
사냥하고 고기 잡고
이익 위해 살생하는 자들
가까이 하지 말며
고기나 여색 팔며
생계를 잇는 자들과
흉악하게 유희하며
음탕한 여자들을 멀리하라.
여인을 위하여
홀로 설법하지 말며

만일 설한다면
희롱 말고 웃지 말라.
마을에 걸식 나설 땐
다른 비구와 함께하고
혼자 나설 때는
염불에 집중하라.
이 모든 가르침은
행할 곳과 친근할 곳이니
잘 분별하여 머무르면
편안히 설법할 수 있으리.
상, 중, 하의 모든 법과
유위와 무위의 모든 법,
참되고 거짓된 법조차
집착 없이 지나치며,
남자다 여자다 분별하지
아니하고, 법을 안다
말하지 않으며
보았다 하지 말라.
이 모두가 보살이
머물 곳이 되느니라.
모든 법은 본래 공하여
생겨남도 사라짐도 없고
지혜 있는 이는
이 자리에 머무르느니라.
있다 없다, 옳고 그름

생사와 멸을 따지면
그 또한 전도된 분별이니
마음을 평정히 하여라.
고요한 곳에 머물러
수미산처럼 흔들림 없고
항상 한결같은 마음으로
보살행을 닦아가며
일체 법이 없음은 허공 같아
의지할 바 없고
생사도 머무름도 없고
변하지 않으며
물러섬도 없느니라.
이 모양 그대로 머무는 것
이것이 친근할 곳이니라.
만일 어떤 비구가
내가 멸도한 뒤에도
이런 곳 잘 익히고
두려움 없이 설법하면
고요한 방에 들어가
바른 뜻으로 법을 보고
선정에서 일어난 뒤엔
국왕과 왕자들에게
이 경을 설할 수 있으며
두려움도 없으리라.
문수사리보살이여,

이것이 곧 보살들이
편안히 머물 곳이며
후세의 악세상에서도
『법화경』을 널리
설할 수 있는 길이니라.

그때 세존께서 다시 문수사리
보살에게 이르셨다.

"문수사리여, 여래가 열반한 뒤
말법의 시대에 『법화경』을 설하고자
하는 이는 반드시 '안락한 행'에
머물러야 하느니라.
그러한 이가 설법할 때에는,
입으로만 경을 전하지 말 것이며,
경을 읽거나 설명하는 자리에서
사람들과 함께 경전의 허물이나
결점을 이야기하지 말지니라.
또한 다른 법사를 가볍게 여기거나,
빈정대거나, 그 사람의 좋고 나쁨,
장단점을 말해서도 아니 되며,
성문의 이름을 들먹이며
그 허물을 말하지도 말고,
칭찬으로써 치우쳐서도
아니 되느니라.

더욱이 원망이나 미움을 품은
마음으로 법을 설하려 해서는
안 되나니, 오직 고요하고
평등한 마음으로, 자비와 인내로써
그 뜻을 지녀야 하느니라.
이와 같이 마음을 잘 다스려
안락한 행에 머무르면, 법을 듣는
이들도 그 뜻을 따르게 될 것이며,
설사 어려운 질문이 오더라도,
그에 대하여 소승의 법으로는 답하지
말고 오직 대승의 가르침으로
해설하여, 모든 이로 하여금
'일체 지혜의 종지'에 이르게 하라."

그때 석가모니 부처님께서 깊은 뜻을
다시 게송으로 말씀하셨다.

보살은 항상 기꺼이
법을 설하되, 맑고 청정한 땅 위
법 자리에 앉으시고
기름 발라 몸을 씻고
먼지와 때, 깨끗이 하며
새 옷을 정갈히 입어
안팎을 청정히 한 뒤
법석에 단정히 앉아

묻는 이에게 설하나니
만일 어떤 비구와 비구니
우바새, 우바이
또 국왕과 왕자들과
여러 신하와 백성들이
찾아와 묻는다면
미묘한 뜻 부드럽게 전하되
어려운 물음일지라도
그 뜻에 맞게 설하여
인연과 비유들어
분별하여 연설하고
이런 방편따라
모두 발심케 하여
점차 이익 얻고
부처님 도에 이르게 하라.
게으름 막아주고
근심 걱정 덜어주며
자비로 법 설하고
위없는 도 드러내라.
낮과 밤 가리지 말고
인연과 비유써서
중생들 마음 열고
기쁨을 일으켜 주라.
의복과 침구
음식과 약 이 가운데

무엇 하나 바라지 말고 설하되
일심으로 인연 생각하여
법의 근거 따라 말하고
이로써 부처님 도 이루며
중생 또한 성불케 하면
이것이야말로 큰 이익
안락한 공양이니라.
내가 멸도한 뒤에도
만일 어떤 비구가
『묘법연화경』을 설한다면
그 마음 성내지 않고
질투 또한 사라지고
번뇌와 장애 벗어나며
근심도 걱정도 멀어지고
꾸짖는 자 없으며
두려움에서 벗어나고
칼과 막대기에도
쫓겨남이 없으리니
인욕의 힘 머물렀기 때문이라.
지혜 있는 이 이와 같아
마음 단련하고 이렇게 머무르면
크나큰 공덕 얻으리니
천만억 겁을 다하여도
비유조차 헤아릴 수 없는
한량없는 복덕이

그에게 돌아가리라.

그때 석가모니 부처님께서 다시 문수사리에게 말씀하셨다.

"문수사리여. 보살마하살이 말세에 『법화경』을 받아 지니려 한다면, 질투와 아첨의 마음을 품지 말 것이며, 이 경을 읽고 외우는 이를 헐뜯거나 가볍게 말하지 말아야 하느니라.
또한 부처님의 도를 배우는 이를 멸시하지 말고, 그 잘함과 못함을 논하지 말지니라. 만일 비구, 비구니, 우바새, 우바이로서 성문의 길을 따르려는 이나, 벽지불을 구하는 이, 혹은 보살도를 닦는 이를 혼란케 하여 그 마음에 의심과 후회를 일으키게 하지 말라.
'그대들은 도에서 멀고, 모든 종지를 마침내 얻지 못하리라. 게으른 사람들이라 도를 닦기에 부족하다'라고 말하지 말라.
법을 희롱하거나 말다툼하지 말고, 오직 자비심으로 일체 중생을 대하며,
모든 여래를 자애로운 아버지라 여기고, 보살에게는 큰 법사라는 생각을 일으켜 시방에 있는 여러 보살들에게 깊은 마음으로 공경하고 예배하고 모든 중생을 위해 평등하게 설법하고, 법에 따라 많고 적음을 조절하되, 설법을 좋아하는 이에게도 지나치게 하지 말지니, 법에 집착하지 않고 중생의 근기에 맞게 조화롭게 행할 것이니라.
문수사리여, 말세에 법이 멸하려는 때에 이 셋째 안락행을 성취한 보살은 이 경을 설할 때에 번뇌와 마찰이 없고, 같이 배우는 이를 잘 만나 함께 읽고 외우며, 대중들 또한 와서 듣고 받아 외우며, 설하고 쓰며, 스스로 필사하거나 다른 이를 시켜 쓰기도 하고 경전을 공양하고 공경하며 이 경전을 존중하고 찬탄하리라."

그때 석가모니 부처님께서 이 뜻을 다시 밝히시고자 게송으로 말씀하셨다.

이 경을 설하려는 이여
성냄을 내지 말 것이며
질투와 교만, 허위와 기만을
버리고 또 버릴지니라.
항상 곧고 바른 마음으로
중생을 업신여기지 말고
법을 가볍게 여기지 않으며
어리석은 의심을 일으키지 말라.
"그대는 성불 못하리라."
그런 말 하지 말라.
참된 불제자라면 마땅히
언제나 부드러운 말씨로
모든 중생을 자비로 품고
게으름을 없애주며
시방의 위대한 보살들
중생 위하여 도를 행하니
그들을 법 스승으로 공경하고
대법사로 여기며 따를지라.
부처님을 아버지처럼 받들고
교만한 마음 무너뜨릴 때
비로소 설법의 길이 열리리라.
이것이 셋째 법문이니
지혜 있는 자 잘 수호하여
일심으로 행하면
중생 공경을 받으리라.

석가모니 부처님께서 문수사리
보살에게 다시 말씀하셨다.

"문수사리여, 만약 보살마하살이
뒷세상의 말법시대에 『법화경』을
받아 지닌다면, 재가이든 출가이든
가리지 않고, 누구든 큰 자비의
마음을 낼 것이니라.
심지어 아직 보살이 아닌
자라 할지라도 깊은 자비를 일으켜
이렇게 생각할 것이니라.
'이 중생들은 실로 큰 보배를 잃고
말았구나. 여래께서 방편으로
그 뜻을 따라 설하신 말씀 듣지
못하고, 깨닫지도 못하며,
묻지도 않고, 믿지도 않으며,
이해하지도 못하는구나.
그러나 비록 그들이 지금은
묻지도 않고 믿지도 않으며,
이 경의 이치를 이해하지 못하더라도,
내가 장차 아뇩다라삼먁삼보리를
얻을 그날에는 어디에 있든지
기어이 찾아가 신통력과
지혜의 힘으로 이끌어,
이 법 가운데 머물게 하리라.'

문수사리여, 이와 같은 큰 서원을 세운 보살은, 여래께서 열반하신 뒤에도 넷째 법을 성취하여, 이 법을 설할 때에 잘못이 없으리라. 이런 이에게는 비구, 비구니, 우바새, 우바이뿐 아니라, 국왕과 왕자, 대신과 백성들, 바라문과 거사들까지도 공경하며 공양하고, 존중하며 찬탄할 것이니라. 하늘에 머무는 신들도 이 법을 들으려 따라 다니며 수호하고 공양하리라. 만일 이 보살이 촌락이나 도시, 혹은 깊은 산중에 머물 때, 중생들이 와서 어려운 질문을 하더라도 걱정하지 말지니, 천신들이 밤낮으로 법을 보호하고 감싸주며, 듣는 이로 하여금 환희심을 일으키게 하리니라. 왜냐 하면 『법화경』은 과거, 현재, 미래 모든 부처님들께서 신통력으로 보호하시는 법이기 때문이니라. 문수사리여, 이 『법화경』은 한량없는 국토에서조차 이름 듣기도 어려운 법이니, 하물며 얻어 읽고 외우고 설할 수 있음이야 어찌 말할 수 있으랴.

문수사리여, 비유하건대, 위세가 큰 전륜성왕이 온 나라를 항복받고자 할 때, 작은 나라왕들이 그 명령을 거역하면, 전륜성왕은 많은 군사를 일으켜 토벌하면서 그 전쟁 가운데 공이 있는 자를 보면 크게 기뻐하여 논밭과 집, 마을과 도시를 상으로 주고, 의복과 보물, 코끼리와 말, 남종과 여종, 수레와 인민까지도 하사하되, 단 하나, 자기 머릿속에 간직한 빛나는 보배구슬만은 주지 않나니, 이는 오직 왕의 이마에만 있는 단 하나뿐인 보물이기 때문이라. 그 보배를 하사한다면 온 궁궐이 놀라고 세상이 뒤흔들릴 것이기 때문이니라.

문수사리여, 여래도 이와 같으니라. 여래는 선정과 지혜의 힘으로 법의 국토를 얻게 되었고, 그 법을 따르지 않는 자를 교화하시되, 공이 있는 자를 만나면 환희하여 사부대중 가운데서 경을 설하고, 선정과 해탈, 번뇌 없는 청정한 법과 근력 있는 법을 주시며, '열반'이라 이름하는 멸도의 이치를 말하사 중생의 마음을 인도하시되, 다만 『법화경』만은 함부로 설하시지 않으셨느니라. 마치 전륜성왕이 오랫동안 이마에 간직한 보배구슬을 아무에게도 주지 않다가 때가 되어 비로소 하사하는 것과 같이, 여래께서도 삼계를 다스리는 큰 법왕으로서, 성인의 장군들이 오음마, 번뇌마, 사마와 함께 싸워 큰 공이 있는 것을 보고, 삼독의 사슬을 끊어 큰 공을 세운 자들을 보시고, 그 때에 여래께서 크게 환희하고 중생으로 하여금 일체 지혜에 이르게 하는 『법화경』을, 그 동안 온갖 세간의 원망 많고, 믿지 않아 먼저 설하지 못한 것을 이제야 설하시느니.

『법화경』은 여래들께서 깊이 간직하신 비밀한 법장이며, 모든 경 가운데 으뜸이니, 오랜 세월 엄중히 수호하여 왔고, 함부로 설하지 아니하다가 이제야 처음으로 너희에게 연설하는 것이니라."

그때 세존께서 이 뜻을 거듭 펴시려고 게송으로 말씀하셨다.

인욕을 항상 행하고
일체 중생을 불쌍히 여기면
거룩하신 부처님께서
찬탄하신 이 경전을
능히 연설할 수 있느니라.
말세의 탁한 세상에
이 경을 지닌 자 있거든
출가이건 재가이건
보살이 아닐지라도
자비한 마음을 낼지니라.
많은 중생 이 경을
듣지 못하고, 믿지 못해
큰 이익을 놓치려 하매
내가 부처 이루면
온갖 방편 써서라도
이 경을 설하리라.
비유하건대 큰 힘 가진
전륜성왕이 전쟁을
끝내고 공이 큰 신하에게
코끼리와 수레, 말을 주며
몸에 걸칠 장신구
논밭과 마을, 혹은 입을

옷가지와 가지가지 귀한 보배
노비와 재물들을
모두 기쁜 마음으로
나눠 주되, 용맹하게
잘 싸우며 어려운 일
능히 하면 마침내는
그 머릿속 비밀스런
보배 구슬도 풀어내어 주듯이
여래 또한 이와 같아
법계의 왕이 되시어
지혜와 인욕의 보배로
큰 자비로써 중생을 교화하니
중생들이 고통 속에
마군과 싸우는 모습
보시고 이들을 위로하려
온갖 방편을 써서 미묘한
이 경을 설하시니.
그때가 이르러서야
마지막으로 『법화경』을
설하시니
마치 전륜성왕이 머릿속
보배구슬을 꺼내 주듯
이 경은 모든 경전 가운데
가장 으뜸이며
부처님께서 항상 지키고

여태 드러내지 않으셨으나
지금 때가 이르러
너희에게 설하노라.
내가 멸도한 후에 불도를
구하는 자가 편안함을 얻어
이 경을 설하고자 하면
이와 같은 네 가지 법
마땅히 가까이할지니라.
이 경을 수지하는 이는
번뇌가 사라지고
병고가 멀어지며
얼굴빛은 아름다우리라.
비천하고 추잡하며
빈궁하게 나지 않고
빈궁한 삶 또한 면하리니
모든 중생들이 그를 우러러 보되
마치 성인을 보듯 하리라.
하늘과 동자들이 그를 받들고
또 받들며 칼이나 막대기로도
해하지 못하고 독약조차
해치지 못하리라.
혹 누군가 욕을 퍼붓는다면
그 입은 스스로 닫히고
사자왕과 같이 두려움 없으며
그 지혜의 광명은

태양빛 같으니라.
또한 꿈속에서조차 심오한
광경을 보게 되나니.
거룩하신 모든 여래께서
사자좌에 높이 앉으시고
비구대중이 둘러 앉아
설법하심을 친견하리라.
항아강의 모래만큼 많은
용과 야차, 아수라들이
모두 일심으로 합장하면
그들을 위해 법을 설하시고
여러부처님의 상은
그 몸이 황금빛으로 빛나는 상
한량없는 광명 놓아
일체를 환히 비추시며
범천 같은 청정한 음성으로
이 법 설하심을 듣게 되리라.
부처님께서 사부대중 위해
위없는 법 설하실 적에
자기 몸이 그 가운데
있는 것을 발견하고
법문 들어 기뻐하고
부처님을 찬탄하고
공양하며 다라니 얻고
불퇴지를 증득하니

부처님께서는 그 뜻을 아시고
"이 사람, 장차 위없는
도 성취하리라"
하시며 수기를 내리시리라.
"선남자들이여,
너희들은 미래세에
한량없는 지혜를 이루어
불도를 얻어 청정한 국토에 나고
사부대중은 모두 합장하여
네가 설하는 불법을 들으리라."
또 어떤 이는 스스로 산림에
들어가 고요히 머무르며
바른 법을 닦고 익혀
실상의 이치를 증득하리라.
깊은 선정에 들면서
시방의 부처님 친견하니
부처님 몸은 황금과 같고
백복으로 장엄하셨도다.
그 많은 부처님들 법을 듣고
사부대중위해 설법하는 꿈이 있네.
또 어떤 이는 국왕의 몸을
꿈속에서 얻어, 궁전과 권속
향락을 모두 다 버리고 떠나
보리수 아래 도량에 이르러
사자좌에 높이 앉아

칠일 간 선정에 드는 동안
불지혜를 성취하고
위없는 도 이루어 법륜을
잘 굴리고, 사부대중 위해
묘법을 설하리라.
이렇듯 천만억 겁 동안
무루의 묘법을 설하여
무량 중생을 제도하고
마침내 열반에 들게 될 때
등불이 꺼지고
연기마저 없으리라.
그 뒤 악세에 이 경을
설하는 이는 이와 같은
이익 얻고 공덕 또한
그와 같으리라.

# 15. 종지용출품

그때, 팔항아강의 모래 수만큼
많은 보살마하살들이 타방 국토에서
이 사바세계에 모여들었다.
이들은 대중 가운데서 일어나
합장하고 예배한 뒤 석가모니
부처님께 아뢰었다.

"세존이시여, 만일 저희에게
허락해 주신다면, 부처님께서
멸도하신 후 이 사바세계에 머무르며
정진하고 경전을 수호하며,
읽고 외우고 필사하고 공양하며
널리 설하겠습니다."

그러자 석가모니 부처님께서
이 여러 보살마하살들에게
말씀하셨다.

"그만두어라, 선남자들이여.
너희들이 굳이 이 사바세계에서
이 경을 수호하고자 애쓸 필요는
없느니라. 왜냐하면, 이 사바세계에는
이미 육만 항아강의 모래 수와도 같은
많은 제자들이 있어, 그들이 내가
멸도한 뒤에 이 경전을 받아 수호하고
널리 설할 것이기 때문이니라."

이 말씀이 끝나자, 사바세계
삼천대천의 모든 땅이 크게 진동하며
갈라지기 시작했다. 그 땅속에서
한량없는 천만억의 보살마하살들이
솟아나왔는데, 그 몸은 모두 금빛으로
빛났고, 삼십이상의 존귀한 모습과
헤아릴 수 없이 밝은 광명을 갖추고
있었다. 이 보살들은 사바세계 땅
아래 허공에 머물고 있다가, 석가모니

부처님의 설법하는 음성을 듣고 위로 솟아 나온 것이다.

각 보살들은 거느린 대중의 지도자로서, 저마다 육만 항아강의 모래 수에 해당하는 권속을 이끌고 있었다.

어떤 이들은 오만, 사만, 삼만, 이만, 일만, 혹은 일 항아강의 모래 수나 반 항아강의 모래 수, 또는 사분의 일 항아강의 모래 수의 권속을 데리고 있었으며, 혹은 천만억 나유타 분의 일이나, 천만억 나유타, 혹은 억만, 천만, 백만, 일만, 천, 백 명의 대중을 이끌기도 하였다. 어떤 이는 오직 혼자 수행하며 번거로움을 여의고 고요함을 즐기는 보살도 있었으니, 그 수는 한량없고 가없어 비유로도 헤아릴 수 없었다.

이 많은 보살 대중은 땅으로부터 솟아나, 허공에 떠 있는 칠보탑에 계신 다보여래와 석가모니불께 나아가 머리를 숙여 예배드렸다. 그리고 두 세존을 향해 오른쪽으로 세 번 돌며 합장하고 공경하였다. 그들은 다양한 방식으로 부처님을 찬탄하고, 기쁜 마음으로 한쪽에 물러나 두 부처님을 우러러보았다.

이러한 보살들의 찬탄이 이어지는 동안 오십 소겁이 지났다. 하지만 부처님께서는 한마디 말씀도 없이 조용히 앉아 계셨고, 모든 사부대중 또한 말없이 앉아 있었으며, 부처님의 신통력으로 인해 이 오십 소겁의 시간이 단지 한나절처럼 느껴졌다.

그때 사부대중은 허공 가득한 백천만억 국토의 보살들을 목격하였다.

그 가운데 네 명의 뛰어난 도사가 있었으니, 첫째는 상행보살, 둘째는 무변행보살, 셋째는 정행보살, 넷째는 안립행보살이었다.

이 네 보살은 대중의 우두머리로서 법을 설하는 지도자들이었다.

그들은 앞에 나아가 두 손을 합장하고 석가모니 부처님을 우러러보며 문안을 드렸다.

"세존이시여, 부디 병고 없이 평안하신지요? 중생을 제도하는 일에 피로함은 없으신지요?
가르침을 받은 이들이 세존의 뜻을
잘 받들고 있습니까?"

그리고는 이 네 큰 보살이 게송으로
찬탄을 이어갔다.

세존께서는
편안히 머무르시어
병고 없으시며
고통 또한 없으시고
중생을 교화하시되
피로하심조차 없으시며
또한 여러 중생들
교화를 잘 받아
거룩하신 세존께 피로케
하지 않았나이까.

그때 석가모니 부처님께서
보살 대중에게 말씀하셨다.

"그렇다, 선남자들이여. 여래는
편안하며 병도 없고, 괴로움도 없다.
중생들의 교화 또한 잘 이루어지고
있어, 피로함도 없느니라.

왜냐하면 오랜 세월 동안
이 중생들이 나의 가르침을 끊임없이
받아 왔고, 과거의 수많은 부처님을
공경하며 선근을 깊이 심어 왔기
때문이니라.
이러한 중생들은 처음으로
나의 몸을 보고, 나의 설법을 들은
그 순간부터 마음을 열어 믿고 받아,
여래의 지혜에 이르렀느니라.
단, 처음 배운 소승에 머물러 익힌
자들은 제외되느니라.
그러므로 나는 이와 같은 중생들을
위하여 이 경을 설해 부처님의
지혜에 들게 하리라."

그때 여러 큰 보살들이 게송으로
말씀드렸다.

거룩하신 대웅 세존께옵서
헤아릴 수 없이 많은
중생들을 능히 제도하시니
그 마음이 깊고도 깊어
불지혜를 품은 이들조차
부처님 앞에 나아와
의심 없이 믿사옵니다.

그들이 법문을 듣고
곧장 믿고 행하니
저희 또한 기쁘옵니다.

그때 세존께서, 대중 가운데 우두머리 되는 여러 큰 보살들을 향하여 찬탄의 말씀을 전하셨다.

"훌륭하고 또 훌륭하도다,
선남자들이여.
너희들은 여래의 뜻을 깊이 따르며
기쁜 마음을 내었도다."

그때 미륵보살마하살과 팔천 항아강의 모래 수와 같은 많은 보살들이, 마음속으로 이렇게 생각하였다.
'우리는 지금껏 이처럼 한량없는 보살마하살이 대지로부터 솟아나 세존 앞에 나아와 합장하고 예배하며 공양하고 문안드리는 것을 들어본 적도, 본 적도 없거늘, 이는 어찌된 일인가?'
이에 미륵보살마하살은, 팔천 항아강의 모래처럼 많은 보살들의 의심을 알아차리고,
또한 스스로의 의혹도 밝히기 위해,
부처님께 나아가 합장한 뒤,
게송으로 여쭈었다.

한량없는 천만억
보살 대중 모였도다.
이토록 많은 보살들
일찍이 본 적 없네.
거룩하신 양족존이여
그 인연을 설해 주소서.
어디서 이리 오셨으며
어떤 인연으로 왔나이까.
큰 몸과 큰 신통력
지혜 또한 헤아림 없고
굳센 뜻과 인욕 힘에
중생들 우러러 보옵니다.
하나하나 보살마다
거느린 무리 가득하니
항아강 같아 그 수를
다 셀 수 없네.
혹은 육만 항아강의
모래같이 많은 권속
거느린 보살, 혹은
오만 항하사의 따르는 이

그 수가 더욱많아
사만이나 삼만이나
이만, 일만이며
천, 백내지 일항하사의
반분이나 삼, 사분
내지 억만분의 일이며
천만의 나유타며
만억의 여러 제자
거느린 반억이
그 수보다 더 많고
백만 내지 일만이며
일천 내지 일백과
오십에서 십을 지나
삼, 이, 일을 거느리며
홀로 오신 분도
그 수도 실로 많사와
이와 같이 많은 대중
숫자로 헤아리려
항하사 겁 다해도
능히 알지 못하며
세존 앞에 나아와서
머리 조아려 공경하니
이 많은 대보살들
누가 설법하여
교화 성취 해 주었고

누구 따라 발심하고
무슨 불법 따라 배우며
어느 경전 수지했으며
어떤 불도 닦아 오며
이렇게 많은 보살
신통력과 큰 지혜로
사방 대지 진동하니
땅 갈라져 솟아나고
홀연히 땅에서 솟은
그 인연 설하소서.
시방 세계 다녀 보아도
이 같은 무리 못 보았고
더구나 그 이름조차
아는 이가 하나 없네.
세존이여, 자비를 베푸시어
이 인연을 풀어 주소서.
무량한 위덕 지닌 자들
어디서 와 누구며
어느 국토 지나와서
무슨 서원을 품었는지
저희들은 알고 싶사오며
이 많은 보살 대중의 본말
인연 헤아리며
한 마음 모아 청하오니
거룩하신 세존께서

**오직 설해 주옵소서.**

그때 석가모니불의 분신이신, 무량한 천만억의 타방 국토의 부처님들께서 각기 팔방의 보리수 아래에 놓인 사자좌 위에, 엄숙히 가부좌를 틀고 앉으셨다.
그 곁을 따르던 사자들, 곧 그 부처님의 보살 권속들도, 삼천대천세계의 대지에서 솟아올라, 허공에 머물러 있는 보살들의 모습 보고 그들 부처님께 여쭈었다.

"세존이시여,
저 무량무수 아승기 보살들은 어디에서 오신 분들입니까?"

이에 여러 부처님들께서 사자들에게 말씀하셨다.

"선남자들이여, 잠시 기다려라.
이 일은 '미륵'이라 불리는 보살이 이미 석가모니불의 수기를 받고 다음에 성불하리라. 그 보살이 이 일을 이미 물었으니, 석가모니불께서 답하실 것이다.
너희들도 그 말씀 듣게 되리라."

그때 석가모니불께서 미륵보살에게 말씀하셨다.

"훌륭하도다, 훌륭하도다,
미륵보살이여, 그대는 지금,
참으로 위대한 물음을 하였도다.
그러니 너희들은 지금 일심으로 정진하고, 흔들림 없는 굳센 뜻을 내도록 하라.
이제 여래는 모든 부처님의 지혜와 걸림 없는 신통력, 더할 나위 없는 원만한 힘, 그리고 용맹한 위덕과 크나큰 세력을 드러내어 보이리라."

그때 세존께서 이 뜻을 거듭 펴시고자 게송으로 말씀하셨다.

일심으로 정진하라.
이 경 설하리니
참된 믿음 내어 보라.
불지혜는 깊고 깊어
헤아림이 어렵도다.

인욕 속에 잘 머물면
미증유의 법을 들으리라.
의심도, 두려움도
마음에서 거두어라.
부처님은 참되시고
지혜 또한 한량없네.
얻으신 법 제일이며
분별하기 어렵지만
지금 여기 설하시니
너희 모두 잘 들으라.

그때 세존께서 이 게송을
모두 마치시고, 다시 미륵보살에게
말씀하셨다.

"미륵이여, 나는 지금
이 대중 가운데서 분명히 말하노라.
그대가 오늘 본 바와 같은,
무량무수한 아승기 보살마하살들이
이 대지로부터 솟아오르는 광경은
너희들이 일찍이 본 적도,
들은 적도 없을 것이니라.
이 보살들은 다름 아닌,
내가 이 사바세계에서
아뇩다라삼먁삼보리를 이룬 이래

직접 교화하고, 이끌고, 가르치고,
그 마음을 조복받아 도심을 일으키게
한 이들이다.
이들은 지금도 사바세계 아래
허공에 머무르며, 깊은 마음으로
경전을 읽고 외우고 통달하며,
사유하고 분별하여 정견을 닦고
있느니라.
미륵이여, 이 여러 선남자들은
대중 속에서 설법하며
이름을 드러내기를 즐기지 않고,
늘 조용한 곳을 찾아 쉬지
않고 부지런히 정진하는 삶을
살아왔느니라.
그들은 인간이나 하늘의 복을
좇지 않고, 깊은 지혜에 거침이
없으며, 여러 부처님 법을 즐겨
오직 일심으로 위없는 지혜를
구했느니라."

그때 세존께서 이 뜻을 거듭
펴시려고 게송으로 말씀하셨다.

미륵이여, 바로 알라.
한량없는 이 보살들

무수한 겁 지내오는
불지혜를 익혔으며
내가 모두 교화하여
큰 도심을 일으켰고
그들은 나의 아들이며
이 세계서 머물렀네.
두타의 일 행하며
고요함에 기뻐하고
소란함을 멀리하며
설법조차 삼가도다.
이와 같은 많은 아들
내 도법을 익히며
부처님 도 구하려고
밤낮으로 정진하네.
사바 아래 허공 속에
머물며, 뜻과 맘 늘 견고해
지혜 법을 구하도다.
두려움 없이 구하며
법을 찾아 나아가며
가야성 보리수 아래
최정각을 이루었네.
법륜 굴려 설법하고
이들을 다 교화하니
도심 처음 일으키어
불퇴지에 머물러서
모두 부처 되리라.
너희 모두 믿을지니
이 대중은 오래 전부터
내가 교화한 대중들이다.

그때 미륵보살마하살과 무수히 많은 보살들은 지금껏 한 번도 본 적 없는 경이로운 광경 앞에서 마음속 의심을 일으켰다. '세존께서는 도를 이루신 지 오래지 않으시거늘, 어찌하여 이토록 짧은 시간 안에 무량무수한 아승기의 보살들을 교화하사 그들로 하여금 아뇩다라삼먁삼보리에 머물게 하셨단 말인가?' 미륵보살은 석가모니 부처님께 정중히 여쭈었다.

"세존이시여, 태자로 계실 적, 석씨 왕성을 떠나 가야성 근처의 도량에서 아뇩다라삼먁삼보리를 이루시고, 지금까지의 시간이라 해도 겨우 사십여 년에 지나지 않사온데, 세존께서는 어떻게 이 짧은 세월에 무량한 보살을 교화하여 부처님 길에 들게 하셨나이까?
세존이시여, 이 보살들의 수효는
비록 누가 천만억 겁을 두고
셈한다 한들 결코 다 헤아릴 수 없을
것입니다.
여러 부처님들께서도 항상
말씀하시기를
'보살들은 오랜 세월 선근을 심고,
정진을 멈추지 않으며,
무수한 범행을 닦아 왔다'고
하시건만, 오늘의 이 일은 참으로
믿기 어려운 일이옵니다.
세존이시여, 이를 비유하건대,
한창 젊은 스무다섯의 청년이
백세 노인을 가리켜 '내 아들'이라
말하고, 그 백세 노인이 도리어
그 젊은이를 가리켜 '내 아버지'라
말한다면, 이 세상 사람들이 이를
어찌 쉽게 믿겠나이까?
오늘 부처님께서는 도를 이루신 지
오래지 않으셨건만,
이 많은 보살들은 한량없는
천만억 겁을 두고 정진을 이어오며,
백천만억의 삼매에 능히 들고 나며
머물러, 신통의 힘을 익히고 익혀온
자들이옵니다.
그들은 차례차례 깊은 법을 배워,
선법을 몸에 익혔으며, 문답에 뛰어나
인간 세상에서 진정한 보배요,
일체 세간에서 만나기 어려운
존재이옵니다.
그러한 이들이 어찌 부처님께서 도를
이루신 직후 바로 교화되었다고 하실
수 있겠나이까?
세존께서 하시는 법문은 한결같이
참되고 거짓 없음을 저희는 믿사오며,
부처님 말씀 또한 실로 허망함이
없음을 믿사오나,
앞으로 부처님께서 멸도하신 후,
이 법을 듣게 될 많은 중생들 가운데,
혹여 믿지 않거나 받아들이지 않고,
나아가 법을 훼손하는 죄를 지을 자가
있을까 깊이 두렵사옵니다.
원하옵건대, 세존이시여,
이 의혹을 밝히 풀어주시어 지금
이 자리에 함께한 저희는 물론,
미래세의 선남자들도 이 말씀 듣고
의심을 일으키지 않도록 하여
주옵소서."
그때 미륵보살은 이 뜻을 거듭 펴고자

게송으로 말하였다.

석가세존 옛 시절에
석씨 왕성에서 출가하시고
가야성 가까운 곳
보리수 아래 앉으시니
그렇게 짧은 세월 교화한
불자들 한량없어.
그 수가 불가사의라
신통력을 갖춘 이들
보살도를 닦은 이들
세속법에 물들지 않고
연꽃처럼 청정하네.
땅을 뚫고 솟아나서
세존 앞에 머물며
지극정성 공경하니
그 일이 참 부사의라.
그리 많은 보살들이
부처님 도 이루신 걸
어찌하여 믿으리까.
세월이 짧지 않으신가
성취하신 불사들이
크고 깊어 넓은데
의심 많은 중생 위해
진실되게 밝혀 주소서.

비유하면 스물다섯 1
젊은 청년이 2
백발 노인을 가리켜 3
"이 사람은 내 자식이다. 4
내가 바로 그 아버지" 5
아비 젊고 자식 늙어 6
세상 누가 믿으리까. 7
세존 또한 이와 같아 8
도 이루신 지 얼마 안 돼 9
그런데도 많은 보살 10
뜻이 굳고 두려움 없고 11
무량겁을 닦은 듯이 12
문답에도 막힘 없네. 13
인욕 닦아 결정되고 14
정진하여 위덕 갖추고 15
시방 부처 찬탄하고 16
미묘한 법 잘 설하며 17
시끄러운 중생 피해 18
항상 선정 즐겨하고 19
불도 구해 머물기를 20
허공 아래 삼고 있네. 21
저희들도 이제 듣고 22
의심들을 지웠사오니 23
미래 중생 위하여서 24
그 연유 밝혀 주소서. 25

만일 어떤 중생이

이 경전을 의심하여

믿지 않으면

악도 중에 떨어져서

긴 고통 받게 되니

세존이시여 바라오니,

자비로이 밝혀 주소서.

그리도 짧은 세월

무량한 그 보살들

어찌하여 교화하여

불퇴지에 들게 했나이까?

# 16. 여래수량품

그때 석가모니 부처님께서는 여러 보살들과 일체의 대중을 향하여 이렇게 말씀하셨다.

"선남자들이여, 너희들은 마땅히 여래의 진실한 말씀을 믿고 이해하라."

또 다시 대중을 향해 석가모니 부처님께서 말씀하셨다.

"너희들은 마땅히 여래의 진실한 말씀을 믿고 이해하라."

거듭하여 석가모니 부처님께서는 다시 대중을 향해 말씀하셨다.

"너희들은 마땅히 여래의 진실한 말씀을 믿고 이해하라."

그때 보살 대중 가운데 미륵보살이 우두머리가 되어, 합장하고 부처님께 공경히 여쭈었다.

"세존이시여, 원하옵건대 설하여 주옵소서. 저희들은 부처님의 말씀을 깊이 믿고 받들겠나이다.
이와 같이 세 번이나 청하오니, 세존이시여, 부디 말씀해 주시옵소서. 저희들은 반드시 부처님의 말씀을 믿고 받들겠습니다."

그때 석가모니 부처님께서는, 여러 보살들이 세 번이나 간절히 청하고 멈추지 않을 것을 아시고 답하여 말씀하셨다.

"너희들은 이제 여래의 비밀한
신통력을 깊이 듣고 알아야 하느니라.
온 세간의 하늘과 인간,
아수라를 비롯한 모든 중생들은
석가모니불이 석씨 왕성을 나와
가야성 가까운 도량에 앉아
아뇩다라삼먁삼보리를 이룬 줄로만
알고 있느니라.
그러나 선남자들이여,
내가 진실로 성불한 때는
이미 한량없고 가없는 백천만억
나유타 겁을 지났느니라.
비유컨대, 오백천만억 나유타
아승기의 삼천대천세계를 어떤 이가
모두 가는 티끌로 만들어 가지고
동방으로 나아가되, 오백천만억
나유타 아승기의 국토를 지날 때마다
한 알의 티끌을 떨어뜨리고 간다고
하자.
이렇게 티끌을 흘리며 동방으로
나아가 그 모든 티끌이 다해버린 뒤,
그 사람이 지나온 국토의 수효를
너희들은 과연 셈할 수 있겠느냐?"


그때 미륵보살을 비롯한 많은
보살들이 석가모니 부처님께
답하였다.

"세존이시여,
말씀하신 그 국토는 참으로 한량없고
가없사와, 산술로도 헤아릴 수 없고,
생각으로도 미칠 수 없나이다.
또한 일체 성문과 벽지불이 번뇌를
여읜 지혜로써 깊이 사유한다 하여도
그 끝과 경계를 알 수 없사오며,
저희들이 아유월치의 경지에
이른다 하여도 이 일은 도무지 알 수
없나이다.
그러므로 세존이시여, 이와 같이
말씀하신 국토의 수효는 참으로
헤아릴 수 없고, 비유로도 다할 수
없으며, 한량없고 가이없나이다."


그때 석가모니 부처님께서 보살
대중들에게 말씀하셨다.

"선남자들이여,
이제 너희에게 분명히 말하노라.
만일 어떤 이가 먼 하늘 아래 수없는
국토를 지나갈 때마다 티끌 하나를

떨어뜨렸다고 하자.
그 떨어뜨린 곳과 그렇지 않은
모든 국토를 모두 티끌로 만들고,
그 하나하나를 일겁이라 하여도,
내가 성불한 때는 그보다도
더 오래되었느니라.
백천만억 나유타 아승기겁보다
더더욱 멀고 먼 옛날이니라.
그로부터 지금까지,
나는 늘 이 사바세계에 머물러
끊임없이 설법하며 중생을
교화하였고,
또한 수없는 국토에서 중생을
인도하여 이롭게 하였느니라.
그 사이, 나는 연등불 부처님을
설했고 그의 열반도 설하였지만,
이 모두는 다만 방편으로
분별한 것이니라.
선남자들이여, 어떤 중생이 나를
찾아오면 나는 부처의 눈으로
그 믿음과 근기의 예리함과 둔함을
살펴본다.
그리고 그에 알맞은 때와 방식으로,
그에 맞는 이름으로, 그에 맞는
시기로, 그를 이끌어 설법하되,

때로는 나의 출현을,
때로는 나의 열반을 이야기하느니라.
그리하여 여러 방편으로
미묘한 법을 펼쳐, 중생들이
마음속에서 환희를 일으키고
도에 들도록 하느니라.
선남자들이여,
여래는 이 세상 중생들이 작고
얕은 법을 좋아하고, 공덕이 얕으며
업장이 깊음을 알거늘.
그들을 위해 나는 젊은 나이에
출가하여 아뇩다라삼먁삼보리를
얻었다고 말하였노라.
하지만 실제로 내가 성불한 지는
그보다 훨씬 오래된 일이니라.
이 또한 방편이요, 중생을 교화하여
부처님의 도에 이르게 하려고
이렇게 말하였느니라.
선남자들이여, 여래가 설한 경전은
모두 중생을 제도하기 위한 것이니,
자신의 몸을 설하거나,
다른 이의 몸을 말하거나,
자신의 모습을 보이거나,
다른 이의 모습을 보이거나,
자신의 일을 말하거나,

다른 이의 일을 보일지라도.
그 모든 말은 허망함이 없느니라.
왜냐하면, 여래는 삼계의 모습을
참되게 꿰뚫어 보아
'나는 난 적도, 멸한 적도 없으며
오고 감도 없고, 태어남도, 죽음도
없으며, 진실도 허망도 아니고,
같지도 다르지도 않다'는 것을
아나니, 삼계를 삼계 같지 않게
본다 하더라도 이런 일을 여래는
밝게 보아 그릇됨이 없지만,
그러나 중생들은 성품과 욕망과
행위와 분별이 제각기 다르므로,
나는 그들에게 선근을 심게 하려고
여러 인연과 비유, 이야기와 방편으로
다양한 법을 설하며, 한순간도 쉬지
않고 부처님의 일을 해 왔느니라.
이와 같이, 나는 성불한 지
매우 오래되어 수명이 한량없는
아승기겁이지만, 그 긴 시간 동안
항상 존재하며, 멸하지 않느니라.
선남자들이여, 내가 본래 보살도의
길을 걸어 이루어온 한량없는 수명은
지금도 다하지 않았으며,
앞서 말한 그 긴 겁의 수를 여러 겁
더한 시간만큼 나는 여전히 존재하고
있느니라.
그럼에도 참 멸도가 아닌 것을
방편으로써 멸도를 취한다고
말하나니, 여래는 이런 방편으로
중생을 교화하느니라.
만일 여래가 이 세상에 오래도록
머문다고 말한다면, 덕이 얇고 공덕이
빈약한 이들은 선근을 심지 않고,
세속의 오욕에 빠져 허망한 그물에
걸려들 것이기 때문이니라.
또한 만일 여래가 멸도하지 않고
항상 존재한다는 것을 알게 되면,
사람들은 교만한 마음을 내고,
귀히 여기는 마음을 잃으며,
게으름에 빠져 만나기 어려운 존재로
여기지 않게 되리라.
그러므로 나는 방편으로 '여래는
멸도하였다'고 말하였느니라.
비구들이여, 마땅히 알아야 하느니라.
여러 부처님께서 이 세상에
출현하심은 참으로 만나기 어려운
인연이니, 이런 부처님을 보는 일은
한 생에 한 번조차 얻기 어려운
복이니라.

그러므로, 내가 멸도하였다고 들은
중생들은 그 말 속에서 '부처님을
다시 뵙기는 참으로 어려운
일이로구나' 하는 간절한 생각을
품고, 그리움과 경외의 마음으로
마침내 그 마음에 선근을 심게
되리라.
그러므로 여래는 실제로는 멸도하지
않았으되, 멸도하였다고 말하는
것이오.
이는 다만 중생을 교화하기 위한
방편이며, 그 방편 또한 거짓됨이
없느니라.
선남자들이여, 모든 부처님,
모든 여래의 법은 이와 다르지 않다.
중생을 제도하기 위한 그 모든
가르침은 진실이오, 허망함이
없느니라.
비유하자면, 어떤 지혜롭고
총명한 의사가 있어 수많은 병을
다스리는 훌륭한 처방과
약을 잘 아는 이가 있었느니라.
그에게는 열 명, 스무 명,
많게는 백 명에 이르는 사랑하는
자식들이 있었으니, 어느 날 아버지는
먼 나라에 볼일을 보러 떠났고,
그 사이 아이들은 실수로 독약을 마셔
그 기운이 온몸에 퍼지고,
정신은 흐려져 땅에 쓰러지고
말았느니라.
때마침 아버지가 집으로 돌아왔을 때,
아이들은 독의 중독으로 본래의
마음을 잃은 자도 있었고,
아직 본심을 지닌 이도 있었더라.
멀리서 아버지를 알아본 아이들은
환희심을 품고 달려와 무릎 꿇고
머리 숙이며 말하였다.
'아버지, 무사히 다녀오셨습니까?
저희가 어리석어 독을 마시고
병들었으니 자비를 베푸시어 저희를
구해주소서.'
아버지는 아이들의 고통을 헤아리고
빛과 향기와 맛을 고루 갖춘 훌륭한
약을 만들어 정성껏 찧고, 고운 체로
거른 뒤 그들에게 건네며 말하였다.
'이 약은 먹으면 곧 병이 낫고,
다시는 앓지 않게 되리라.'
본심을 잃지 않았던 자식들은
그 말에 기꺼이 약을 먹고 병을
나았지만, 본심을 잃은 아이들은

아버지를 보고 기뻐하며 인사를
드리면서도 그 좋은 약을 받아들이지
않았느니라.
그들은 약의 효능을 의심하였고,
눈앞의 고통보다 마음속의 혼란이
더 컸던 것이니라.
그 모습을 본 아버지는 가엾은
자식들을 걱정하며 생각하였다.
'이 아이들이 약을 먹지 않으니,
방편을 써서 그들의 마음을 돌려야
하리라.'
그리고 이렇게 말하였느니라.
'나는 이제 늙고 병들어 곧 이 세상을
떠날 것이다.
하지만 이 좋은 약은 이곳에
남겨두겠노라. 너희는 의심하지
말고 이 약을 먹어라.'
그리고는 먼 나라로 떠난 뒤,
본집에 사자를 보내어 아이들에게
'아버지는 이미 세상을 떠나셨다'고
전하게 하였느니라.
아이들은 이 소식을 듣고 크게
슬퍼하며 탄식하였다.
'이제 아버지를 다시 뵐 수 없구나.
그분이 계셨다면 우리를 구해
주셨으련만 이제 우리를 떠나
멀리 타국에서 세상을 떠나셨으니
우리는 외롭구나.
이제는 다시 모실 수도 없도다.'
그 슬픔 속에서 마침내 마음이
맑아지고 아버지가 남긴 약의 빛과
향기와 맛을 진실로 알아차리고
그 약을 먹어 마침내 병이
나았느니라.
그제야 아버지는 다시 아이들
곁으로 돌아와 참으로 그들과 다시
만났느니라.
선남자들이여, 그 의사는 거짓을 말한
것이 아니요, 자식들을 살리기 위한
방편의 말씀이었느니라.
이와 마찬가지로, 나도 성불한 지
한량없고 가엾는 나유타 아승기겁이
지났지만, 중생을 교화하기 위해
때로는 '나는 멸도하였다'고
말하였느니라.
그러나 나의 이 말 또한 진실의 도를
어긴 것이 아니니, 법에 따라
방편을 행하였을 뿐, 결코 허망하거나
허물이 있는 것이 아니니라."

그때 세존께서 이 뜻을 거듭
펴시려고 게송으로 말씀하셨다.

내 스스로 성불하여
지나온 그 겁수는
한량없는 백천억 겁
아승기로 헤아리네.
설법하여 교화한 중생
그 수 또한 무량하여
불도에 들게 하였고
중생을 위하여 말하되
나는 열반 들었다 하나
실상은 멸하지 않고
늘 이 법을 설하도다.
이 곳에 항상 머물며
신통으로 힘을 내어
뒤바뀐 중생, 가까이서
이끌도다.
내 멸도를 본 이들은
사리탑에 공양하고
그리움 품은 마음으로
다시 보고자 바라며
진심으로 나를 믿고
부드러운 뜻을 내어
목숨조차 아끼지 않고

부처님 뵙길 원하도다.
그때 나는 대중과 함께
영취산에 나타나서
중생들에 말하기를
나는 항상 불멸하여
이곳에 머물지만
오직 방편으로
멸과 또한 불멸을
나타내어 보이느니라.
다른 국토 중생들은
공경하여 믿을진대
내 다시 그 가운데서
무상법을 설하리니
멸도라 말하더라도
실로 멸한 바 없느니라.
중생들의 고통 보고
몸을 감추어 은신하고
그리운 맘 일으키면
다시 나타나 설하리니.
이것이 곧 신통력
아승기 오랜 겁에
영취산과 다른 곳에
머물러 있나니라.
중생이 겁 다하여
모든 것이 불탈때도

나의 이 국토는
안온하고 평화로워
하늘 인간 충만하여
동산 수풀 여러 당각
아름답게 장엄하고
보배나무 꽃이 피어
중생들은 유락하고
천신들은 북을 치며
기악으로 노래하고
만다라꽃 흩뿌리네.
부처와 대중 향하여
꽃비 내려 공양하고,
나의 정토 세계는
허물어짐이 없으되
중생들은 불바다에 타는 듯해,
고통과 근심 가득함을
이곳에서 내가 보도다.
죄 많은 이 중생들
악업의 인연 따라
아승기의 긴 세월
삼보 이름 못 듣도다.
공덕 쌓은 선한 이
부드럽고 곧은 마음
이 몸이 설하는 법을
모두 다 보며

그런 중생 위하여
때때로 말하였나니
"부처 수명은 길고
무량하여 끝이 없다."
오래도록 부처님 뵌
이들이 있다 해도
"부처님은 희유하여,
친견하기 어렵도다."
내 지혜 무량하여 광명 또한
다함 없고 내 수명 끝이 없으니
오래 닦은 업의 힘이라.
지혜 있는 모든 이여
의심 말고 믿을지어다.
죄업을 영원히 끊고
진실한 법 따를지니
어진 의사 방편으로
아픈 자식 구원하려
"아비 죽었다" 말해도
허망한 것 아니듯이
나 또한 이와 같아
뒤바뀐 범부 위해
고통을 건지려
거짓 멸도 말하나니
항상 나를 보게 된다면
교만과 오욕 일어나고

탐욕 깊이 빠져들어

악한 길에 떨어지리.

나는 중생의 행을 알고

누구를 제도할지 아나니

각기 다른 그 근기에

방편 따라 설법하리.

늘 하는 나의 생각

"어이하여 이 중생들

무상지혜 얻게 하여

속히 성불토록 할까?"

# 17. 분별공덕품

그때, 거룩한 법회에 모인 대중은 부처님의 수명이 이처럼 헤아릴 수 없이 장구하다는 말씀을 들었다. 이에 한량없고 가없는 아승기의 중생들이 이익을 얻고 깊은 깨달음을 얻었다.
그때 석가모니 부처님께서 미륵보살에게 말씀하셨다.

"미륵이여, 이제 너에게 분명히 말하노라.
내가 여래의 수명이 이토록 장원하다고 설할 때, 육백팔십만억 나유타, 항하강의 모래처럼 무수한 보살들이 무생법인을 득하였으며, 그 천 배에 이르는 보살마하살은 문지다라니를 얻었고, 일세계의 티끌 수만큼 많은 보살들은 걸림 없는 변재를 얻게 되었으며, 또 일세계의 티끌 수만큼 많은 보살들은 백천만억의 선다라니를 얻었느니라. 삼천대천세계의 티끌 수만큼 많은 보살들은 물러남 없는 법륜을 능히 굴리게 되었고, 이천중국토의 티끌 수만큼의 보살들은 청정한 법륜을 능히 굴리게 되었으며, 소천국토의 티끌만큼 많은 보살들은 팔생 만에 아뇩다라삼먁삼보리를 얻었으며, 또한 사천하의 티끌 수만큼 보살은 사생 안에, 세 사천하의 티끌 수만큼 보살은 삼생 안에, 두 사천하의 티끌 수만큼 보살은 이생 안에, 한 사천하의 티끌 수만큼 보살은 금생 안에 아뇩다라삼먁삼보리를 이루게 되었으며,

또한, 팔세계의 티끌 수만큼 많은 중생들이 아뇩다라삼먁삼보리의 마음을 일으켰느니라."

부처님께서 이렇게 무량한 보살들이 지극한 법의 이익을 얻었다고 말씀하실 때, 하늘에서는 만다라꽃과 마하만다라꽃이 쏟아져 내렸고, 수없이 많은 보리수 아래 사자좌에 앉은 모든 부처님들 위에 흩날렸으며, 칠보탑 속 석가모니 부처님과 다보여래의 사자좌 위에도 뿌려졌다. 하늘에서는 가늘게 빻은 전단향과 침수향이 비처럼 내리고, 허공에서는 스스로 하늘의 북이 울려 퍼져 미묘한 법음이 사방 세계에 퍼졌으며, 천 개, 만 개의 하늘옷이 비처럼 내렸다. 또한 진주영락, 마니주, 여의보주 등의 보배 장엄들이 구방에 고루 드리워졌고, 보배 향로에서는 귀한 향기가 피어올라 법회를 공양하고 있었다. 이 장엄한 경계 가운데, 보살들은 일제히 부처님 앞에 나아가 번개를 들고 범천궁까지 올라 한량없는 게송을 미묘한 음성으로 노래 부르며 모든 부처님을 찬탄하였다. 이때 미륵보살은 자리에서 일어나 오른쪽 어깨를 드러내고, 부처님을 향해 게송을 말하였다.

부처님 설하신 법
다시 없이 희유하고
저희들 예전에는
듣지 못한 바입니다.
세존의 큰 위신력
그 수명도 무량하여
한량없는 그 제자들
법문 따라 이익 얻고
부처님의 도 들어
크게 성취하네.
이 말씀을 들은 저희
환희심 젖어
불퇴지 얻게 되고
다라니도 얻었으며
걸림없는 요설이요
한량없는 선총지요
대천의 온갖 세계
티끌 같은 보살들도

불퇴지 큰 법륜
능히 굴릴 수 있으며
중천세계 티끌 같은
보살들도 청정한 그 법 바퀴
능히 잘 굴리나이다.
소천세계 그 가운데
티끌 같은 보살들은
팔생 내에 각각 모두
불도 이룰 이들이며
또한 사천하의 티끌 같은
보살들도 그 수만큼 각각
모두 성불하네.
혹은 한 사천하 속에
티끌 같은 보살들도
남은 일생 다하기 전
일체지를 이루었고
이와 같은 중생들이
부처님의 수명 듣고
번뇌 없는 청정 과보
크게 얻었으며 또한
팔세계 티끌 같은
무수한 그 중생도
부처님의 수명 듣고
무상심을 일으켰네.
세존께서 설하신 법

한량없고 부사의라
중생에게 준 이익
허공같이 끝이 없네.
설법하실 그때에 만다라
마하만다라 꽃비
내려 흩날리고
항하사 같은 석범들이
곳곳마다 다 모이며
전단 침수 향가루 뿌려져
하늘 새처럼 퍼지네.
그 향으로 공양하며
여러 부처 찬탄하네.
하늘 위엔 하늘북이
묘한 음성 스스로 내고
천만억의 하늘 옷이
둥글게 흘러내리며
값도 모를 보배 향로
높이 들고 향 불태우니
온 하늘이 향기롭네.
여러 세존 공양하며
그 보살의 대중들은
만억 가지 장엄함에
칠보 번개 손에 들고
차례차례 범천 올라
한 부처씩 마주하고

보배 당번 드리우고
천만 가지 게송으로
여러 찬탄 노래하네.
이와 같은 모든 일이
전에 없던 미증유라.
부처님의 긴 수명 듣고
한결같이 환희하네.
세존의 이름 널리 퍼져
무수 중생 이익 얻게
일체 선근 구족하고
무상심을 돕나이다.

그때 석가모니 부처님께서
미륵보살에게 말씀하셨다.

"미륵이여, 만일 어떤 중생이
여래의 수명이 이처럼 무량하고
장구하다는 말씀을 듣고, 한 생각,
한 마음으로 믿고 받아들여 바르게
이해한다면, 그가 얻게 될 공덕은
실로 헤아릴 수 없느니라.
만일 어떤 선남자, 선여인이
아뇩다라삼먁삼보리를 위하여
팔십만억 나유타 겁 동안
오바라밀인, 단바라밀과

시라바라밀, 찬제바라밀과
비리야바라밀, 선바라밀만을 행하되,
반야바라밀은 제외하고
그 공덕이 아무리 크다 하여도
앞서 말한 공덕과 비교하면
백 분의 일에도 미치지 못하며
천 분의 일에도 미치지 못하며
억만분의 일에도 미치지 못하니라.
그 크고 작은 차이는 어떠한 수나
비유로도 결코 헤아릴 수 없느니라.
그러므로 이러한 공덕을 지닌
선남자와 선여인은 결코 물러서지
아니하느니라."

그때 석가모니 부처님께서 이 뜻을
거듭 펴시려고 게송으로 말씀하셨다.

만일 어떤 사람이
불지혜를 구하려 할 적에
팔십만억 나유타 겁 동안
오바라밀 행하되
그 오랜 세월 동안
부처님과 연각의 제자
그리고 여러 보살 대중에게
좋은 의복과 좋은 음식을

아름다운 침구들과
전단향으로 지은 정사
장엄스러운 동산들을
보시하고 공양하며
갖가지 미묘한 것들을
이와 같이 보시하여
그 많은 겁을 다 채우고
불도의 길로 회향하고
혹은 청정한 계를 지녀
조금도 결핍됨이 없고
위없는 도를 구함으로써
여러 부처님께 찬탄 받고
혹은 인욕을 다시 닦아
부드러운 땅에 머물러
많은 악을 가하여도
그 마음이 흔들리지 않으며
삿된 법에 걸린 이가
증오와 교만을 품고
경멸하며 괴롭히더라도
이를 능히 참아내며
부지런히 정진하여
뜻과 생각을 굳게 세우고
한량없는 억겁 동안
게으르지 않고 쉬지 않으며
수없이 오랜 겁에

한가한 곳에 머물러
혹은 앉고, 혹은 거닐며
잠들지 않고 마음을 닦아
이러한 인연으로 말미암아
여러 선정이 생겨나고
팔십억만 겁 동안
마음 편안히 머무르며
이와 같은 복을 의지하여
위없는 도를 구하고
일체의 지혜를 내가 얻어
모든 선정을 성취하리라.
이와 같이 많은 사람들이
백천만억 겁 동안
무수한 공덕을 닦았다 하여도
위에 말한 것과 같거늘
만일 선남자, 선여인이
나의 수명을 설하는 법문을 듣고
일념으로 믿는다면
그 복이 더욱 크도다.
혹 어떤 사람이
의심 하나 내지 않고
잠시라도 깊이 믿는다면
그 복 또한 이러하니라.
많은 보살들이 무량한 겁 동안
도를 행하다가

나의 수명 설함을 듣고
믿어 받아 지니면
이와 같은 이들은
이 경전을 받들어 모시며
미래의 중생을 제도하기를
오래도록 이어가리라.
오늘날 세존께서
도량에 나아가시어
사자후로 법을 설하심에
두려움이 없으리라.
우리 또한 미래세에
일체의 존경을 받으며
도량에서 법을 설하고
그 수명도 같기를 원하노라.
마음을 깊이 믿는 이는
청정하고 곧으며
많이 듣고 잘 지녀서
부처님 말씀을 깨달으면
앞으로 오는 세상에서
부처님과 같은 수명을 얻어
두려움도, 의심도 없이
모든 설법 원만히 하리라.

"미륵이여, 만일 어떤 중생이 여래의 수명이 이처럼 장구하다는 가르침을 듣고, 그 깊은 뜻을 바르게 이해한다면, 그가 얻게 될 공덕은 실로 헤아릴 수 없느니라. 이러한 이는 능히 여래의 무상의 지혜, 곧 가장 뛰어난 깨달음을 일으킬 수 있느니라. 하물며, 이 법을 듣고 널리 다른 이에게 가르치며, 스스로 소중히 여기고, 남에게도 귀하게 여기게 하며, 직접 경전을 필사하거나, 혹은 다른 이로 하여금 베껴 쓰게 하며, 꽃과 향, 영락과 깃발, 깃대와 향유, 등불로 경전에 공양을 올리는 이라면, 그가 얻게 될 공덕은 더욱더 한량없고 가이 없어, 일체 종지를 통달하지 않겠느냐? 미륵이여, 만일 선남자와 선여인이 나의 수명이 끝없이 길다는 말씀을 듣고 깊은 마음으로 믿고 깨달아 이해한다면, 이는 곧 부처님께서 항상 기사굴산에 계시어 큰 보살과 성문 대중에게 둘러싸여 설법하심을 보게 되리라. 또한 이 사바세계의 땅은

유리처럼 투명하고 평정하며,
그 경계는 염부단금으로 둘러 있고,
보배 나무들이 늘어서며,
많은 누각들은 모두 보배로 이루어져
그 가운데 보살 대중들이 머무는
것을 보게 되리니, 이와 같은 것을
보는 이는 참으로 깊이 믿고 바르게
이해하는 사람임을 알라.
또다시 여래가 멸도에 드신 뒤라도
이 경을 듣고 훼방하지 아니하며
기쁜 마음으로 따르는 이는 역시 깊이
믿고 잘 이해하는 사람임을 알라.
하물며 이 경을 받아 지니고
읽으며 외우는 이야 말해 무엇하랴.
그 사람은 곧 여래를 머리 위에
모시는 것과 같으니라.
미륵이여, 이와 같은 선남자와
선여인은 굳이 나를 위하여
탑을 세우거나 절을 짓고,
승방을 세우는 네 가지 일을
하지 않아도 무방하니라.
그 까닭은 이 경전을 받아 지니고
읽고 외우는 것만으로도
이미 탑을 세우고 승방을 세워
스님들께 공양 올림과 같기

때문이니라.
이는 곧 부처님의 사리를 모셔
칠보로 장엄한 탑을 세우되,
그 높이와 너비는 점점 줄어들어
그 꼭대기는 범천에 이르고,
그 탑에는 온갖 보배 장식과
영롱한 방울을 달며,
꽃과 향과 영락을 드리고,
말향과 소향, 도향을 바치며,
다시 갖가지 춤과 음악을 베풀고,
피리와 공후를 비롯한 미묘한
음성으로 노래하며 찬탄하여,
한량없는 천만억 겁 동안
공양 올림과 다르지 아니하니라.
미륵이여, 내가 멸도한 뒤에,
어떤 이가 이 경전을 듣고 능히
받아 지니며 스스로 쓰거나 남을
시켜 쓰게 되면, 이는 곧 승방을
세우는 공덕과 같으니라.
마치 붉은 전단향나무로 서른두 칸의
전당을 지어, 그 높이는 팔 다라수에
이르고 넓고 장엄하여 아름다운
것과 같으며, 그 전당에는 백천의
비구들이 머물고,
좋은 동산과 맑은 연못,

경행할 선실이 갖추어져 있고,
의복과 음식, 침구와 탕약,
온갖 법락의 기구가 가득하니라.
이와 같은 승방과 전당이 백천만억,
그 수를 다 헤아릴 수 없으니,
이는 곧 나와 비구승들에게
공양 올림과 같으니라.
그러므로 내가 말하노니,
여래가 멸도한 뒤에 만일 이 경전을
받아 지니고 읽으며 외우고,
또 남을 위하여 설하고,
스스로 쓰거나 남을 시켜 쓰고,
경전에 공양을 올린다면,
굳이 탑을 세우거나 절을 일으키며
승방을 지어 스님들께 공양하지
않아도 좋다고 한 것이니라.
하물며 이 경을 지니고서 보시와
지계, 인욕과 정진, 선정과 지혜를
행한다면, 그 덕이야 어찌 다 말할 수
있겠느냐.
그 공덕은 가장 수승하고, 한량없고
끝이 없어서, 비유하면 허공의
동서남북과 사유와 상하가
한량없음과 같나니,
이로써 모든 일체 종지에 빠르게
이르게 되리라.
만일 어떤 사람이 이 경을 받아
지니고, 읽고 외우며, 다른 이에게
설하고, 스스로 쓰며 혹은 남을 시켜
쓰기도 하며, 또 탑과 절을 세우고,
승방을 짓고, 그곳에서 성문과
스님들에게 공양을 올리며,
또한 백천만억의 찬탄으로
보살의 공덕을 찬탄하고,
다른 이들을 위하여 이 『법화경』의
깊은 뜻을 가지가지 인연으로
해설하며, 그 가르침 안에 머무르며,
인욕을 닦아 성내는 마음이 없고,
뜻과 생각을 굳게 지니며,
좌선을 소중히 여겨 깊은 선정에
들어가며, 정진을 용맹히 행하여
모든 선법을 잘 다스리고,
지혜가 총명하여 어려운 물음에도
잘 대답한다면,
미륵이여, 이러한 선남자, 선여인은
그 공덕으로 이미 도량에 나아가,
아뇩다라삼먁삼보리에 가까이
이른 것이니, 마치 도의 나무 아래
앉은 것과 같으니라.
미륵이여, 이 선남자, 선여인이

앉고 서며 경행하는 그곳마다
마땅히 탑을 세워 일으킬지니,
하늘과 인간이 모두 부처님의 탑과
같이 공양할 것이니라."

그때 세존께서 이 뜻을 거듭
펴시려고 게송으로 말씀하셨다.

내가 만일 멸도한 뒤
이 경전을 지니는 이
그 사람의 복덕은
이미 설한 바와 같아
모든 공양 빠짐없이
두루 갖추게 되리라.
사리를 모셔 올려
칠보 탑을 세우며
그 탑 위에 표찰 놓아
범천까지 솟구치고
보배 방울 천만억개는
바람결에 울리도다.
한량없는 오랜 겁을
이 탑에 공양하며
꽃과 향과 귀한 영락
하늘옷과 기악으로
등불 밝혀 향유 드리며

사방 밝게 비추리니
법이 사라질 악세상에도
이 경전 지닌다면
이미 말한 그 공양들
모두 다 이룰지니라.
부처님 계실 적에
우두전단 향나무로
승방 짓고 장엄하여
서른두 칸 갖추며
높이는 팔다라수 같고
음식과 의복 마련하고
연못들과 꽃동산도
편안히 다 갖추며
백천 중생 거처하게
경행당을 꾸미나니
이 모든 공양과 같도다.
믿음 깊은 그 마음으로
이 경 읽고 외우며
다른 이로 하여금
경을 쓰게 하거든
꽃과 향을 뿌리거나
불을 밝히는 공양은
한량없는 복을 짓고
허공처럼 가없도다.
이런 복을 짓는 이는

그 깊이를 헤아릴 수 없고
끝없는 공덕 되나니
너희는 반드시 알지어다.
이 경전을 지니는 이는
보시, 지계, 인욕과
선정을 즐겨 하고
성내는 일 전혀 없어
거친 말도 하지 않고
탑묘에 공경하며
비구들을 존중하고
자만함을 멀리하네.
지혜로서 생각하며
난해한 질문 받아도
성내지 않고 순하게
자비롭게 설명하리.
이런 행을 닦는 이의
공덕은 다 헤아릴 수 없고
이 공덕 이룬 큰법사를
만나거든 이렇게 하라.
하늘꽃을 흩어 뿌리고
하늘옷을 입혀 주며
부처님을 친견하듯
머리 숙여 예배하고
마음속 깊이 생각하라.
이 사람 도량에 나가

무루법을 얻을 것이며
천상 인간 이익 되리.
그 법사가 머무는 곳
걷고 앉고 눕는 자리
게송 하나만 설해도
그곳을 탑 되게 하여
미묘하고 장엄한
보배들로 꾸미고서
향과 꽃과 음악으로
성심 다해 공양하라.
이런 수행 머문 불자
부처님이 수용함이니
그 자리에 항상 함께
거닐고 또 머무르리.

# 18. 수희공덕품

그때 미륵보살마하살이 석가모니 부처님께 여쭈었다.

"세존이시여, 만일 어떤 선남자나 선여인이 『법화경』의 말씀을 듣고 기뻐하여 따르고 믿는다면, 그 사람이 얻게 될 복덕은 과연 어느 정도로 큰 것이겠습니까?"

게송으로 찬탄하며 다시 여쭈었다.

**세존께서 멸도하신 후
이 경전을 받들어 듣고
기쁜 마음 따라 믿으면
얻는 복이 얼마입니까.**

그때 석가모니 부처님께서 미륵보살마하살에게 말씀하셨다.

"미륵이여, 여래가 멸도한 뒤에 만일 어떤 비구, 비구니, 우바새, 우바이나 혹은 지혜 있는 자로서 어른이거나, 어린아이일지라도 『법화경』을 듣고 그 뜻을 기뻐하며 따라 이해하고, 법회를 마친 뒤 다른 곳으로 가서, 혹은 승방이든, 혹은 한적한 곳이든, 혹은 마을이든, 혹은 도시이든, 그 들은 바의 내용을 자신의 부모, 친척, 벗, 스승, 선지식들에게 온 힘을 다해 전하고 설하였다고 하자.
이때 그 말을 들은 이들이 또한 기뻐하며 또 다른 이에게 전하고, 그 또한 기뻐하며 다른 이에게 전하고, 이와 같이 차례로 이어져 마침내 오십 번째의 사람에게 이르게 되었다면.

미륵이여, 그 오십 번째에 가서
비로소 이 경을 듣고 기뻐한 사람의
공덕이 과연 얼마나 클 것인지,
지금 내가 너희에게 밝히리니
마땅히 잘 들으라.
가령 어떤 이가 사백만억 아승기
세계의 육도윤회의 모든 중생,
곧 난생, 태생, 습생, 화생과 형상이
있는 자와 없는 자, 생각이 있는 자와
없는 자, 생각이 있음과 없음이 함께
작용하는 자들, 또 발이 없는 것,
두 발, 네 발, 혹은 그보다 더 많은
다리를 가진 자들에게 그들 각각이
바라는 바를 따라 즐거움의 도구를
아낌없이 보시한다고 하자.
그가 모든 중생에게 염부제에 가득 찬
금, 은, 유리, 차거, 마노, 산호, 호박
등의 진귀한 보물과 코끼리와 말과
수레, 칠보로 만든 누각과 궁전 등
값으로 헤아릴 수 없는 보물을
나누어 주고 그 보시를 팔십 년간
끊임없이 행하였다고 하자.
그 후 그는 생각하였노라.
'내 이미 중생의 뜻에 따라 오락의
도구를 주었으되,

그중 모든 이들이 늙어 팔십을
넘기고 머리는 희며 얼굴에는 주름이
가득하니 오래지 않아 죽을 것이로다.
그러므로 내가 그들을 불법으로
가르쳐 바른 길로 인도하리라.'
이리하여 그는 모든 중생을 불러 모아
부처님의 가르침으로 교화하되,
이익을 주고 기쁨을 주며 일시에
그들로 하여금 수다원, 사다함,
아나함, 아라한의 도를 얻게 하고,
번뇌를 다 벗어버리게 하며,
깊은 선정에 들고 팔해탈의 지혜를
갖추게 하였다고 하자.
미륵이여, 너의 생각은 어떠한가?
이러한 큰 보시와 설법을 행한 시주의
공덕이 참으로 크다 할 수 있지
않겠는가?"

그때 미륵보살이 석가모니 부처님께
아뢰었다.

"세존이시여, 이 사람의 공덕은
참으로 깊고 넓어 헤아릴 수가 없으며
끝이 없나이다.
만일 중생들에게 오락 기구만을

베풀었더라도 그 공덕은 무량할진대, 하물며 아라한과를 얻게 하였으니 그 공덕이야 두말할 것이 있겠습니까?"

그러자 석가모니 부처님께서 미륵보살에게 말씀하셨다.

"미륵이여, 이제 내가 너희에게 분명히 말하리라.
설사 어떤 이가 오락 기구를 사백만억 아승기 세계의 모든 육도 윤회 중생들에게 다 베풀고, 또 아라한과를 얻게 하였다 하더라도, 그가 얻은 공덕은 『법화경』의 한 게송을 듣고 오십 번째에서 비로소 기뻐한 사람의 공덕에는 백 분의 일도, 천 분의 일도, 내지 백천만억분의 일에도 미치지 못하며, 숫자나 비유로도 헤아릴 수 없느니라.
미륵이여, 이처럼 오십 번째 사람이 전하여 듣고 기뻐한 공덕조차도 무량무변 아승기와 같을진대, 하물며 처음 법회에서 직접 듣고 기뻐한 이의 공덕이야 더욱 말할 것이 있겠느냐?
그 사람의 복은 참으로 한량없고, 가없는 아승기로도 비유할 수 없느니라.
또 미륵이여, 만일 어떤 이가 이 『법화경』을 위해 승방에 나아가 잠시 앉거나 서서 단 한순간만이라도 경을 들었다면, 그 공덕 인연으로 인해 다음 생에 태어날 때에는 곱고 아름다운 코끼리나 말이 끄는 수레를 타거나 혹은 진귀한 보배로 만든 연에 올라 천궁으로 오르게 되리라.
또 다른 이가 법을 설하는 곳에 앉아 있다가 다른 사람이 오면 기꺼이 자리를 권하여 함께 앉게 하고 경을 들을 것을 청하였다면, 이 사람은 미래에 다시 태어날 때 제석천의 자리, 또는 범천왕의 자리, 혹은 전륜성왕의 자리와 같은 존귀한 자리에 앉게 되리라.
미륵이여, 어떤 이가 다른 이에게 다가가 말하되, '『법화경』이라 불리는 경이 있으니, 함께 가서 듣자.'고 권하였고, 그 말을 들은 이가 비록 잠시일지라도 경을 들었다면,

이 권한 사람의 공덕은 그 생을
마치고 다시 태어날 때 다라니를
지닌 보살과 함께 태어나며,
총명하고 지혜로우며, 백천만 세에
이르도록 벙어리가 되지 않고,
그 입에서 추한 냄새가 나지
아니하며, 혀는 항상 맑고 병이
없으며, 치아는 깨끗하고 가지런하며,
입술은 단정하고 기형이 없고,
두껍거나 너무 크지도 않고, 또한
검지도 아니하고 여러 가지 악한
것이 없으며, 이마는 넓고 평탄하며,
인간의 모든 모양을 잘 구족하고,
눈썹은 높고 길고, 코는 곧고 높으며,
입과 치아와 혀는 정갈하고,
그 어떤 나쁜 상도 없으며, 얼굴색은
검지 않고 좁고 길지도 않으며,
푹 들어가거나 비뚤어지지도
아니하며, 이와 같이 나쁜 상이
하나 없으니, 모든 얼굴 생김새가
잘 갖추어져서 세세생생에 부처님을
친견하게 되며, 그 가르침을 듣고
따르게 되리라.
미륵이여, 그저 한 사람에게
'함께 가서 법을 듣자'고 권한
공덕조차 이와 같을진대,
하물며 마음을 일심으로 모아 경을
듣고 설하며 읽고 외우고,
대중 가운데 나아가 다른 이를 위해
분별 설하며 그 설한 대로
스스로 실천하는 이의 공덕이야
말할 수 있겠느냐?"

그때 석가모니 부처님께서 이 뜻을
거듭 펴시려고 게송으로 말씀하셨다.

법회에서 듣는 이가
기뻐하며 받아들여
그 중에 한게송이라도
남 위해 전해 준다면
이와 같이 전하고 전해
마침내 오십번째 되어
그 사람 또한 듣고 나서
기뻐한다 하여 보라.
그 얻는 복을 이제 내가
밝혀 말하노라.
가령 큰 시주가 있어
무량한 보시 행하여
팔십 해를 지나는 동안
끝없이 나누어 주되

의복과 음식과 거처
백천 가지 보배들을
중생들의 바람 따라
기꺼이 다 나누어 주고
그들이 모두 늙고 쇠해
백발에 숨이 가쁠 때
바싹 마른 모양 보고
곧 죽을 일 생각하여
그들을 가르쳐서
도의 결과 얻게 하려
방편으로 곧 설하는
열반의 진실한 법
"세상 모든 것은 덧없다,
물거품과 같고 연기 같으니
그대들은 모두 다
싫은 맘을 빨리 내라."
이 설법 듣는 무리들은
아라한과 지혜 얻고
육신통, 삼명과
팔해탈을 갖추어도
오십번째 한게송을
전해듣고 기뻐한 이
그가 얻은 그 복덕은
위 시주의 공양보다
한량없이 더 크도다.

비유조차 허락되지 않으니
가히 헤아릴 수 없느니라.
이와 같이 전해 듣는 것만으로도
복이 한량없거늘
처음 법회 나아가 듣고
기뻐함이야 오죽하랴.
혹 어떤 이 한 사람을 권하여
『법화경』을 듣게 하고
이 경 깊고도 오묘하여
천만 겁에도 만나기
어려움을 일러주어
잠시라도 듣게 한다면
이런 이가 받는 복을
이제 내가 말하리니
그는 다시는 입병이 없고
치아는 가지런하며
누렇거나 검지 않고
입술은 곱고 두껍지 않으며
거칠지 않고 맑고도 청정하여
흉한 상이 전혀 없네.
혀는 마르지 않고
짧거나 검지도 않으며
미끈하고 곧고 길어
그 말 또한 부드럽고
코는 높고 바르며

이마는 평정하고

그 얼굴은 단정하여

사람들이 즐겨 보네.

그 입에서는 항상 나는

우담바라 꽃 향기요

구취 없는 그 숨결은

법의 향기로 가득하니

만일 그가 승방에 들어

『법화경』 설함을 듣고

잠시라도 환희하면

받는 복이 이렇도다.

다음 세상의 인간, 천신 중에

코끼리, 말, 가마 타고

하늘궁전에도 오를 만큼

기쁨과 공덕이 가득하며

법 설하는 곳마다

다른 이를 권하여 앉게 하여

경전을 함께 듣게 한다면

그 복은 다 헤아릴 수 없고

제석천과 범천왕

전륜성왕에 오르리라.

하물며 일심으로 받아

깊은 뜻을 해석하고

들은 대로 수행한다면

그 공덕은 무량하리.

# 19. 법사공덕품

그때 석가모니 부처님께서
상정진보살마하살에게 말씀하셨다.

"상정진이여, 어떤 선남자나
선여인이 『법화경』을 받아 지니고,
읽고 외우며, 그 뜻을 해설하고 옮겨
쓰는 이가 있다면, 이 사람은 눈에
팔백 가지의 공덕을 얻고,
귀에 일천이백 가지의 공덕을 얻으며,
코에 팔백 가지의 공덕을 얻고,
혀에 일천이백 가지의 공덕을 얻으며,
몸에 팔백 가지의 공덕을 얻고,
뜻에 일천이백 가지의 공덕을 얻게
되리라.
이와 같은 공덕으로 육근은 환히
맑아져, 마침내 청정한 장엄을
이루게 되느니라.
이 사람은 부모로부터 받은
육신의 눈으로서도 삼천대천세계
안팎의 산과 숲, 강과 바다를 모두
꿰뚫어 보며, 아래로는 아비지옥까지,
위로는 유정천까지 두루 살펴볼 수
있으리라.
또한 이 모든 세계 가운데 있는
무수한 중생들, 그들의 업과 인연,
과보에 따라 어디에서 태어나는지도
분명히 보고 알게 되리라."

그때 세존께서 이 뜻을 거듭
밝히시고자 게송으로 설하셨다.

만일 대중 가운데서
두려움 없는 그 마음으로
『법화경』을 설한다면
그 공덕을 들으라.
이 사람은 팔백 가지

| | |
|---|---|
| 눈의 공덕 갖추어서 | "상정진이여, 만일 어떤 선남자나 |
| 그 눈빛이 더욱 맑고 | 선여인이 『법화경』을 받아 지니며, |
| 그 밝음이 수승하며 | 읽고 외우고, 뜻을 해설하고, |
| 육안으로 바라보되 | 옮겨 쓰는 이가 있다면, |
| 삼천대천 세계 안팎 | 이 사람은 귀에 일천이백 가지의 |
| 수미산과 미루산 | 공덕을 얻게 되리라. |
| 철위산과 바다 강물 | 그 청정한 귀로는 삼천대천세계의 |
| 그 숲과 들의 생명들 | 안팎에 있는 모든 소리를 |
| 큰 바다 깊은 물결도 | 아비지옥에서 유정천에 이르기까지 |
| 모두 두루 바라보며 | 낱낱이 들을 수 있으니라. |
| 아래로는 아비지옥 | 코끼리, 말, 소, 수레가 내는 소리, |
| 위로는 유정천까지 | 누군가 우는 소리, 한숨 쉬는 소리, |
| 그 중생들 오고 감을 | 북을 치고 바라를 울리는 소리, |
| 한눈에 다 꿰뚫으며 | 종소리와 방울소리, |
| 비록 천안 갖지 않아도 | 웃음소리와 말소리, 남자의 목소리, |
| 부모 소생 육안이지만 | 여자의 목소리, |
| 그 보는 힘 장엄하여 | 아이들의 웃음과 울음, |
| 이와 같이 밝사오니 | 진리에 따른 말소리와 진리에 |
| 이 법 설하는 사람의 | 어긋나는 말소리, |
| 보는 힘이 | 괴로움 속에서 터지는 신음, |
| 이 같음을 알지어다. | 기쁨에서 나오는 웃음, |
| | 범부의 언어, 성인의 설법, |
| 그때 석가모니 부처님께서 | 기쁨과 슬픔이 섞인 다양한 음성들, |
| 상정진보살마하살에게 말씀하셨다. | 하늘이 들려주는 소리, |
| | 용이 뿜는 소리, 야차, 건달바, 아수라, |

가루라, 긴나라, 마후라가가 내는
소리, 불타는 소리, 물 흐르는 소리,
바람 부는 소리, 또한 비구와
비구니의 소리, 성문과 벽지불의
소리, 보살과 부처님의 음성까지도
모두 들을 수 있으리라.
다시 말하자면, 이 사람은
삼천대천세계 안팎의 온갖 소리를
천이를 따로 얻지 않고도
부모 소생의 이 육신의 귀로써
다 들으며 분별하리니,
이처럼 다양한 소리를 듣더라도
그 귀의 근을 결코 상하지 않고
청정함을 잃지 않으리라."

그때 석가모니 부처님께서 이 뜻을
거듭 펴시고자 게송으로 설하셨다.

이 경전을 수지하고
독송하며 해설하면
부모에게 받은 귀도
청정하고 흐림 없네.
그 귀로 삼천세계
나는 모든 소리들을
분별함에 막힘 없네.

코끼리, 말, 수레, 소와
종소리, 방울소리,
북소리, 공후타며
피리 소리, 적소리며
맑고 청아한 노래들
그 소리들 다 들으나
마음에 집착하지 않네.
무수한 사람 소리
다 듣고 알아내고
여러 하늘 묘한 음악
그 소리도 다 들으며
남녀노소 음성들과
산천의 골짜기 속
가릉빈가 새소리와
명명조와 수많은 새들
맑은 울음 다 들으며
지옥의 고통 비명소리
그귀에 다 들리도다.
아귀들의 아우성도
아수라가 바닷가에
모여 서로 말하는 것
그 크고 거친 소리도
설법하는 이 사람은
여기에서 다 듣되
그 귀는 다치지 않고

조금도 흐리지 않네.
시방세계 금수들이
지저귀는 모든 소리
이 법사는 그 자리에
앉아서도 다 들으며
범천에서 이르는 말
광음천과 변정천
유정천의 그 소리도
모두 다 분별하도다.

비구들과 비구니들
경전 읽고 외울 때나
타인을 위해 설함도
귀로 다 듣게 되며
보살들도 또한 역시
뜻을 풀어 설할 때에
그 음성도 세세하게
조용히 다 들리나니.
부처님 대성존이
많은 대중 가운데서
중생 교화하느라고
묘한 법을 연설커든
이 경전 가진 이 사람
그 말씀을 다 들으리라.
삼천대천세계 안팎
지옥부터 유정천

그 안에 나는 소리들
하나도 빠짐 없으며.
총명한 그 이근으로
모든 것을 잘 듣도다.
천이는 얻지 않아도
부모 주신 이 귀로서
『법화경』 수지하면
이런 복을 얻게 되리.

"상정진이여, 만일 어떤 선남자나
선여인이 『법화경』을 받아 지니고,
읽고 외우며, 뜻을 해설하거나
옮겨 쓴다면, 그 사람은 코의 공덕을
팔백 가지나 성취하게 되느니라.
그 청정한 코로는 삼천대천세계 안팎,
위아래에 존재하는 모든 냄새를 맡아
분별하고 알아차릴 수 있으니라.
수만나화, 사제화, 말리화, 첨복화,
바라라화, 붉은 연꽃, 푸른 연꽃,
흰 연꽃의 향기와 꽃나무와
과일나무의 냄새, 전단향, 침수향,
다마라발향, 다가라향 등 셀 수 없이
많은 천 가지, 만 가지 향기들.
가루로 된 향, 둥근 향, 몸에 바르는
향까지도 이 경전을 지닌 이는

그 자리에 있으면서도 모두 맡아
분별할 수 있느니라.
또한 모든 중생의 체취를 알아차릴
수 있느니라.
코끼리, 말, 소, 양 등 짐승의 냄새,
남자와 여자, 어린아이들까지,
그 체취를 멀리서도 맡고 풀과 나무,
숲 속의 향기를 분별하여도 착오가
없느니라.
이 경을 지닌 이는 이 세상에
있으면서도 천상의 냄새 또한
맡을 수 있나니, 파리질다라나무,
구비다라나무의 향기, 만다라꽃,
마하만다라꽃, 만수사꽃,
마하만수사꽃의 향기, 전단향, 침수향,
가지가지의 말향과 수많은 꽃들의
향기가 어우러져 풍겨나는 냄새도
모두 분별하여 알게 되느니라.
또한 천인들의 몸에서 나는 향기,
석제환인이 궁전에서 오욕락을
즐기며 유희할 때 풍기는 향기,
법당에서 설법할 때 풍기는 향기,
여러 동산을 거닐 때 풍기는 냄새,
다른 세계 남녀의 몸에서 나는
냄새까지 멀리서도 잘 맡고
분별할 수 있느니라.
이처럼 코의 작용은 점점 미묘해져
범천에 이르기까지, 위로는
유정천의 모든 천인 향기와
각 하늘에서 피우는 향까지도 맡으며,
나아가 성문과 벽지불,
보살과 부처님의 몸에서 풍기는
향기도 멀리서 감지하여
그 처소까지 분명히 알게 되느니라.
이와 같이 헤아릴 수 없이
많은 냄새를 맡아도 코는 결코 상하지
않고, 혼란도 생기지 않으며,
만일 누군가에게 그 냄새를 설명하려
하면 기억도 정확하고 분별도
흐림이 없느니라."

그때 석가모니 부처님께서 이 뜻을
거듭 펴시고자 게송으로 말씀하셨다.

이 경을 수지하고
독송하며 전하는 이
그 사람의 청정한 코
이 세계 가운데서도
모든 향기 다 맡으며
진실함을 분별하네.

| | |
|---|---|
| 수만나와 사제꽃 향 | 법화경을 수지한 이 |
| 다마라향, 전단향과 | 그 향기를 다 맡으며 |
| 침수향과 계향들도 | 모든 꽃과 과일 |
| 그윽하게 맡아내며 | 그 향기도 분별하니 |
| 모든 과일 향기 또한 | 경 가진 이 여기서도 |
| 맑게맑게 분별하네. | 그 향 따라 알게 되리. |
| 남자와 여자들의 | 깊은 산과 험한 계곡 |
| 몸에서 나는 그 향도 | 전단향의 꽃이피면 |
| 멀리서도 맡으며 | 그 속에 있는 중생들 |
| 설법자의 머문 곳을 | 냄새 맡고 알아내며 |
| 냄새 따라 찾아내고 | 철위산과 깊은 바다 |
| 처소 또한 알아낸다. | 땅속의 그 모든 중생 |
| 대전륜왕과 소전륜왕 | 법 가진 이 냄새 맡아 |
| 그 아들과 군신들의 | 그 자리를 알아내네. |
| 궁인 있는 그곳까지 | 아수라의 남녀들과 |
| 그 냄새로 알아내며, | 그 권속의 다툼마저 |
| 몸에 지닌 귀한 보배 | 냄새로써 분별하고 |
| 땅 속 깊이 감춘 보물, | 광야를 달리는 짐승 |
| 냄새 맡고 밝혀내고 | 사자, 코끼리, 이리, 호랑이 |
| 사람들의 장신구와 | 들소, 물소 우글대는 |
| 의복, 영락, 발라둔 향 | 그곳조차 알아내네. |
| 그 냄새로 알아내며 | 태중에 잉태된 아이 |
| 그 근본을 분별하네. | 남자인가, 여자인가 |
| 천인들이 거닐거나 | 중성인가, 사람 아닌가 |
| 앉고 눕고 유희할 때 | 냄새 맡아 알아내며 |

잉태가 성취될런지
복자될지를 분별하네.
남녀 마음 헤아리며
탐욕과 진노와 어리석음
그 성품을 냄새 따라
정확하게 알아내네.
땅 속에 감춘 보배들
금과 은과 온갖보배
구리그릇 담아놔도
그 향기로 알아내며
많은 영락 귀한 보배
그 값조차 몰라도
그 출처와 근원을
냄새 맡아 헤아리네.
하늘 꽃의 무수한 향기
만다라와 만수사꽃
파리질다 나무도
그 냄새를 맡아내며
하늘 궁전 미묘하게
상중하로 구분하고
보배꽃의 장엄까지
냄새 맡아 알아내네.
유희하며 법당에서
노래하는 천인들도
향기 따라 다 분별하네

혹은 오욕 즐기다가
눕거나 거닐 때에도
경 가진 이 냄새 맡아
모든 것을 다 알아내리.
꽃과 향기 걸친 처녀
의복으로 장엄하여
놀고 웃고 춤출 적에
향기 맡아 꿰뚫으며
이와 같이 전전하여
범천의 세계에서
선정에 들고 남을
냄새 맡아 알아내며
광음천과 변정천과
유정천의 보살들도
나고 지는 그 경계들
냄새 따라 알아내고
이와 같이 전전하여
범천의 세계에서
선정에 들고 남을
냄새 맡아 알아내며
많은 비구 대중
불법에 항상 전진하여
앉거나 경행하고
경전 읽고 외우며
숲 속에 나무아래

좌선하는 그자리를
향기로 알아내고
법 가진 이 알아내며
보살 또한 뜻 굳히고
설법하고 좌선하며
인간 위해 법을 펴면
그 향기를 따라가리.
방방곡곡 머무시는
세존께서 설법하실 때
중생들이 그 법 듣고
환희하는 그 자리도
경 가진 이는
향기 맡아 알아내리.
보살의 번뇌 없는
법의 코가 아닐지라도
이 경전 수지하는 이
그 코의 공덕 무량하니라.

"상정진이여, 만일 어떤 선남자나 선여인이 『법화경』을 받아 지니며, 읽고 외우고, 해설하거나 옮겨 쓴다면, 그 사람은 혀의 공덕을 일천이백 가지나 얻게 되느니라. 이러한 공덕을 지닌 혀는 좋은 것이든, 나쁜 것이든, 맛이 있든 없든, 쓰고 떫은 모든 맛을 부드럽고 달콤하게 변화시켜, 마치 하늘의 감로수처럼 맛있고 향기롭게 만들며, 만일 이 혀로 대중 앞에 나아가 설법하면 그 음성은 깊고 미묘하여 듣는 이마다 마음이 환희하고 기뻐하며 즐거워하게 되느니라. 그 설법을 듣기 위해 제석천과 범천의 여러 하늘 천자와 천녀들이 앞다투어 찾아오고, 여러 용왕과 용녀, 야차, 야차녀, 건달바녀, 아수라, 아수라녀, 가루라, 가루라녀, 긴나라, 긴나라녀, 마후라가, 마후라가녀가 법을 듣기 위하여 다 와서 친근하고 공경하고 존중하며, 비구, 비구니, 우바새, 우바이와 같은 사부대중은 물론이요, 국왕과 왕자, 대신과 장군, 그리고 소전륜왕, 대전륜왕의 권속들까지도 모두 그 보배로운 궁전을 타고 설법을 듣기 위해 찾아오게 되리라. 이 보살이 법을 훌륭히 설하기에 바라문과 거사와 나라 안의 백성들이 그 수명이 다할 때까지 따르고 공경하며, 공양하게 되느니라.
나아가 성문과 벽지불,
보살과 여러 부처님들께서도
이 보살을 기쁘게 여기시며,
그가 있는 곳에 친히 임하여
법을 설해주시느니라.
그 보살은 그 법을 받아들여
깊고 미묘한 음성을 내며,
일체 부처님의 가르침을 모두 받아
간직하게 되리라."

그때 세존께서 이 뜻을 거듭 펴시려고
게송으로 말씀하셨다.

이 경전 지닌 이는
청정한 혀를 얻어서
나쁜 맛은 멀리하고
무엇을 씹고 삼켜도
감로와 같은 그 맛이
입안 가득 돌게 되리.
깊고 묘한 음성으로
대중 앞에 설법하면
인연 따라, 비유 따라
중생의 맘을 열어
도리로 이끄느니라.

그 말씀을 듣는 이들
기뻐하고 환희하여
정성 다해 공양하고
하늘과 용, 야차와
아수라도 환희하며
그 설법 들으러 오리.
이 설법하는 사람
음성 맑고 고와 미묘하여
삼천 세계 채우려는
그 뜻을 내면 곧 이루어지리.
크고 작은 전륜왕들
일천 아들과 권속들
합장하여 공경하고
그 앞에서 법을 들으며
하늘의 용과 야차
나찰, 비사사 중생도
기쁜 마음 일으켜서
공양하며 따르도다.
범천왕도 마왕들도
자재천과 대자재천
모든 하늘 중생들이
그 음성을 들으려 하며
그 자리로 향해 오고
환희로써 머무르네.
여러 부처님의 제자들

그 법문을 들으시면
마음속 깊이 보호하고
그 사람을 수호하며
그 몸을 나투시리라.

"또 상정진이여, 만일 어떤 선남자나 선여인이 『법화경』을 받아 지니며, 읽고 외우고, 해설하거나 옮겨 쓴다면, 그 사람은 팔백 가지의 몸의 공덕을 얻게 되느니라. 이 공덕으로 그 몸은 유리처럼 맑고 청정하여, 중생들이 그 모습을 보기를 즐겨하고, 그 청정한 몸 안에는 삼천대천세계에 존재하는 모든 생명의 나고 죽음이 드러나고, 선과 악, 상과 하, 고귀함과 천함, 지옥과 천상, 악처와 선처에 이르기까지 그 업의 과보가 모두 나타나게 되느니라. 또 철위산, 대철위산, 수미산, 대수미산을 비롯한 모든 산들과 그 가운데 존재하는 헤아릴 수 없는 중생들의 모습이 다 그 몸 안에 나타나고, 아래로는 아비지옥에서부터 위로는 유정천에 이르기까지 여러 천상계의 존재들까지도 그 몸 가운데 드러나느니라.

더불어, 성문과 벽지불, 보살과 부처님들께서 설법하시는 모습까지도 색상과 형상으로서 그 몸 안에 분명히 나타나게 되느니라."

그때 세존께서 이 뜻을 거듭 펴시려고 게송으로 말씀하셨다.

『법화경』을 수지하는 이
그 몸은 청정하여
맑고 깨끗한 유리처럼
빛나는 자태를 가지며
중생들이 바라보면
기쁨을 금치 못하도다.
마치 맑은 거울 속에
온갖 형상이 비추이듯
청정한 보살의 몸 안에
세상 모든 것이 드러나며
홀로 스스로 밝게 알아
다른 이는 볼 수 없느니라.
삼천대천 세계 속에
하늘과 인간, 아수라
지옥, 아귀, 축생의

모든 중생 형상이
그 몸 안에 나타나고
하늘 궁전 유정천과
철위산, 수미산, 대수미산
큰 바다와 깊은 강물도
그 몸 안에 비치나니,
부처님과 성문들
수많은 보살 대중들이
홀로 또는 대중 앞에
설법하는 모습도
그 몸 안에 드러나도다.
무루법성 미묘한 몸
비록 얻지 못했을지라도
이 경전을 지닌 이의
청정한 몸 가운데
일체가 나타나느니라.

"다시 상정진이여,
만일 어떤 선남자나 선여인이
여래가 멸도하신 이후에도
『법화경』을 받아 지니고,
읽고 외우며, 해설하고 옮겨 쓴다면,
그는 일천이백의 뜻의 공덕을
성취하느니라.
이 사람이 얻는 청정한 뜻의 근본은

단지 한 게송이나 한 구절만을 들어도
그 안에 담긴 한량없고 가없는 깊은
뜻을 환히 꿰뚫어 이해하게 되며,
그 한 게송, 한 구절을 한 달, 넉 달,
또 일 년 동안에도 끊임없이
설할 수 있으니, 그가 설하는
모든 가르침은 그 본래의 참된 뜻을
벗어나지 않으며, 진실한 이치,
곧 실상에 모두 맞닿아
서로 어긋남이 없느니라.
혹시 속세의 글이나,
세상을 다스리는 말과 학설이나,
삶을 영위하는 방법을 설하더라도
모두 정법에 순응하게 되며,
또한 그는 삼천대천세계에 존재하는
육취의 모든 중생들의
마음의 움직임과 뜻의 작용,
그리고 마음으로 말하는 바를
모두 알아차릴 수 있으니,
비록 무루의 지혜를 완전히 얻은 바는
아닐지라도 뜻의 근본이 맑고
청정하여 그가 생각하고 헤아리며
말하는 바는 모두 불법에
어긋남이 없느니라.
이 모든 것은 이미 부처님 경전 속에

설해진 진리이니라."

그때 세존께서 이 뜻을 거듭 펴시려고
게송으로 말씀하셨다.

이 경전을 수지하는 이
그 뜻은 청정하여
영리하고도 흐림 없고
미묘한 의근으로
상, 중, 하의 법을 알고
한 게송만 들어도
무량한 뜻을 통달하여
법과 같이 설법하되
한 달, 넉 달, 일 년이건
끊임없이 설하는 중에도
혼란이 없도다.
삼천 세계 안팎
일체의 모든 중생
하늘과 인간, 용과 야차
귀신과 육취 중에 있는 것들
마음에 품는 바를
『법화경』 가진 인연으로
곧바로 다 꿰뚫어 알고
시방세계 부처님들이
중생 위하여 설하신 법

모두 듣고 지니면서
그 뜻을 깊이 생각하여
한량없는 방편으로
설법함에 착오 없도다.
무량한 뜻 생각하고
한량없이 설법하며
시종 착오 없는 것은
『법화경』을 수지한 까닭이라.
법의 모양 모두 알고
그 뜻 따라 차례로 알며
이름과 글의 이치까지
모두 다 통달하도다.
이처럼 설하는 말마다
모두 진실한 불법이라
그 마음에는 두려움 없고
의근이 청정하여
비록 무루법은 얻지 못해도
『법화경』을 수지한 이
희유한 경지에 들게 되면
일체 중생을 위해 나아가
환희심으로 법을 설하리.
교묘하고도 자애로운
천만 가지 언어들로
분별하여 설함 또한
『법화경』을 수지한 까닭이라.

# 20. 상불경보살품

그때 석가모니 부처님께서
득대세보살마하살에게 말씀하셨다.

"너는 이제 마땅히 알아야 하느니라.
만일 비구, 비구니, 우바새, 우바이
가운데 『법화경』을 몸소 받아
지니고 수행하는 이를 어떤 사람이
악한 말로 욕하고 헐뜯는다면,
그 사람이 받게 될 무거운 죄의
과보는 앞서 말한 바와 같이
참으로 크고 깊으며,
반대로 『법화경』을 지니는 이는
지금 말한 것처럼 눈과 귀, 코와 혀,
몸과 뜻이 다 청정하리라.
득대세여, 불가사의 아승기겁을 지난
오랜 옛날에 한 부처님께서
이 세상에 출현하셨느니라.
그분의 이름은 위음왕 여래이시며,
응공, 정변지, 명행족, 선서,
세간해, 무상사, 조어장부, 천인사,
불세존이라 불리셨느니라.
그때의 겁의 이름은 '이쇠'였고,
그 나라의 이름은 '대성'이라
하였느니라.
그 위음왕께서 그 세상 가운데 하늘과
인간과 아수라들에게 설법하시되,
성문을 구하는 이들에게는 사성제의
법을 설하여 생, 노, 병, 사의 괴로움을
깨닫게 하고 이를 극복하여 마침내
열반에 들어가게 하셨으며,
벽지불에게는 십이연기의 이치를
설하시어 번뇌의 연기적 인과를
밝히셨고, 여러 보살들에게는
아뇩다라삼먁삼보리를 위하여
육바라밀다를 설해 주어
마침내 부처님의 지혜에 들게

하셨느니라.

득대세야, 이 위음왕 부처의 수명은 사십만억 나유타 항하의 모래 수와 같은 겁이요, 정법이 세상에 머무는 겁수는 일염부제의 가는 티끌 수와 같고, 상법이 머무르는 겁수는 사천하의 가는 티끌 수와 같다. 그 부처님은 중생을 이롭게 하신 뒤 멸도하셨고, 정법과 상법이 다 멸진한 뒤에도 그 국토에는 다시 부처님이 나셨느니라.

그분의 이름은 위음왕여래, 응공, 정변지, 명행족, 선서, 세간해, 무상사, 조어장부, 천인사, 불세존이라 하였으며, 이와 같은 이름의 부처님들이 이 차례로 이 세상에 이만억이나 계셨느니라.

초기의 위음왕여래께서 멸도하시고 정법이 소멸한 뒤에 상법의 시기에는 증상만을 지닌 비구들이 큰 세력을 이루었더니, 그때 상불경이라 이름한 한 보살비구가 있었느니라.

득대세야, 무슨 인연으로 그를 상불경이라 이름하는지 아느냐?

이 비구는 비구와 비구니와 우바새와 우바이를 만나면 모두 예배하고 찬탄하며 말하였느니라.

'나는 그대들을 깊이 공경하고 결코 경시하지 않나니, 왜냐하면 그대들 모두는 장차 반드시 성불할 것이기 때문이니라.'

이 상불경 보살은 경전을 읽거나 외우지는 않았으며, 오직 사부대중에게 예배하고 찬탄하는 수행을 실천하였느니라. 멀리서 사부대중이 보이면 반드시 찾아가 예배하고 말하였느니라.

'나는 그대들을 경시하지 않나니, 반드시 성불할 것이기 때문이니라.'

그러나 그 시대의 사부대중 가운데 마음이 맑지 못하고 진심을 품은 이들은 그를 꾸짖고 욕하며 말하였느니라.

'이 어리석고 무지한 비구야! 어디서 와서 우리에게 성불할 것이라 함부로 말하느냐? 우리는 너 같은 자의 헛된 수기를 받지 않겠노라!'

이렇게 여러 해를 두고 그는 비웃음과 욕설, 업신여김을 받았지만 단 한 번도 분노를 품지 않고 다짐하듯 말하였느니라.
'그대들은 반드시 성불하리라.'
어떤 이들은 기와와 돌, 막대기로
그를 때리며 쫓기도 하였지만,
그는 도망가면서도 큰 소리로
외쳤느니라.
'나는 그대들을 경시하지 않나니,
모두 다 성불하리라.'
그가 언제 어디서든 만나는 사람마다
'나는 그대들을 경시하지 않나니,
반드시 성불하리라'고
예배하고 찬탄하였으므로,
증상만의 사부대중은
그를 상불경이라 불렀느니라.
그 이름은 조롱과 멸시 속에
붙여졌지만, 그 상불경의 마음에는
추호의 원망도 없었느니라.
그러던 어느 날, 그 비구가 임종을
맞이하게 되었을 때,
이전 위음왕여래께서 설하셨던
『법화경』의 이십천만억 게송을
허공을 통해 듣게 되었고,
모두 마음에 받아 지니게 되었느니라.
그리하여 곧, 그는 앞서 말한 바와
같이 눈, 귀, 코, 혀, 몸, 뜻의 육근이
모두 청정해졌고, 그 공덕으로
이백만억 나유타 세의 수명을
얻게 되어 그 오랜 세월 동안
무수한 중생을 위해 『법화경』을
설하였느니라.
이 모습을 지켜본, 그를 천대하고
조롱하던 비구, 비구니, 우바새,
우바이의 사부대중들은 그가 지닌
위대한 신통력, 요설변재력에
감복하여, 그가 설하는 바를 기꺼이
듣고 마침내 믿고 따르며 귀의하게
되었느니라.
그리하여 이 보살은 천만억의
중생들을 교화하여 모두가
아뇩다라삼먁삼보리에 머물게
하였느니라.
그가 수명을 다한 뒤에는
이천억의 부처님을 친견하였으니,
그 부처님들의 이름은 모두
'일월등명'이었고, 그 법 가운데서
역시 『법화경』이 설해졌느니라.
또다시 그 인연으로 또 다른
이천억의 부처님, 운자재등왕불들을
친견하였고, 그 법회 가운데서도
그는 『법화경』을 받아 지니며,

읽고 외우고 설하여 사부대중에게 널리 펴니, 그 공덕으로 육근이 항상 청정하고, 사부대중 가운데서 설법하더라도 마음에 두려움이 없었느니라.

득대세야, 너는 마땅히 알아야 하느니라.

이 상불경보살마하살은 무수한 부처님을 친견하여 깊이 공경하고, 정성껏 공양하며, 존중하고 찬탄하면서 수많은 선근을 심었느니라.

그는 그 생을 마치고 나서도 다시 천만억의 부처님을 친견하였고, 그 여러 부처님의 법 가운데서 『법화경』을 널리 설하여 마침내 성불에 이르렀느니라.

득대세야, 너의 생각은 어떠하냐? 그 때의 상불경 비구는 다름 아닌 지금의 나, 즉 석가모니여래의 과거 모습이었느니라.

내가 만약 예로부터 『법화경』을 받아 지니고, 읽고 외우며, 타인을 위해 설하는 일을 하지 않았다면, 나는 오늘과 같이 아뇩다라삼먁삼보리를 신속히 이루지 못했을 것이니라.

그러나 나는 무수한 과거 부처님들 곁에서 이 경을 받아 지니며, 읽고 외우고, 타인을 위하여 널리 설하였기에, 이렇게 빠르게 아뇩다라삼먁삼보리를 이루웠느니라.

득대세야, 그 때 나를 조롱하고 천대하던 비구, 비구니, 우바새, 우바이들은 그 진심과 경멸심으로 인해 이백억 겁 동안 단 한 번도 부처님을 친견하지 못하였고, 불법을 듣지 못하였으며, 심지어 스님조차 보지 못했느니라.

그들은 천 겁 동안 아비지옥에서 크나큰 고통을 겪은 뒤에야 그 죄업이 다하여, 비로소 다시 상불경보살의 교화를 받아 마침내 아뇩다라삼먁삼보리를 얻게 되었느니라.

득대세야, 너의 생각은 어떠하냐? 그때 상불경보살을 비방하고 경멸한 이들이 과연 다른 사람이겠느냐? 그들이 바로 지금 이 법회 가운데 있는 발타바라 등 오백 보살,

사자월 등의 오백 비구니,
그리고 사불 등의 오백 우바새들이며,
이들은 아뇩다라삼먁삼보리에서
물러나지 않는 존재들이니라.
그러므로 득대세야, 마땅히 명심하라.
『법화경』은 수많은 보살마하살들에게
헤아릴 수 없는 이익을 주며,
결국에는 아뇩다라삼먁삼보리,
즉 최상의 깨달음에 이르게 하는
위대한 경전이니라.
그러므로 모든 보살마하살은
여래께서 멸도하신 뒤에도
이 경전을 반드시 받아 지니고,
읽고 외우며, 해설하고 옮겨 써야
하느니라."

그때 세존께서 이 뜻을 거듭 펼치고자
게송으로 말씀하셨다.

과거 어느 시절에
위음왕불이라 불리는
한 부처님 계셨으니
그 지혜와 신통력이
한량없이 넓고 깊어
일체 중생 제도하네.

하늘, 인간, 용, 귀신들
공경하며 공양드려
크신 공덕 이루셨고
그 부처님 멸도하사
법마저 다할 즈음
보살 한 분 계셨으니
이름하여 상불경이라.
모든 사부대중을 찾아가서
법마다 집착하는 이들
만날 때마다 예배하며
이와 같이 말하였네.
"나는 당신 경멸 않으리
당신 또한 도 행하니
반드시 성불하시리라."
이 말을 듣는 사람들은
비방하고 욕하되
상불경보살은 다 참으며
한결같은 마음으로
예배하며 말하였네.
이렇게 죄가 다한 후
임종 즈음 이르러서
이 경전을 얻어 듣고
육근 청정해지며
신통력으로 인해
수명 또한 늘어났네.

나는 지난 세상에
많은 이를 권하여
제일 되는 이 법을
듣고 받게 하였노라.
보이고 가르쳐
열반에 머물게 하였고
세세토록 이 경을
수지케 하였느니라.
억만 겁의 오랜 세월
불가사의 이루게 하려
항상 이 법 들려 보여
열어 뵈고 가르치며
천만, 억만 겁에 이르도록
불가사의하여라.
여러 부처 세존께서
항상 이 경 설하시니.
그러므로 도 닦는 이여,
부처님 멸도 후에라도
이 경을 듣거든 의혹 말고
한결같이 믿어라.
한결같은 마음으로
이 경전 설법하면
세세에 부처를 뵙고
속히 성불하리라.

다시 중생 위해 일어나
이 법 널리 설하며
법에 걸린 중생들도
모두 그 가르침 받고
빠짐없이 성불하였네.
그 보살 생을 마친 후
수없이 많은 부처님들
차례로 만나 뵈옵고
이 경전 설한 인연으로
무량한 복 받아서
공덕을 점점 갖춰
성불 빨리 했느니라.
그 때의 상불경은
곧 내 몸이로다.
상불경을 업신여기던
사부대중들이여,
내가 준 성불의 수기를
모두 받아 지닌 인연으로
한량없고 끝없는
부처님을 만나 뵈었느니라.
그 가운데 오백 보살과
청신사, 청신녀도 있어
지금 나의 앞에 와서
법을 들음이라.

# 21. 여래신력품

그때, 땅에서 솟아난 천 세계의
티끌수에 해당하는 수많은
보살마하살들이 일제히 석가모니
부처님 앞에 나아가, 한 마음으로
합장하고 부처님의 존안을
우러러보며 여쭈었다.

"세존이시여, 저희는 석가모니
부처님께서 열반하신 후에도
부처님의 분신들이 멸도하신 곳으로
가서 『법화경』을 널리 설하겠나이다.
그 까닭은, 저희 또한 이 진실하고
청정한 위대한 법문을 받아 지니며,
읽고 외우고, 해설하며, 옮겨 쓰고,
지극한 마음으로 공양하기를 원하기
때문이옵니다."

그때 세존께서는, 오래 전부터 이곳에
머무르고 계셨던 문수사리보살을
비롯하여 한량없고 가없는
백천만억의 보살마하살과
여러 비구, 비구니, 우바새, 우바이,
그리고 하늘, 용, 야차, 건달바,
아수라, 가루라, 긴나라, 마후라가 등
사람인 듯, 사람 아닌 듯한 모든
중생들 앞에서 거대한 신통력을
드러내셨다.

부처님께서는 넓고 긴 혀를
내보이시되 그 혀는 위로
범천세계에까지 미치며, 부처님의
온몸의 털구멍에서는 헤아릴 수 없는
광명이 흘러나와 시방세계를 두루
비추었다.

더불어 보배나무 아래의 사자좌에
앉으신 모든 부처님들께서도
석가모니 부처님과 같이 광명을

놓으며 혀를 길게 내어 그 거룩한
신통력을 함께 드러내셨다.
이렇게 많은 부처님들께서
백천 년 동안 신통을 나타내신 후
혀를 거두시고, 크게 기침하시며,
동시에 손가락을 튕기시니,
이 두 가지 소리는 시방세계의
모든 부처님 세계에 울려 퍼졌고,
그로 인해 땅은 여섯 가지로
크게 진동하였다.
이때 하늘과 땅의 중생들, 즉 하늘,
용, 야차, 건달바, 아수라, 가루라,
긴나라, 마후라가 등 모두가
부처님의 신통력에 힘입어 보배나무
아래 사자좌에 앉으신 백천만억
부처님들과, 다보여래와 함께 탑 안에
계신 석가모니불의 장엄한 모습을
이 사바세계에서 뚜렷이 뵈었다.
또한 그들은 무수한 보살마하살들과
사부대중들이 석가모니 부처님을
중심으로 공경하고 둘러싸고 있는
모습도 함께 보게 되었으며,
이러한 장엄한 광경을 보고 이전에는
한 번도 없던 큰 환희심을 품었다.
그때, 허공 가운데서 크고도 장엄한
음성이 울려 퍼졌다.

"무량무수, 헤아릴 수 없는
백천만 아승기 세계를 지나 또 하나의
세계가 있으니, 그 이름은 바로
사바세계이니라.
그곳에는 석가모니 부처님께서
머무시며, 지금 수많은
보살마하살들을 위하여 크고도
깊은 대승경전을 설하고 계시니,
그 경의 이름은 바로 『묘법연화경』,
이 경은 보살을 가르치는 바요,
부처님께서 마음속 깊이 염두에 두신
지극한 가르침이니, 그대들은 응당
깊이 마음으로 기뻐하고,
마땅히 예배하며 공양할지니라."

이 음성을 들은 모든 중생들은
허공에서 울려오는 그 말에 크게
감동하여 사바세계를 향해
두 손을 모으고,

"나무석가모니불, 나무석가모니불"

하고 한목소리로 부르며

깊은 신심으로 공양을 올리기
시작하였다.
그들은 형형색색의 꽃과 향기로운 향,
영롱한 영락과 찬란한 번개,
온갖 장엄한 보물과 장신구들을
정성껏 사바세계로 뿌렸나니,
그 수많은 공양물은 시방세계로부터
구름처럼 몰려와 마침내 변하여
보배 장막이 되었고, 그 보배 장막은
사바세계의 부처님들 위를 장엄하게
덮었다.
그로 인해 시방의 모든 세계는
막힘이나 장벽이 사라져, 하나의
불국토와 같았다.
그때 부처님께서, 상행등보살을
비롯한 한량없는 보살 대중을 향하여
말씀하셨다.

"모든 여래, 모든 부처님의
신통력이란 실로 한계가 없고,
헤아릴 수 없는 것이며, 또한 말로
다할 수 없는 불가사의한 경지이니라.
설령 내가 이와 같은 신통의
위신력으로써 무량한 아승기겁에
걸쳐 『법화경』의 공덕을 설한다
할지라도, 그 전부를 다 말하지는
못할 것이니라.
그러므로 나는 오직 가장 요긴한
것만을 간추려 말하노니,
『법화경』 속에는 여래의 일체의 법,
여래의 자재한 신통력, 여래의 깊고도
비밀한 법장, 여래의 심오한 경지를
이미 널리 밝혀 보였느니라.
그러니 너희 모든 보살마하살들은
여래께서 멸도하신 뒤에도
일심으로 이 경전을 받아 지니고,
읽고 외우고, 해설하고 옮겨 쓰며,
그 가르침에 따라 수행할지니라.
또한 너희가 머무는 국토마다
『법화경』을 마땅히 받아 지니며,
읽고 외우고, 해설하고 옮겨 쓰며,
그 말씀을 따라 수행하라.
『법화경』이 머무는 곳이라면,
설령 그것이 산림 속 동산이거나,
나무 아래거나, 수행자들이 모여
사는 승방이거나, 백성들의 평범한
집이거나, 전당이나 산골짜기,
들판일지라도 그곳에 반드시
보배로운 탑을 세울지니라.
왜냐 하면, 그 장소야말로 도량이요,

과거의 여러 부처님들께서도 그와 같은 곳에서 아뇩다라삼먁삼보리를 얻으시며, 열반에 드셨기 때문이니라."

그때 세존께서 이 뜻을 거듭 펴시려고 게송으로 말씀하셨다.

크신 신통력 머무시는
부처님 세존께서
중생 마음 기쁘게 하려
무량 신통 펴 보이시니
그 혀 끝은 길게 뻗어
범천 하늘 이르고
그 몸에서는 밝은 광명
온 세상에 빛을 주네.
부처님 도 구하는 자
그를 위해 나타나며
그때 나는 기침 소리
손가락을 또 팅기시니
시방의 모든 세계
여섯 가지로 진동하네.
부처님 멸도하신 후
이 경전을 지니는 이
여러 부처님 환희하사

무량 신통 드러내고
이 경 부촉하려 하시며
경 가진 이 찬탄하되
무량한 겁 흐른다 해도
그 공덕 다 설 못하리.
이 경을 갖는 사람은
공덕이 무량무궁하여
시방 허공과 같으니
헤아릴 수 없느니라.
이 경을 수지하는 이
곧장 나를 보게 되며
다보불과 분신불도
함께 만나 뵙게 되고
오늘날 교화하는
보살들도 만나보리.
나와 나의 분신불은
그 경 가진 이를 보며
기뻐하고 환희하리.
시방세계 모든 부처님들
과거세와 미래세의 부처님께
공양하여 가까이하며
즐거움 얻게 하리라.
부처님께서 도량에서 얻은
비밀하고 깊은 법도
이 경을 가진 이는

머지않아 얻게 되리.
이 경을 수지하는 이
묘한 법의 깊은 뜻과
이름, 글자, 말의 의미
막힘 없이 펴 드러내니
허공을 흐르는 바람처럼
장애 하나 없느니라.
여래 멸도하신 이후
부처님 남기신 경전
인연 따라 차례 알고
그 뜻 따라 설법하네.
마치 해와 달 밝은 빛이
온갖 어둠 몰아내듯
이런 이의 설법은
중생의 어둠 몰아내네.
무량한 보살 교화하며
일승 도량에 들게 하니
지혜로운 이라면 마땅히
이 공덕 따르리라.
내가 멸도한 그 뒤에도
이 경을 수지하는 이는
불도 향해 의심 없이
나아가게 되리라.

# 22. 촉루품

그때 석가모니 부처님께서는
법을 설하신 자리에서 몸을 일으켜,
크신 신통력을 나타내셨다.
그 오른손을 들어, 한량없이
많은 보살마하살의 머리 위를
어루만지시며 말씀하셨다.

"나는 헤아릴 수 없는 백천만억
아승기겁 동안 이루기 어려운
아뇩다라삼먁삼보리의 도를
닦고 닦아 지금 이 법을 너희에게
부촉하나니.
너희는 마땅히 일심으로 이 법을
널리 펼쳐 세상을 이롭게 하라."

그 보살들의 머리를 세 번
어루만지시고 다시 말씀하셨다.

"이 법은 내가 무량겁 동안 힘겹게
닦아 얻은 소중하고도 희유한
아뇩다라삼먁삼보리를 부촉하나니,
너희는 마땅히 이 법을 받아 지니고
읽고 외우며, 해설하고 널리 설하라.
이 법을 통해 일체 중생이 듣고,
알게 하라.
왜냐 하면 여래는 한량없는 자비로써
아끼는 바 없고, 인색함도 없으며,
두려울 것도 없으며, 부처님의 지혜와
여래의 지혜, 그리고 자연의 지혜를
기꺼이 모든 중생에게 나누어 주기
때문이니라.
여래는 모든 중생의 큰 시주이니,
그대들 또한 여래의 법을 따를 때
결코 아끼거나 머뭇거림 없이 전하라.
앞으로 오는 세상에도 만일 어떤
선남자, 선여인이 여래의 지혜를

믿고자 한다면, 『법화경』을 그들에게
반드시 설해 주어 이 법을 듣고 알게
하라.
이는 그들로 하여금 부처님의 지혜에
이르도록 하기 위함이니라.
혹 어떤 중생이 믿지 않고 받아들이지
않더라도 여래는 또 다른 깊고
미묘한 법문으로 그들을 인도하여
이익되게 하며, 기쁨을 얻게 하리라.
너희가 만일 이와 같이 행동한다면,
이것이 곧 여러 부처님들의 은혜에
보답하는 길이니라."

그때 많은 보살마하살들이 석가모니
부처님께서 이처럼 깊은 가르침을
내려주시는 말씀을 듣고,
마음 가득 환희심이 차올라 더없이
공경하는 마음으로 정성껏 예배하고,
석가모니 부처님을 향해 두 손을
모아 합장하였다.
그들은 한목소리로 석가모니
부처님께 여쭈었다.

"세존이시여, 부처님께서 분부하신
그 가르침을 저희는 온전히 받들고,
진실한 마음으로 실천하겠사오니
부디 걱정하지 마옵소서."

이 말은 세 번에 걸쳐 반복되었고,
모든 보살마하살들은 함께 소리 높여
외쳤다.

"세존께서 분부하신 바와 같이
마땅히 갖추고 받들어 행하겠사오니,
원컨대 세존이시여, 걱정하지
마옵소서."

그때 석가모니 부처님께서는
시방세계에서 오셨던 수많은 분신
부처님들을 향하여 말씀하셨다.

"이제 여러 부처님들께서는 평온히
각자의 세계로 돌아가시옵소서.
또한 다보불께서 계신 불탑도
다시 전과 같이 돌아가옵소서."

석가모니 부처님께서 이렇게
말씀하시자, 보배나무 아래의
사자좌에 머물러 계셨던 시방세계의
무량한 분신불과 다보여래, 그리고

상행보살을 비롯한 가없는 아승기
보살 대중과 사리불 등의 성문대중,
하늘과 인간과 아수라 등 온 세간의
모든 존재들은 부처님의 법문을 듣고
크게 기뻐하였다.

# 23. 약왕보살본사품

그때 수왕화보살이 석가모니 부처님께 여쭈었다.

"세존이시여, 약왕보살께서는 어찌하여 이 사바세계에 머무르시며 중생을 이롭게 하십니까?
이 보살께서 백천만억 나유타 겁 동안 수많은 어려운 고행을 닦으셨다는 말씀을 들었습니다.
거룩하신 세존이시여, 원하옵건대 간략하게라도 그 내력을 설하여 주옵소서.
하늘과 용, 귀신과 야차, 건달바와 아수라, 가루라와 긴나라, 마후라가 등 사람 같기도 하고 같지 않기도 한 중생들과, 또한 다른 국토에서 이곳에 온 보살들, 그리고 이 자리에 함께한 성문대중들이 들으면 모두 크게 기뻐하오리다."

그때 석가모니 부처님께서 수왕화보살에게 말씀하셨다.

"오랜 과거 한량없는 항아강의 모래 수와 같은 겁 전에 일월정명덕 여래, 응공, 정변지, 명행족, 선서, 세간해, 무상사, 조어장부, 천인사, 불세존이셨느니라.
그 부처님께는 팔십억의 보살마하살 대중과 칠십이항아강의 모래 수와 같은 성문 대중이 계셨고,
부처님의 수명은 사만 이천 겁이며, 보살들의 수명 또한 그와 같았느니라.
그 국토에는 여인이 없고, 지옥이나 아귀, 축생, 아수라도 없었으며, 어려운 고통이 전혀

없었느니라.

땅은 손바닥처럼 평평하여 유리로 이루어졌고, 보배나무들이 곳곳에 있어 그 나라를 장엄하였으며,

그 위로는 보배의 장막이 드리워졌고, 보배 꽃과 보배 번개가 빛을 내며 덮고 있었느니라.

나라 전체에는 향기로운 병과 향로가 가득했고, 나무마다 하나씩 보배로 만든 좌대가 마련되어 있었으며,

이 나무들은 마치 화살 하나가 닿을 정도로 정연히 배치되어 있었느니라.

그 보배 나무 아래에는 보살과 성문이 가부좌로 앉아 있었으며, 하늘의 천신들 백억이 하늘의 음악을 연주하고, 노래로써 부처님을 찬탄하며 공양하였느니라.

그때 일월정명덕 여래께서는 '일체중생희견보살'과 수많은 보살 대중, 성문 대중을 위하여 『법화경』을 설하셨느니라.

이 '일체중생희견보살'은 고행을 즐겨 닦았고, 일월정명덕불의 법 가운데서 끊임없이 정진하고 수행하여 무려 일만 이천 년 동안 부처님을 일심으로 구하였느니라.

그리하여 마침내 '현일체색신삼매'를 증득하였느니라.

이 삼매를 얻은 보살은 마음 깊이 크게 기뻐하며 생각하였느니라.

'내가 이 심오한 일체색신삼매를 증득하게 된 것은 오로지 『법화경』을 들은 공덕 덕분이니, 이제 마땅히 일월정명덕 부처님과 이 경전에 공양을 올려야 하리라.'

곧 그 삼매에 들어가자, 허공에서 만다라꽃과 마하만다라꽃이 구름처럼 내렸고, 검고 가는 전단향이 향기로운 안개처럼 퍼졌으며, 또 해차안의 전단향이 비처럼 내렸느니라.

그 향기는 물처럼 흘렀으며, 그 가치는 이 사바세계 전체와 맞먹는 정도였느니라.

이러한 공양을 마친 후, 보살은 삼매에서 나와 스스로 이렇게 생각하였다.

'내가 신통력으로 부처님께 공양을 올렸으나, 몸을 바쳐 드리는 공양에는 미치지 못하도다.'

곧 이어 보살은 여러 종류의 향,

전단, 훈륙, 도루바, 필력가, 침수, 교향 등을 섭취하였고, 일천이백 년 동안 첨복꽃으로 만든 향유를 마시며 그 향유를 몸에 바르고 바르기를 그치지 아니하였다.
그리고 마침내 일월정명덕 여래 앞에서 하늘의 보배 옷으로 자신의 몸을 감싸고 그 위에 향유를 부어 적시고는 신통력의 발원으로 몸을 태우니, 그 광명이 팔십억 항아강의 모래 수와 같은 세계를 두루 비추었다.
그때 그 세계의 여러 부처님들께서 한 목소리로 찬탄하셨느니라.
'훌륭하고 훌륭하도다, 선남자여! 이것이야말로 참된 정진이며, 이것이야말로 여래께 드리는 참된 공양이니라.
비록 꽃과 향, 영락과 소향, 말향, 도향이나 하늘 비단으로 만든 번개, 해차안의 전단향 등 이 모든 것을 공양하더라도 이 공덕에 미치지 못할 것이며, 나라와 자식, 아내를 보시하더라도 또한 이에 미치지 못하느니라.

선남자여, 이것을 '제일의 보시'라 하나니, 그 까닭은 법으로써 모든 여래를 공양하는 보시이기 때문이니라.'
이와 같은 가르침을 설하신 뒤, 모든 부처님들께서 침묵하셨느니라.
그 보살의 몸은 일천이백년 동안 불타고 나서야 다 소진되었느니라.
이처럼 일체중생희견보살은 자신의 몸을 태워 법으로 공양하고 난 뒤, 다시 일월정명덕불의 국토 가운데 있는 '정덕왕'의 집에 결가부좌한 모습으로 홀연히 화생하여 아버지를 향하여 게송으로 말하였느니라.

대왕이신 아버지여
마땅히 아옵소서.
저는 저 먼 땅에서
오랜 세월 경행하여
현일체색신삼매의 깊은 뜻을
마침내 얻었사오며
지금 또한 그 삼매에 들었나이다.
간절한 마음 품고
크나큰 정진의 행을 닦으며

이 아끼는 몸조차
서슴없이 버렸으니
이 모든 것은 다만
거룩하신 세존께 공양드려
위없는 큰 도를
구하고자 함이었습니다.

이 게송을 모두 마친 후, 다시 아버지를 향하여 말씀드렸느니라. '일월정명덕 여래께서는 아직도 세상에 계십니다. 제가 먼저 부처님께 공양을 올리고 해일체중생어언다라니를 얻었으며, 이제 다시 『법화경』의 팔백천만억 나유타에 이르는 견가라, 빈바라, 아촉바 등의 게송을 들으려 하오니, 저는 지금 일월정명덕 여래께 다시 나아가 공양을 올리고자 합니다.' 이 말을 마친 후, 보살은 칠보로 만든 좌대 위에 앉아 허공으로 솟아올랐으니, 그 높이가 칠다라수나 되었느니라.
그는 일월정명덕 여래께서 계신 곳으로 나아가 정중히 머리를 숙여 예배하고, 열 손가락을 모아 합장한 뒤, 게송으로 일월정명덕 여래를 찬탄하였느니라.

존안이 기묘하고 아름다우신
거룩한 세존께서
시방세계 두루 비추시며
광명을 놓으셨나이다.
오랜 옛날, 이미 공양드린
그 인연 있었으나
오늘 이 순간 다시 와서
깊은 마음으로 친근하옵니다.

그때 일체중생희견보살은 일월정명덕 여래께 찬탄의 게송을 마친 후 여쭈었느니라.
'세존이시여, 아직도 머무르시옵니까?' 그때 일월정명덕불께서 일체중생희견보살에게 말씀하셨느니라.
'선남자여, 나는 이제 열반에 들 시간이 다가왔으며, 멸도의 때가 가까이 이르렀느니라. 너는 이 도량에 자리를 평안히 펴도록 하여라. 나는 오늘 밤, 열반에 들리라.'
그리고 일체중생희견 보살에게 거듭 분부하셨느니라.

'선남자여, 나는 부처의 법으로서
모든 보살들과 위대한 제자들,
그리고 너에게 아뇩다라삼먁삼보리의
깊은 가르침을 부촉하노라.
또한 삼천대천세계의 칠보로 이룬
세계와, 수많은 보배나무 아래의
법좌, 나를 시봉하던 모든 하늘
중생들까지도 너에게 부촉하노라.
내가 멸도한 뒤 남겨질 사리 또한
너에게 부촉하니, 이 사리를 널리
전하고, 마땅히 정성으로 공양하고,
수천 개의 탑을 세워 그 가르침을
온전히 남기도록 하여라.'
그 말씀을 마치고, 일월정명덕
여래께서는 그날 밤, 조용히 열반에
드셨느니라.
그때 일체중생희견보살은 부처님께서
멸도하신 모습을 보고 슬픔과 애통에
잠기며, 마음 깊이 그리워하였고,
보살은 해차안의 전단향을 높이 쌓고,
그 위에 부처님의 진신을 정중히
모시어 불을 지폈느니라.
불꽃이 모두 꺼진 뒤, 그 사리를
거두어 팔만 사천 개의 보배 항아리에
나누어 담고, 팔만 사천 개의 탑을
세웠느니라.
이 탑들은 삼세계를 능가할 높이로
솟구쳤고, 온갖 장엄한 표찰,
장식과 깃발, 다채로운 보배 방울들이
드리워졌으며, 찬란히 빛나는 탑들이
일으켜졌느니라.
그때 일체중생희견보살이 스스로
생각하였느니라.
'비록 이와 같은 탑과 공양으로
마음을 다했으나, 아직도 내 마음은
충분히 흡족하지 않다.
다시 한 번, 사리를 공양하리라.'
그리고 그는 사방에 모인 모든 보살과
큰 제자들, 하늘과 용, 야차 등 일체
대중을 향해 말했느니라.
'그대들이여, 일심으로 함께 하시라.
이제 나는 위대한 일월정명덕 불의
사리를 공양하려 하노라.'
그러고 나서, 일체중생희견보살은
팔만 사천의 탑 앞에서 온몸을
백복으로 장엄한 자신의 두 팔을 태워
칠만 이천 년 동안 부처님께 공양을
올렸느니라.
이 정성어린 행은, 무수한 성문
수행자들, 한량없는 아승기의 중생

대중들에게 아뇩다라삼먁삼보리의
마음을 일으키게 하였고,
그들로 하여금 현일체색신삼매를
얻고 그 삼매에 머무르게 하였느니라.
그때 모든 보살들, 하늘과 인간,
아수라 등은 보살의 두 팔이 불타
사라진 것을 보고 깊이 걱정하고
슬퍼하며 이렇게 말하였느니라.
'이 일체중생희견보살께서는
우리의 스승이시며,
우리를 교화하시거늘,
이제 두 팔을 태워버리시어
몸이 온전치 않게 되었도다.
그 말을 들은 일체중생희견보살은
대중 가운데서 맹세하였나니,
'나는 이 두 팔을 버렸나니,
이제 반드시 부처님의 금빛 몸을
얻으리라.
만일 나의 이 맹세가 참되고 결코
허사가 아니면, 나의 이 두 팔은
옛날과 같이 회복되리라.'
그렇게 서원을 마친 후,
과연 그 두 팔은 본래와 같이
회복되었으니, 이는 보살의 깊고
두터운 복덕과 지혜의 힘이 그와 같기
때문이었느니라.
이때, 삼천대천세계는 여섯 가지로
크게 진동하였고, 하늘에서는 수없이
많은 보배꽃들이 비처럼 내려왔으며,
모든 하늘과 인간의 중생들은
미증유함을 얻었느니라."

석가모니 부처님께서 수왕화보살에게
말씀하셨다.

"수왕화여, 너의 생각은 어떠하냐?
일체중생희견보살이 어찌 다른
이이겠느냐?
지금 여기 있는 약왕보살이 바로
그 보살이니라.
그는 과거세에 수없이 많은 나유타겁
동안 자신의 몸을 바쳐 보시하는
공덕을 쌓았느니라.
수왕화여, 만일 어떤 이가
아뇩다라삼먁삼보리를 발심하고자
한다면, 그는 자신의 손가락이나
발가락 하나라도 태워 부처님의 탑에
공양해야 하느니라.
그 공양은, 삼천대천세계의 온갖
국토나 처자, 산과 숲, 강과 못,

보배와 진귀한 온갖 물건을 다 모아
공양하는 것보다 더욱 뛰어나느니라.
더 나아가, 삼천대천세계에 칠보를
가득히 채워 모든 부처님과 보살과
벽지불, 아라한에게 공양하더라도,
그 공덕은 『법화경』의 단 네 구절의
게송을 받아 지니는 공덕만큼은 되지
못하느니라.
수왕화여, 비유를 들어 말하자면,
모든 시내와 강 가운데 바다가
가장 넓고 깊은 것처럼, 『법화경』은
부처님들께서 설하신 모든 경전
가운데 그 뜻이 가장 깊고 높아
제일이니라.
또한 작은 언덕이나 검은 산,
소철위산과 대철위산,
십보산과 같은 수많은 산들 가운데
수미산이 가장 높고 장엄하듯,
이 경도 모든 경전 가운데 수미산과
같이 으뜸이니라.
하늘의 수많은 별들 가운데 달이
가장 밝게 비추듯, 『법화경』도
모든 경전 가운데 가장 밝은 빛을
발하느니라.
태양이 어둠을 걷어내듯, 이 경도
모든 중생의 어리석음을 밝게 비추어
그릇된 길을 여의게 하느니라.
또한 여러 작은 왕들 중 전륜성왕이
가장 뛰어난 왕이듯이,
이 경은 모든 경전 가운데
가장 존귀하고 높아 으뜸이니라.
삼십삼천 세계의 왕인 제석천왕과
같이 이 경도 모든 법 가운데 으뜸의
왕이 되며, 일체 중생의 어버이와
같은 대범천왕처럼,
이 경은 현자와 수행자, 보살의
마음을 낸 이들에게 근본의 가르침이
되는 '법의 어버이' 이니라.
또한, 범부들 가운데 수다원, 사다함,
아나함, 아라한, 벽지불이 각기
수행의 성취로 제일이듯,
『법화경』 또한 모든 부처님과 보살,
성문이 설하신 모든 경전 가운데
가장 뛰어난 경전이니라.
이 경을 지니고 실천하는 사람 또한
일체 중생 가운데 제일이라
할 것이요, 성문이나 벽지불들
가운데서도 보살이 더욱 높듯,
이 경도 모든 경전 가운데 으뜸이
되며, 부처님께서 법의 왕이시듯,

이 경도 모든 경전 가운데 왕이 되느니라.

수왕화여, 『법화경』은 능히 일체 중생을 구원하며, 중생들의 온갖 고통을 없애주고, 중생들의 바람을 충족시켜 큰 이익을 베풀어 주느니라.

이 경은 메마른 자에게 시원한 못이 되어 갈증을 풀어주고, 추위에 떠는 자에게 따뜻한 불이 되어주며, 벗은 이를 위한 옷이 되어주고, 물건을 맡길 주인을 만난 장사꾼처럼 안도함을 주며, 잃었던 아들을 되찾은 어머니처럼 기쁨을 주고, 강가에서 배를 얻은 사람처럼 희망을 주며, 질병에 시달리던 이에게 명의가 되어주고, 어두운 밤의 등불처럼 길을 밝혀주며, 가난한 자에게 보배가 되어주고, 백성을 이끄는 지혜로운 왕이 되어주며, 항해자가 바다를 만나듯 광대한 도량을 제공하고, 모든 어둠을 밝히는 횃불이 되느니라.

이와 같이 『법화경』은 중생들의 모든 고통과 병고를 여의게 하며, 생사의 굴레에서 벗어나 진정한 해탈로 이끄는 힘을 지니고 있느니라.

그러므로 만약 어떤 사람이 이 경전을 듣고 스스로 손으로 베껴 쓰거나, 다른 사람에게 베껴 쓰게 한다면, 그 얻는 공덕은 부처님의 지혜로 살펴보아도 그 깊이와 넓이를 헤아릴 수 없을 것이며, 그 끝을 알 수 없느니라.

또한 이 경전을 정성스럽게 베껴 꽃과 향, 영락, 연향과 말향, 도향, 하늘 비단으로 된 번개 장식과 의복, 가지가지의 등불, 기름등, 향유등, 참복유등, 수만나유등, 바라라유등, 바리사가유등, 나바마리유등 등. 이 모든 정성으로 공양할지라도 그 얻는 공덕은 한량없고 가없는 것이니라.

수왕화여, 만일 어떤 사람이 이 「약왕보살본사품」을 들으면 한량없는 복덕을 얻게 되며, 어떤 여인이 이 품을 듣고 받아 지닌다면 그 목숨을 마친 뒤에는 다시는 여인의 몸으로 태어나지 않으리라.

더욱이, 여래께서 멸도하신 뒤 오백 년이 지난 뒤에도 어떤 여인이

이 경의 가르침을 따라 수행하면,
그 목숨을 마친 뒤 극락세계의
아미타불 계신 곳, 위대한 보살들이
둘러선 연꽃 보좌 위에 다시 태어나게
되리라.
그때에는 탐욕도 없고, 성냄도
없으며, 어리석음과 교만, 질투와
같은 더러운 번뇌도 모두 끊어져,
보살의 신통력과 모든 법이 본래 나지
않음을 깨닫는 무생법인을 얻고,
그 눈이 맑고 청정하여져서 칠백만
이천억 나유타 항아강의 모래 수와
같은 수많은 여래를 뵙게 되리라.
그때 여러 부처님들께서 멀리서
칭찬하셨느니라.
'훌륭하도다, 훌륭하도다,
선남자여!
그대들이 능히 석가모니불의
법 가운데서 이 경을 받아 지니고,
읽고 외우며, 사유하고, 다른 이에게
설하여 들리게 한다면, 그 얻는
복덕은 가히 헤아릴 수 없느니라.
이러한 공덕은 불로도 태울 수 없고,
물로도 가라앉히지 못하며,
천 명의 부처님이 한목소리로
설한다 해도 그 전부를 다 밝힐 수
없느니라.
그대들은 이제 온갖 마군을 꺾고
생사의 괴로움에서 벗어났으니,
그대들의 모든 원수는 스스로 소멸될
것이니라.
선남자여, 수없이 많은 부처님들께서
신통력으로 그대들을 항상 보호하실
것이며, 이 세간의 하늘과 인간
가운데 그대와 같은 이를 다시 찾을
수 없느니라.
여래를 제외한 모든 성문과 벽지불,
그리고 보살들 중에서도 그대의
복덕에 견줄 자가 없느니라.'
수왕화여, 이 보살은 이와 같은
공덕과 지혜의 힘을 온전히
갖추었느니라.
또한 어떤 이가 「약왕보살본사품」을
듣고 기뻐하며 찬탄하기만 하여도,
그 사람은 이 생에 있어 입에서는
항상 푸른 연꽃의 향기가 나고,
몸의 털구멍에서는 우두전단향이
풍기며, 그 공덕은 앞서 말한 바와
같으리라.
수왕화여,

그러므로 「약왕보살본사품」을
너희에게 맡기노라.
내가 멸도한 뒤 오백 년이 지나
염부제 세계에 이르거든 너희는
반드시 이 경을 널리 선포하고
끊어지지 않도록 지극한 정성으로
유포하라.
그리고 이 경이 악마나 그 무리들,
하늘이나 용, 야차, 구반다 등
사람 같으나 사람 아닌 이들에 의해
훼손되지 않도록 굳건히 지켜야
하느니라.
수왕화여, 너는 반드시
신통력으로 이 경을 수호할지니,
왜냐 하면 이 경전은 염부제의
중생들에게 있어 모든 병고를
치유하는 최고의 묘약과
같기 때문이니라.
만일 어떤 이가 병들어 괴로워
할지라도 이 경을 듣기만 하면
그 병은 낫게 되며, 더 이상 늙지도
않고 죽음에 이르지도 않게 되느니라.
수왕화여, 만일 그대가
이 경을 지니고 있는 이를 보거든
푸른 연꽃과 고귀한 향을 가득 담아
그 위에 공양을 드리고 이와 같이
마음속으로 깊이 생각하라.
'이 분은 머지않아 도량에 나아가
풀을 깔고 선정에 들어 모든 마군을
꺾고 법의 소라를 불며 큰 법북을
울려 일체 중생의 늙고 병들고 죽는
고통을 제도하여 해탈하게 하리라.'
그러므로 불도를 구하는 이라면
이 경을 수지하는 이를 보았을 때
마땅히 경건하고 공경스러운
마음으로 받들어 예배해야 하느니라."

이 「약왕보살본사품」을 설하실 때,
팔만 사천의 보살이
'해일체중생어언다라니'를 얻게
되었으며, 보배탑 안에 계신
다보여래께서 수왕화보살에게
말씀하시어 이와 같이 찬탄하셨다.

"훌륭하고 훌륭하도다, 수왕화여.
그대는 불가사의한 공덕을
이미 성취하였고, 지금 석가모니불께
이 중대한 일을 물어 주었으니,
이로 인해 한량없는 중생들이 이익을
얻게 되었도다."

# 24. 묘음보살품

그때 세존 석가모니 부처님께서
대인상인 육계에서 찬란한 광명을
놓으시고, 또한 미간 백호상에서도
거룩한 광명을 비추셨으니,
그 광명이 동방으로 퍼져 일백팔만억
나유타 항아강의 모래 수와도 같은
무수한 부처님 세계를 두루 밝혔다.
그 수많은 세계들을 지나
정광장엄이라 이름한 세계에 이르니,
그곳에 정화수왕지여래, 응공, 정변지,
명행족, 선서, 세간해, 무상사,
조어장부, 천인사, 불세존으로서
한량없는 보살 대중에게 둘러싸여
거룩한 설법을 펼치고 계셨다.
석가모니불의 백호상의 광명 줄기가
그 정광장엄 세계를 환히 비추었을
때, 그 국토 안에 '묘음'이라 불리는
보살이 있었으니,

무수겁을 거쳐 깊은 선근을 쌓고
한량없는 백천만억 부처님을
친견하여 마침내 넓고 깊은 지혜를
이루었다.
그는 다음과 같은 삼매를
성취하였으니, 묘당상삼매, 법화삼매,
정덕삼매, 수왕희삼매, 무연삼매,
지인삼매, 해일체중생어언삼매,
집일체공덕삼매, 청정삼매,
신통유희삼매, 혜거삼매, 장엄왕삼매,
정광명삼매, 정장삼매, 불공삼매,
일선삼매 등 그 수가 백천만억
항아강의 모래와도 같았다.
이 묘음보살이 그 몸 위에
석가모니불의 백호상 광명이 비치는
것을 보고 곧 정화수왕지여래께 예를
갖추어 아뢰었다.

"세존이시여, 이제 제가 사바세계로 나아가 석가모니여래를 예배하고 친견하며 그 부처님께 공양을 올리기를 원하옵니다.
또한 문수사리법왕자보살과 약왕보살, 용시보살, 수왕화보살, 상행의보살, 장엄왕보살, 약상보살 등 그 세계의 보살님들을 뵈오려 하옵니다."

이에 정화수왕지불께서 묘음보살에게 말씀하셨다.

"그대는 사바세계를 낮추어 보지 말지니라.
그곳은 땅이 울퉁불퉁하여 평탄하지 않고 흙과 자갈과 바위로 가득 차 있으며 더러운 것으로 충만하고, 그곳 부처님의 몸은 작으며 그 보살들의 모습 또한 작도다. 그러나 그대의 몸은 사만 이천 유순의 높이에 이르며, 나의 몸은 육백팔십만 유순에 이르렀나니, 그대는 복덕이 백천만겁을 쌓아 구족하고 광명이 위대하고 장엄하지만, 사바세계에 이르러 그 국토를 가볍게 여기지 말고, 그 부처님과 보살들을 하열하게 여기지 말지니라."

그때 묘음보살이 다시 여쭈었다.

"세존이시여, 제가 지금 사바세계로 나아가려는 것은 오직 여래의 크신 힘이 작용한 것이며, 여래의 신통유희와 공덕의 덕화이며, 지혜와 장엄의 감화이옵니다."

그때 묘음보살은 자신의 자리를 떠나지 않고 그 몸을 조금도 움직이지 아니한 채 깊은 삼매에 들어가 그 삼매의 위신력으로써 사바세계의 기사굴산 가까이에 팔만 사천 송이의 다양한 보배 연꽃을 화현으로써 피워 올리니, 그 줄기는 염부단금으로 빛났고, 잎은 백은으로 찬란하였으며, 꽃술은 금강으로 견고하였고, 꽃받침은 견숙가보로 장엄되어 있었다.

그때 문수사리법왕자가 이 연꽃들을 바라보고 석가모니

부처님께 여쭈었다.

"세존이시여, 이러한 상서는
어떤 인연으로 생겨난 것이옵니까?
천만 송이 연꽃의 줄기는
염부단금이요, 잎은 백은이며,
꽃술은 금강이요, 그 꽃받침은
견숙가보로 되었나이다."

이에 석가모니 부처님께서
말씀하셨다.

"문수사리여, 묘음보살마하살이
정화수왕지여래의 정광장엄 국토에서
육만 사천의 보살들과 함께 이
사바세계에 이르러 나를 친견하고
공양하려 하며, 또한 『법화경』을
듣고자 함이니라."

문수사리보살이 다시 석가모니
부처님께 여쭈었다.

"세존이시여,
이 보살은 과연 어떠한 선근을
닦았으며, 어떠한 공덕을 심었기에
이토록 큰 신통의 힘을
갖추었나이까?
또한 어떤 삼매를 수행하여
이와 같은 화현을 이룰 수 있나이까?
바라옵건대, 그 삼매의 이름을
저희에게 밝혀주시어 우리 또한 닦고
익히게 하여 주옵소서.
그리고 이 보살의 몸의 크기와 빛깔,
그 위엄과 자태, 움직임과 멈추는
것의 모습을 뵈옵고자 하나이다.
원하옵나니, 세존께서 신통의 힘으로
그 보살이 오는 모습을 저희도
친히 볼 수 있도록 허락하여
주옵소서."

그때 석가모니 부처님께서
문수사리보살에게 말씀하셨다.

"문수사리여, 여기 오래전에 멸도하신
다보여래께서 마땅히 너희들을
위하여 그 보살의 모습을 나타내어
보이시리라."

그때 다보여래께서 그 광명을 따라
오고 있는 묘음보살을 향하여

말씀하셨다.

"선남자여, 어서 오라.
문수사리법왕자가 너 보기를
원하노라."

그때 묘음보살은 정화수왕지불의
국토로부터 팔만 사천의 보살과 함께
이 사바세계에 다가오니, 지나는
모든 세계가 여섯 가지로 크게
진동하였으며, 칠보로 된 연꽃이
하늘에서 비오듯 내리고, 백천 가지
하늘의 악기와 북이 저절로 울려
퍼졌다.
이 보살의 눈은 광대하여 푸른
연꽃잎 같았고, 그 얼굴은 백천만
개의 달빛을 합한 것보다도 더욱
단정하였으며, 진금색의 몸은
한량없는 백천의 공덕으로 장엄되어
위덕은 매우 성대하고,
광명은 밝게 사방을 비추었으며,
그 모습은 완전무결하여 나라연의
견고한 몸과도 같았다.
그는 칠보로 된 좌대 위에 앉은 채
허공에 떠오르니,

그 높이가 칠다라수에 이르렀고,
그를 따르는 보살 대중이 사방을
둘러싸 공경하며 이 사바세계로
함께 다가왔다.
이윽고 기사굴산에 이르러
묘음보살은 좌대에서 일어나 내려
석가모니불께 머리를 숙여 예배하고,
백천만 냥에 달하는 보배 영락을
받들어 올려 공양하였으며,
이내 석가모니 부처님께 여쭈었다.

"세존이시여, 정화수왕지불께서
세존께 문안을 올리십니다.
'세존께서는 작고 사소한 병고나
근심도 없으시며,
기거는 자유로우시고,
일상은 평안하시며,
사대는 잘 조화되십니까?
이 세간의 일들은 견딜 만하시며,
중생들을 제도함에 어려움은
없으십니까?
혹 탐욕과 성냄과 어리석음과
질투와 인색함, 교만함이 성하지는
않사옵니까?
부모께 불효하거나, 출가한 이들을

공경치 않는 일이 없사옵니까?
삿된 견해나 불선한 마음으로
계율을 범하거나 오정에 빠지는 일이
없사옵니까?
중생들이 마군이나 원수들을
잘 항복하고 다스리고 있사옵니까?
또 이미 멸도하신 다보여래께서는
지금도 칠보탑 안에 계시며
법을 들으시기 위해 이 자리에
함께하십니까?'
이와 같은 문안을 전하셨나이다.
세존이시여, 바라옵건대
제가 다보여래의 거룩하신 몸을 뵐 수
있도록 허락하여 주시옵소서."

이에 석가모니불께서 다보여래께
말씀하시었다.

"여기 묘음보살이 친견하고자
하나이다."

그러자 다보불께서 묘음보살에게
이르셨다.

"훌륭하고 훌륭하도다. 네가 능히
석가모니불을 공양하고, 『법화경』의
법문을 들으며, 또 문수사리보살
등과의 친견을 위해 이 먼 길을
마다하지 않고 왔도다."

그때 화덕보살이 석가모니 부처님께
여쭈었다.

"세존이시여, 이 묘음보살은 과연
어떠한 선근을 심었으며,
어떤 공덕을 닦았기에 이토록
신통력을 지녔사옵니까?"

이에 석가모니불께서 화덕보살에게
말씀하셨다.

"과거에 부처님께서 계셨으니,
이름이 운뢰음왕 다타아가도,
아라하, 삼먁삼불타였으며,
그 국토의 이름은 '현일체세간'이요,
그 겁의 이름은 '희견'이라
하였느니라.
그때 묘음보살은 일만 이천 년 동안
십만 가지의 하늘 음악으로
운뢰음왕불께 공양드렸으며,

또한 팔만 사천 개의 칠보로 된
발우를 받들어 올렸더라.
이와 같은 공양과 공덕의 인연으로
지금 정화수왕지불의 국토에 태어나
이러한 신통력을 성취하였느니라.
화덕아, 너는 어떻게 생각하느냐.
그 옛날, 운뢰음왕불께
공양하고 보배 발우를 올린
그 묘음보살이 다름 아닌
지금의 묘음보살마하살이니라.
이 보살은 예로부터
무량한 부처님께 공양드리며
친근하여 깊은 선근과 덕의 뿌리를
쌓았고, 항아강의 모래처럼
헤아릴 수 없이 많은 백천만억
나유타의 부처님을 친견하였느니라.
화덕아, 그대는 혹 이 묘음보살이
오직 하나의 몸만을 이곳에
머문다고 생각하느냐?
이 보살은 여러 모습으로 변화하여
모든 중생을 제도하고자 곳곳에서
『법화경』을 설하느니라.
때로는 범천왕의 몸을,
때로는 제석천의 몸을,
자재천이나 대자재천의 몸을
나타내며, 전륜성왕,
혹은 여러 소왕의 몸으로
나타나기도 하고,
장자, 거사, 관리, 바라문의
모습으로도 나타나며,
비구, 비구니, 우바새, 우바이의
몸을 빌려 이 법을 설하나니라.
또는 장자나 거사의 부인으로,
혹은 관리나 바라문의 부인으로도
나타나며, 동자나 동녀의 몸으로도
나타나고, 하늘, 용, 야차, 건달바,
아수라, 가루라, 긴나라, 마후라가 등
사람인 듯 아닌 듯한 중생의
모습으로도 나타나 이 경을
설하나니, 심지어 지옥과 아귀,
때로는 왕의 후궁의 모습으로,
여인의 몸으로 변화하여 『법화경』을
설하기도 하느니라.
심지어 지옥과 아귀, 축생의 세계나
온갖 고난과 환난에 빠진 이들에게도
이 보살은 다가가 구원하느니라.
화덕아, 이 묘음보살은 능히
사바세계 모든 중생을 구제하며,
이처럼 다양한 모습으로 변화하여
이 세상에서 『법화경』을 널리

펴지만, 그 지혜와 신통력은
조금도 줄어들지 아니하느니라.
이 보살은 작은 지혜로도
사바세계를 밝게 비추고,
일체 중생으로 하여금 저마다
이해하게 하며, 시방의,
항아강의 모래처럼 많은 국토에서도
역시 이와 같이 하느니라.
어떤 이는 성문의 몸으로
제도되기에 성문으로 나타나고,
어떤 이는 벽지불의 몸으로
제도되기에 벽지불의 몸으로
나타나며, 보살로써 제도할
이에게는 보살의 모습을 취하고,
부처로써 제도할 이에게는 부처의
모습을 드러내 설법하느니라.
때로는 멸도의 상을 나타내
중생을 제도하나니, 그 모든
변화는 다 중생의 근기에 따라
행하는 것이며, 이 모두는
묘음보살마하살이 성취한 위대한
신통력과 지혜의 힘이니라."

그때 화덕보살이 석가모니 부처님께
여쭈었다.

"세존이시여, 묘음보살께서는
실로 깊고도 굳건한 선근을
심으셨나이다.
이 보살께서는 어떠한 삼매에
머무르시기에 이처럼 자유자재한
변화의 몸을 나타내시며,
중생들을 제도하여 해탈로 이끄시는
것이옵니까?"

석가모니 부처님께서 화덕보살에게
이르시되,

"선남자야, 그 삼매의 이름은
'현일체색신삼매'니라.
묘음보살마하살은 이 삼매 가운데
머물러, 무량한 중생들에게
이익을 주어 이롭게 하느니라."

이와 같이 「묘음보살품」을 설하실 때,
묘음보살과 함께 이곳에 찾아왔던
팔만 사천의 보살들이 모두
'현일체색신삼매'를 얻었고,
이 사바세계에 머무르던 무수한
보살들 또한 각각 이 삼매와 다라니를
함께 성취하였다.

이때 묘음보살마하살은 석가모니불과
다보불의 칠보탑에 공양을 마친 후
본래의 국토로 돌아가려 하였다.
그가 지나간 모든 세계마다
여섯가지로 진동하였고, 하늘에서는
칠보의 연꽃이 비 오듯 흩날리며,
백천만억 가지의 하늘 기악이
저절로 울려 퍼졌다.
이윽고 본국에 도달하여,
팔만 사천의 보살에게 둘러싸인 채
정화수왕지여래 계신 곳으로
나아가 머리 숙여 여래께 아뢰었다.

"세존이시여, 제가 사바세계에
무수한 중생들을 이롭게 하였고,
석가모니불과 다보불탑을
친견하였으며, 공양하고 예배함을
마쳤사옵고, 문수사리법왕자보살,
약왕보살, 득근정진력보살, 용시보살
등을 친견하였으며,
또한 팔만 사천의 보살들로 하여금
모두 '현일체색신삼매'를
얻게 하였나이다."

이 「묘음보살의 내왕품」을 설하실
때, 사만 이천 천자들이 무생법인을
얻었고, 화덕보살은 '법화삼매'를
성취하였다.

# 25. 관세음보살보문품

그때 무진의보살이 자리에서 일어나, 오른쪽 어깨의 옷을 벗어 드러내고, 두 손을 합장하고 부처님께 공경히 아뢰었다.

"세존이시여, 관세음보살께서 '관세음'이라 불리는 그 이름에는 어떠한 깊은 인연이 있나이까?"

이에 부처님께서 무진의보살에게 말씀하셨다.

"선남자여, 만일 헤아릴 수 없는 백천만억의 중생들이 각기 온갖 고뇌에 시달릴 때,
이 관세음보살의 이름을 듣고 일심으로 그 이름을 부르기만 하면, 관세음보살은 곧 그 음성을 들으시고 고통 속의 중생들을 해탈케 하느니라.
만일 어떤 이가 이 관세음보살의 이름을 지니고 있다면,
설령 큰 불길 속에 들어간다 하여도 그 불은 감히 그 몸을 태우지 못하리니, 이는 관세음보살의 위신력이 크기 때문이니라.
또 어떤 이가 큰물에 휩쓸려 위태롭게 되었을지라도 그 이름을 부르면 곧 물길이 가라앉아 안전한 얕은 곳으로 인도되며,
혹은 백천만억 중생이 금, 은, 유리, 차거, 마노, 산호, 호박, 진주 등 귀한 보배를 구하고자 거센 바다에 들어가 노를 저을 때, 만약 폭풍우가 불어 그 배가 나찰귀들의 나라에 닿게 되더라도,
그 가운데 단 한 사람이라도

관세음보살의 이름을 부르면, 그 배에 탄 모두가 무사히 나찰의 난에서 벗어날 수 있으리니, 이런 까닭으로 관세음이라 부르느니라.

또한 어떤 이가 칼이나 몽둥이 등 무기로 인해 해를 입게 되었을 때에도 관세음보살의 이름을 부르면, 그 무기들은 저절로 조각조각 부서지고 그 사람은 무사히 풀려나게 되느니라.

또 삼천대천세계를 가득 채운 야차와 나찰들이 무리를 지어 사람을 괴롭히려 하더라도, 이 관세음보살의 이름만 부르면 그 사악한 귀신들은 감히 그 사람을 보지도 못할 것이니, 어찌 감히 해를 입히겠는가.

더 나아가 어떤 사람이 죄가 있든, 죄가 없든, 쇠사슬과 수갑에 얽매이고, 몸이 포박된 처지에 놓였을지라도 이 관세음보살의 이름을 부르기만 하면 그 모든 결박이 스스로 끊어지고 풀려 벗어나게 되느니라.

가령 삼천대천세계가 온통 도적 무리로 가득 찼을 때, 그 속을 한 무리의 상인들이 보배를 싣고 지나가려 한다면 그 중에 한 사람이 여러 상인들에게 이르기를, '선남자들이여, 두려워하지 말라. 지극한 마음으로 관세음보살의 이름을 부르라. 이 보살께서는 능히 중생의 공포를 없애주시는 분이시니 그 이름을 부르면 이 도적의 위협에서 벗어날 수 있으리라' 하였다면, 그 상인들이 모두 일심으로 '나무관세음보살'을 부름에 곧 그 재난은 사라지게 되느니라.

무진의여, 이와 같이 관세음보살 마하살의 위신력은 실로 훌륭하니라.

또한, 중생이 음욕이 많더라도 항상 관세음보살을 생각하고 공경하면 그 음욕을 여의게 되며, 성냄이 많더라도 이 보살을 일념으로 생각하고 공경하면 그 분노가 스스로 사라지며, 어리석음이 많더라도 관세음보살을 지극히 생각하고 공경하면 그 어리석음 또한 물러가게 되느니라.

무진의여, 관세음보살은 이처럼

크나큰 위신력으로 중생을 이롭게 하시니, 중생은 마땅히 항상 마음속에 관세음보살을 간직하여야 하느니라.
또한, 만일 어떤 여인이 아들을 낳기를 원하여 관세음보살을 예배하고 공경하면 복과 지혜를 겸비한 아들을 얻게 되며, 만일 딸을 원한다면 단정하고 아름다운 딸을 얻게 되나니, 이는 덕의 씨앗을 깊이 심었기에 세상 사람들의 사랑과 존경을 받을 것이니라.
무진의여, 관세음보살의 위신력은 이와 같도다.
만일 중생이 이 보살을 마음 깊이 공경하고 예배한다면, 그 공덕은 결코 헛되이 사라지지 않나니, 그러므로 모든 중생은 반드시 관세음보살의 이름을 받들어야 하느니라.
무진의여, 가령 어떤 사람이 육십이억 항아강의 모래 수만큼 많은 보살들의 이름을 지니고 한 생애 동안 음식과 의복, 침구와 약품 등으로 정성껏 공양하였다면, 그 선남자 혹은 선여인의 공덕은 얼마나 크겠는가?"

그때 무진의보살이 대답했다.

"매우 많겠습니다, 세존이시여."

이에 부처님께서 다시 말씀하셨다.

"무진의여, 가령 한 사람이 관세음보살의 이름을 받들고 단 한 번이라도 예배하고 공양하였다면, 이 두 사람의 공덕은 서로 다르지 않으며, 그 복덕은 백천만억 겁을 두고도 다 헤아릴 수 없을 것이니라.
무진의여, 이처럼 관세음보살의 이름을 수지하는 이는 그 이름 하나만으로도 끝없는 복덕을 얻게 되는 것이니라."

그러자 무진의보살이 다시 부처님께 여쭈었다.

"세존이시여, 관세음보살은 어떤 모습으로 이 사바세계에 머무르며,

어떻게 중생을 위해 법을 설하시며 그 방편의 힘은 어떠한지 말씀해 주옵소서."

부처님께서 무진의보살에게 말씀하셨다.

"선남자여, 관세음보살은 제도할 중생의 근기에 따라 각기 알맞은 몸을 나타내어 법을 설하느니라.
부처의 몸으로 제도할 자가 있으면 부처의 몸을 나타내고,
벽지불의 몸으로 제도할 자가 있으면 벽지불의 몸을 나타내며,
성문의 몸으로 제도할 자에게는 성문의 몸을, 범천왕의 몸으로는 범천왕의 몸을, 제석천이나 자재천, 대자재천, 천대장군, 비사문천 등의 몸으로도 각기 그에 맞게 몸을 변현하여 법을 설하느니라.
또한 소왕, 장자, 거사, 관리, 바라문 등의 몸으로도, 혹은 비구, 비구니, 우바새, 우바이의 몸으로도,
혹은 장자나 거사의 부인, 바라문의 부인, 동남이나 동녀의 모습으로도 나타나며, 나아가 하늘이나 용, 야차, 건달바, 아수라, 가루라, 긴나라, 마후라가 등 사람이 아닌 듯한 모습으로도 몸을 변화시켜 그에 맞게 중생을 제도하고 법을 설하느니라.
또한 집금강신의 몸을 나타내기도 하여 마땅히 제도할 이들을 이끌어 해탈의 길로 인도하나니, 무진의여, 이와 같이 관세음보살은 한량없는 방편과 공덕을 성취하여, 모든 세계에서 다양한 모습으로 노닐며 중생을 제도하여 해탈케 하시느니라.
그러므로 너희들은 일심으로 관세음보살을 공양하며 존중하라. 이 보살은 모든 중생이 두려움과 급박한 위난에 처하였을 때, 그 이름만 부르면 공포를 없애 주는 큰 자비의 존재이므로, 이 사바세계에서는 '두려움을 없애주는 자'라 칭송받고 있느니라."

그때 무진의보살이 부처님께 여쭈었다.

"세존이시여, 이제 제가 관세음보살께
공양을 올리고자 하나이다."

그는 목에 걸었던 백천 냥이나 되는
영락을 풀어 두 손에 받들었다.
그는 다시 관세음보살께
정중히 청하였다.

"자비하신 이시여, 이 보배 구슬과
영락을 올리오니, 부디 받아
주시옵소서."

그러나 관세음보살은 그 공양을
받지 않으셨다.
무진의보살은 다시 간청하였다.

"자비하신 이시여, 저희를도 가엾게
여기시어, 이 영락을 받아 주옵소서."

이에 석가모니 부처님께서
관세음보살께 이르시었다.

"이 무진의보살의 뜻을 헤아려,
사부대중과 하늘, 용, 야차, 건달바,
아수라, 가루라, 긴나라, 마후라가 등
사람이 아닌 듯한 이들까지도 모두
불쌍히 여겨 그가 바치는 영락을
받도록 하라."

관세음보살은 이 부처님의 말씀을
따르며, 모든 중생들을 가엾게 여기는
큰 자비의 마음으로 그 영락을 받아
그 중 한 몫은 석가모니불께
공양으로 바치고, 나머지 한 몫은
다보불의 탑에 올려 공양하였다.
부처님께서 다시 무진의보살에게
말씀하셨다.

"무진의여, 이처럼 관세음보살은
자유자재한 신통력으로
이 사바세계에 머무르며
중생을 이익되게 하느니라."

그때, 무진의보살은 게송으로 그 뜻을
여쭈고자 하였다.

**미묘한 상을 갖추신 세존이시여,
이제 다시 묻사옵나니
불자들은 어찌하여
'관세음'이라 부릅니까?**

그때 미묘한 상 갖추신 세존께서
게송으로 무진의 보살에게
대답하셨나니
그 보살은 때와 곳에 알맞게
몸을 나타내어 중생을 구제하나니
이제 그 행을 들을지어다.
그 보살의 서원은 바다와 같고
한량없이 긴 세월 동안
천억 부처님을 모시고 받들며
크고 청정한 원을 세우셨나니
내가 이제 간략히 말하리라.
그 이름을 듣고, 그 몸을 보며
마음으로 생각함이 헛되지 않으면
능히 모든 고통을 멸하리라.
가령 해치려는 자에게 밀려
큰 불구덩이에 떨어질지라도
관세음을 염하는 힘으로
불길은 연못으로 변하리라.
큰 바다에 표류하여
용과 귀신, 물고기 등에
둘러싸일지라도
관세음을 염하는 힘으로
파도조차 해를 끼치지 못하리라.
수미산의 봉우리에서
사람에게 밀려 떨어질지라도

관세음을 염하는 힘으로
허공에 머무는 것 같으리라.
악한 이에게 쫓기어
금강산에서 떨어질지라도
털끝 하나 상하지 아니하리니
원한에 찬 도적이
칼을 들고 달려와도
그 마음 돌려 자비하게 되리니
이것이 관세음을 염하는 힘이라.
법에 걸려 형벌을 받고
죽음 앞에 서 있을지라도,
그 칼은 조각조각 끊어지고
구차한 몸은 해를 입지 않으리니
이것이 관세음을 염하는 힘이라.
감옥에 갇혀 형틀에 묶여 있을지라도
그 모든 매임은 풀어지고
해침이 사라지리니
이것이 관세음을 염하는 힘이라.
저주나 독약이
몸을 상하게 할지라도
그 화는 도리어
저자에게 돌아가리니
이것이 관세음을 염하는 힘이라.
악한 나찰과 독룡
귀신의 괴롭힘에도

감히 해침이 없고
짐승 떼의 발톱과 이빨 앞에서도
모두 물러가게 되리니
이것이 관세음을 염하는 힘이라.
독사들이 불꽃처럼 달려들지라도
관세음을 염하는
소리만 듣고 흩어지며
천둥과 번개, 폭우와 우박도
관세음을 염하면
즉시 그치게 되리라.
고통에 빠진 중생이
관세음을 염하면
미묘한 지혜의 힘이 세간의
모든 괴로움을 없애 주나니
지혜의 방편을 갖추고
신통의 힘을 구족하여
시방의 국토마다
몸을 나타내지 않음이 없으며
지옥, 아귀, 축생의 생로병사
모든 고통을 점차로 멸하시며
진관, 청정관, 광대지혜관,
자비와 비관이시니
항상 우러러볼지어다.
때가 없어 청정한 빛
지혜의 해는 어둠을 제거하고
풍재와 화재를 이겨
세간을 널리 밝히며
대비는 체가 되고
계행은 천둥이 되며
자비는 큰 구름 같아
감로의 비를 내려
중생의 번뇌를 꺼주나니
송사로 관청에 가거나
진중의 위태로움 가운데서도
관세음을 염하면
모든 원수가 물러가나니라.
묘음, 관세음, 범음, 해조음,
이 모든 음성은 세간의
소리보다 높으니 항상 염할지어다.
의심하지 말고 믿을지어다.
관세음보살, 청정한 성인은
고난 속의 의지처가 되시며,
죽음과 액운도
능히 벗어나게 하시나니,
일체의 공덕을 갖추어
자비로운 눈으로
중생을 굽어보며
그 복이 바다와 같으니
마땅히 합장하여 정례할지어다.
그때 지지보살이 자리에서 일어나

석가모니 부처님 앞에 나아가
여쭈었다.

"세존이시여, 만일 중생이
「관세음보살보문품」의
자유로운 업과 신통력을 들을 수
있다면, 그 사람의 공덕은 참으로
크겠습니다."

부처님께서 이 「보문품」을 설하실 때,
팔만 사천의 중생이 다 함께
비할 바 없는 마음을 내어
아뇩다라삼먁삼보리를 향하게
되었다.

# 26. 다라니품

그때 약왕보살이 자리에서 일어났다.
오른쪽 어깨를 드러내고,
두 손을 모아 석가모니 부처님을 향해
합장한 채 정중히 여쭈었다.

"세존이시여, 만일 어떤 선남자나
선여인이 이 『법화경』을 받아 지니고,
읽고 외우며, 그 뜻을 깊이 통달하고,
혹은 정성으로 경전을 옮겨 쓴다면,
그가 얻게 될 복덕은 얼마나
크겠습니까?"

석가모니 부처님께서 약왕보살에게
이르셨다.

"선남자야, 가령 어떤 이가
팔백만억 나유타 항아강의 모래만큼
많은 부처님들께 공양을
올렸다고 하자.
너의 생각은 어떠하냐?
그가 얻게 될 복이 매우 크지
않겠느냐?"

이에 약왕보살이 대답하였다.

"그렇습니다, 세존이시여.
그 복은 참으로 클 것입니다."

부처님께서 다시 말씀하셨다.

"그렇다면 만일 어떤 선남자나
선여인이 이 경의 사구게
하나만이라도 능히 외우고,
뜻을 새기며 해설하고,
설법한 바와 같이 수행한다면,
그가 얻게 될 공덕은 말할 수 없이

크고 깊으니라."

이 말을 듣고 약왕보살이
다시 석가모니 부처님께 아뢰었다.

"세존이시여, 이제 제가 이 경을
설하는 이를 위해 다라니주를 주어
수호하겠습니다."

그리고는 다라니 주문을 말하기
시작하였다.

아녜 마녜 마녜 마마녜 지례
자리데 샤먀 샤리 다위
션 데 목데 목다리 사리 아위사리
상리 사리 사예
악사예 아기니 션데 샤리 다라니
아로가바사 바쟈비사니
녜비데 아변다 라녜리데
아단다바례슈디 구구례
모구례 아라례 바라례
슈가차 아삼마삼리 못다
비길리질데 달마바리차 뎨
싱가녜구사녜 바사바사슈디
마다라 마다라사야다 수루다

수루다교샤라 악사라
악사야다야 아바로 아마야 나다야

약왕보살이 말하였다.

"세존이시여, 이 다라니 신주는
육십이억 항아강의 모래만큼이나
되는 부처님들께서 직접 설하신
바입니다.

그러므로 만일 누군가 이 경을 설하는
법사를 침해하거나 훼방한다면,
그는 곧 그 모든 부처님들을
모욕하고 훼방하는 것과
다름없습니다."

이 말을 들으신 석가모니불께서
약왕보살을 칭찬하시며 말씀하셨다.

"훌륭하고 훌륭하도다.
약왕이여, 그대가 법사를 가엾이
여기고 그를 지켜주기 위해
이 다라니를 설하였으니,
그 공덕은 참으로 깊고 넓어,
수많은 중생들에게 크나큰 이익이
되리라."

그때 용시보살 또한 부처님께 나아가 공경히 여쭈었다.

"세존이시여, 저 역시 『법화경』을 읽고 외우며 마음에 새기고 실천하는 이를 옹호하고자 하오니, 제가 다라니 하나를 설해 올리겠습니다. 만일 이 법사가 그 다라니를 지닌다면, 야차나 나찰, 또는 부단나, 길자, 구반다, 아귀 등 온갖 귀신과 악한 존재들이 그의 허물을 찾아내려 하더라도 결코 찾아낼 수 없을 것입니다."

그리고는 석가모니 부처님 앞에 나아가 다라니 주문을 설하였다.

**자례 마하자례 욱기 목기 아례 아라바데 네례데 녜례다바데 이 디 니 위디니 지디니 녜례데니 녜리데바디**

약왕보살이 말하였다.

"세존이시여, 이 다라니 신주는 마치 항아강의 모래만큼이나 많은 수없는 부처님들께서 함께 설하셨고, 기뻐하며 찬탄하신 바입니다. 그러므로 만일 이 경을 설하는 법사를 침해하거나 훼방하는 이가 있다면, 이는 곧 그 모든 부처님을 침해하거나 훼방하는 것이오니, 그 죄가 참으로 중하옵니다."

그때, 비사문천왕의 호세자가 합장하고 석가모니 부처님께 아뢰었다.

"세존이시여, 저 또한 자비심을 내어 중생을 불쌍히 여기고, 이 경을 설하는 법사를 옹호하고자, 다라니 주문을 설해 올리겠습니다."

그리고는 곧 다라니를 설하였다.

**아리 나리 노나리 아나로 나리 구나리**

이어 호세자는 다시 아뢰었다.

"세존이시여, 이 신주로 법사를 수호하며, 저 또한 이 경을 수지하는 이를 옹호하겠나이다. 그리고 모든 쇠약함과 재난을 일백 유순 안에 깨끗이 없애 드리겠나이다."

그때 지국천왕 또한 이 대중 가운데 있다가 일어나, 천만억 나유타의 건달바들로 둘러싸인 채 부처님 앞에 나아와 합장하고 공경히 여쭈었다.

"세존이시여, 저 또한 다라니 신주 하나를 설해, 『법화경』을 수지하는 이들을 굳게 수호하겠습니다."

그리고는 이어서 다라니 주문을 설하였다.

아가네 가네 구리 건다리 전다리 마등기 상구리 부루쇼니 아디

"세존이시여, 이 다라니 신주는 사십이억의 많은 부처님께서 설하신 바이니, 만일 이 법사를 침해하고 훼방하면, 곧 이 많은 부처님을 침해하고 훼방함이 되오리다."

지국천왕의 발원에 이어, 열 명의 나찰녀들이 일어났다. 첫째는 남바, 둘째는 비람바, 셋째는 곡치, 넷째는 화치, 다섯째는 흑치, 여섯째는 다발, 일곱째는 무염족, 여덟째는 지영락, 아홉째는 고제, 열째는 탈일체중생정기라 하였다. 이 열 나찰녀는 귀자모와 그 아들의 권속들을 이끌고, 함께 부처님 앞으로 나아가 합장하고 아뢰었다.

"세존이시여, 저희 또한 『법화경』을 받아 지니고, 읽고 외우는 이들을 위하여 몸과 뜻을 다해 옹호하겠습니다. 그들이 겪는 모든 쇠약함과 재난을 모두 없애 드릴 것이며, 혹여 누군가가 그 법사의 허물을 찾으려 하여도, 결코 찾아낼 수 없게 하겠습니다."

그리고는 곧바로 다라니 주문을
설하였다.

**이디리 이디미 이디리 아디리
이디리 니리 니리 니리 니리
니리 루혜 루혜 루혜 루혜 다혜
다혜 다혜 도혜
누혜**

"차라리 저희의 머리 위로 올라서
밟고 지나갈지언정,
『법화경』을 수지하는 법사를
해치게는 하지 않겠습니다.
야차나 나찰, 아귀나 부단나,
길자, 비다라, 건타, 오마륵가,
아발마라, 야차길자, 인길자 같은
온갖 악귀와 사악한 존재들이
혹여 그를 해치려 하여도,
결코 허락하지 않겠습니다.
하루 혹은 이틀, 사흘에서 나흘,
심지어 이레까지 이어지는 급성의
열병, 혹은 끊임없이 이어지는
만성의 열병이라 할지라도,
그 병을 일으키는 악귀들이
남자의 모습, 여자의 모습,
남자 아이나 여자 아이의
형상으로라도 꿈속에라도 다가와
그 법사를 괴롭히지 못하게
하겠습니다."

그리고 석가모니 부처님 앞에서
게송으로 아뢰었다.

만일 나의 주문을 순종않고,
설하는 이들을 해하고 괴롭게 한다면,
그 머리는 아리수나무의 마디처럼
일곱 갈래로 부서질 것이며,
그 죄는, 부모를 죽인 죄처럼 무겁고,
기름 짜는 자가
속임수 부릴 때와 같으며,
말이나 저울눈으로
사람을 기만한 죄처럼 크며,
제바달다가 화합된 승단을
깨뜨린 죄와 같으리라.
법사를 해치는 자는,
그는 필연코 그와 같은
무서운 과보를 받게 되리라.

여러 나찰녀들이 이 게송을 모두
마치고는 부처님께 다시 아뢰었다.

"세존이시여, 저희 또한 『법화경』을 받아 지니며 읽고 외우고 수행하는 이들을 평안하게 지켜드리고, 온갖 쇠약과 환난으로부터 벗어나게 해드리겠습니다.
그뿐 아니라, 세상의 모든 독약의 위력 또한 소멸되게 하겠습니다."

이에 부처님께서 여러 나찰녀들에게 말씀하셨다.

"훌륭하도다, 훌륭하도다.
너희들이 단지 이 『법화경』의 이름만을 받들어 지니는 이를 수호한다 하더라도 그 공덕은 헤아릴 수 없을지니,
하물며 이 경전을 온전히 수지하여 읽고 외우며 그 가르침을 따라 진실로 수행하는 이를 지켜주는 일이라면 말해 무엇하겠느냐.
그들이 이 경전을 공양함에 꽃과 향, 아름다운 영락과 진귀한 향유, 소리로 공양하는 기악 등 온갖 훌륭한 보시를 다하며, 등불을 켜되 소등과 유등은 물론, 소마나화유등, 첨복화유등, 바사가화유등, 우발라화유등과 같은 백천 가지의 향유 등불로 공양하는 이들이라면 그 수호함은 말할 것도 없을지니라.
고제야, 너희들과 너희 권속들 또한 마땅히 이처럼 법화를 지닌 이들을 성심껏 옹호해야 할 것이다."

이때 「다라니품」을 설하실 때, 그 자리에 있던 육만 팔천 인의 이들이 모두 무생법인을 얻었다.

# 27. 묘장엄왕본사품

그때 부처님께서 모든 대중에게
말씀하셨다.

"지나간 과거, 헤아릴 수도 없는
아승기겁 전의 일이니라.
그 무량한 세월 속에 한 부처님께서
출현하셨으니, 그 이름은 운뢰음수
왕화지 다타아가도, 아라하,
삼먁삼불타이셨느니라.
그분이 계셨던 나라는
광명장엄국이었고,
겁의 이름은 희견이었느니라.
그 부처님 법 가운데,
묘장엄이라는 이름의 한 왕이 있었고,
그의 왕비 이름은 정덕이었으며,
두 아들을 두었으니, 그 하나는 정장,
또 하나는 정안이라 하였느니라.
이 두 아들은 본래 큰 신통력과 복덕,
그리고 지혜를 지니고 있었는데,
이는 오랜 세월 동안 보살의
길을 닦아온 인연에서 비롯된
것이었느니라.

이른바 단바라밀, 시라바라밀,
찬제바라밀, 비리야바라밀, 선바라밀,
반야바라밀, 방편바라밀, 그리고
자, 비, 희, 사와 삼십칠조의 도법까지
모두를 잘 통달하였느니라.
또 보살은 정삼매를 닦아 익혔고,
일성수삼매와 정광삼매, 정색삼매와
정조명삼매를 얻었으며,
장장엄삼매와 대위덕장삼매 등
이와 같은 여러 삼매에도 또한
능통하였느니라.
그때 그 부처님께서는 묘장엄왕을
인도하시며 중생을 불쌍히 여겨

이 『법화경』을 설하셨더니,
정장과 정안 두 아들이 모여
어머니께 나아가 열 손가락을 모아
합장하고 간절히 말하였느니라.
'원하옵건대, 어머님이시여,
운뢰음수왕화지에 계신 그 부처님
계신 곳으로 가시옵소서.
저희도 모시고 따라가서 친근히
공양하고 하고자 합니다.
왜냐하면, 그 부처님께서 지금 모든
하늘과 인간에게
『법화경』을 설하심이니,
저희 또한 그 말씀을 듣고 받아
지니고자 함이옵니다.'
그러자 어머니는 두 아들에게 이렇게
일러주셨다.
'너희들의 아버지는 외도를 깊이 믿고
바라문법에 빠져 있으시니,
너희들이 먼저 가서 아버지를 잘
설득하여 함께 모시고 가도록
하거라.'
이에 정장과 정안은 다시 열 손가락을
모아 합장하고 어머니께 이렇게
말하였다.
'저희는 법왕의 자식으로 태어났건만
어찌하여 이런 삿된 집안에
태어났는지 모르겠습니다.'
그때 어머니는 두 아들에게 이렇게
일러 주었다.
'너희들은 마땅히 너희 아버지를
위하여 신통력으로 변화의 모습을
보여드리거라.
그분께서 너희 모습을 친히 보신다면,
마음이 맑아져 아마도 우리 함께
운뢰음수왕화지 부처님 계신 곳으로
가는 것을 허락하시리라.'
이에 두 아들은 아버지를 생각하며
허공으로 일곱 다라수 높이까지
올라가 신묘한 신통 변화를
보였느니라.
하늘을 자유롭게 날고, 서고, 앉고,
눕기도 하였고, 윗몸에서는 물을,
아랫몸에서는 불을 내보이기도
하였으며, 그 반대로 아랫몸에서
물을, 윗몸에서 불을 내뿜기도
하였느니라.
또 어떤 때는 몸을 크게 불려
허공을 가득 채우는 모습을 보였고,
공중에서 사라졌다가 홀연히 땅 위에
서기도 하였으며, 물속에 들어가듯

땅속으로 들어갔다가, 또는 물 위를
땅처럼 걸어가는 모습도 보여 주었다.
이와 같은 수많은 변화의 모습은
모두 아버지로 하여금 마음을
맑게 하고 믿음을 갖게 하려는
뜻에서였느니라.
이에 아버지는 두 아들의 신비한
모습을 바라보고 이전엔 경험하지
못한 큰 기쁨에 젖었고, 손을 모아
합장한 채 이렇게 물었느니라.
'너희들의 스승은 누구이시며,
그대들은 누구의 제자이냐?'
두 아들은 대답하였느니라.
'대왕이시여, 지금 칠보의 보리수
아래에서 법좌에 앉으시어
천상과 인간을 위하여
『법화경』을 널리 설하고 계시는
운뢰음수왕화지불께서
곧 저희들의 스승이시며,
저희는 그분의 제자입니다.'
이에 아버지는 다시 말하였느니라.
'그렇다면 나도 그 스승이신
운뢰음수왕화지 부처님을
친히 뵙고자 하니 너희들과
함께 가고 싶구나.'

그러자 두 아들은 허공에서 내려와
어머니 앞에 나아가 두 손을 모아
합장하며 말씀드렸느니라.
'부왕께서 이제 믿음을 내시고,
아뇩다라삼먁삼보리의 뜻을
이해하시어 그 마음을 굳게
일으키셨습니다.
저희가 아버지를 위하여 지극한
정성으로 행한 불사의 공덕
때문이오니, 원컨대 어머님께서
저희 두 사람이 그 부처님께 나아가
출가하여 도를 닦을 수 있도록
허락하여 주시옵소서.'
그들은 이 간절한 뜻을 거듭 깊이
밝히고자 게송으로 어머니께
아뢰었느니라.

원하옵건대, 어머님,
저희 자식들이 세속의
인연을 벗고 출가하여
사문의 길을 따르도록
허락하여 주소서.
부처님을 친견하기란
참으로 어려운 일이니
이제 저희가 나아가

**가르침을 배우고자 하나이다.**

**오랜 세월을 지나**

**한 번 피어난다는**

**우담바라꽃보다도,**

**부처님을 만나는 일은**

**더욱 희귀하고 귀하오며**

**해탈의 문에 이르기란**

**참으로 어려운 일이라**

**저희의 출가를**

**허락하여 주소서.**

그때 어머니는 두 아들의 청을 듣고 말하였느니라.
'너희들의 출가를 허락하노라. 왜냐 하면, 부처님을 친견하는 일은 참으로 어렵고도 드문 인연이기 때문이다.'
이에 두 아들은 부모님께 다시 머리 숙여 아뢰었느니라.
'거룩하시옵니다, 아버님과 어머님. 간절히 원하오니, 운뢰음수왕화지불께서 계신 그곳에 가셔서 그 부처님을 친견하고 공양하시옵소서.
부처님을 만나 뵙는 일은 마치 우담바라꽃이 피는 것처럼 드물고, 애꾸눈 바다거북이 해상에 떠 있는 나무 구멍을 우연히 만나는 것과도 같습니다.
저희들이 숙세에 지은 복이 깊고 깊어서 이렇게도 부처님의 법을 만나 뵈었사오니, 부디 저희가 그 부처님께 나아가 출가하여 도를 닦게 허락하여 주시옵소서.
부처님을 만나는 일도, 그 법을 들을 수 있는 인연도, 이와 같이 모두 드물고 귀한 까닭입니다.'
그때 묘장엄왕의 궁중에 거하던 팔만 사천의 후궁이 모두 『법화경』을 받아 지니게 되었고, 정안보살은 '법화삼매'에 오랫동안 머물러 그 뜻을 환히 통달하였으며, 정장보살은 한량없는 백천만억 겁 동안 닦아온 덕으로 '이제악취삼매'에 들어 중생들로 하여금 악한 길을 여의게 하려 하였고, 그들의 어머니인 정덕 부인은 '제불집삼매'를 얻어 모든 부처님의 비밀한 가르침을 환히 알게 되었느니라.
이렇듯 두 아들은 방편의 힘으로

그 아버지를 잘 교화하여
부처님의 법을 믿고 이해하게 하고,
그 안에서 즐겁고 기쁘게 하였느니라.
이에 묘장엄왕은 신하들과 권속들,
정덕부인은 궁중의 여러 후궁들과
권속들을 이끌고, 두 왕자는
사만 이천 명의 대중과 함께
부처님께서 계신 곳에 이르러
머리를 부처님의 발 아래 조아려
예배하고, 부처님 주위를 세 번 돌고
나서 한쪽에 물러나 머물렀느니라.
그때 운뢰음수왕화지불께서는
묘장엄왕을 위하여 설법하시고,
보이고, 가르치고, 이롭게 하며,
마침내 크나큰 기쁨을 얻게
하셨느니라.
그때 묘장엄왕과 그 부인 정덕은
목에 걸었던 백천만 냥이나 되는
진귀한 진주 영락을 풀어 부처님 위에
흩었는데, 그 보배 영락은 허공에서
변화하여 네 기둥으로 된 보배로운
대가 되었고, 그 중앙에는 커다란
보배 상이 나타나 그 위에 백천만
겹의 하늘 옷을 두르고,
그 정중앙 위에 부처님께서 가부좌를
틀고 앉으시어 무량한 빛을
내뿜으셨느니라.
그때 묘장엄왕은 마음속으로
깊이 감탄하며 말하였느니라.
'아, 부처님의 몸은 참으로
희유하시며, 그 단정하고 장엄하심이
더없이 뛰어나도다.
어느 누구도 미칠 수 없는
미묘한 형색을 성취하셨구나.'
그 순간, 운뢰음수왕화지불께서
사부대중을 향해 말씀하셨느니
'너희는 지금 이 묘장엄왕이
내 앞에서 손을 모아 합장하고
서 있는 것을 보느냐?
이 왕은 장차 내 법 가운데서
비구가 되어 정진하고 수행하며,
부처님의 법을 널리 돕고 나서
반드시 성불하게 되리라.
그때의 이름은 사라수왕불이며,
그 국토의 이름은 대광이고,
그 겁의 이름은 대고왕이라 하리라.
그 사라수왕불의 국토에는
한량없는 보살 대중과 성문들이
가득하며, 그 땅은 평평하고 정연하여
공덕이 그와 같이 장엄할 것이다.'

이 말을 들은 묘장엄왕은 곧 나라를
동생에게 맡기고, 부인과 두 아들,
그리고 모든 권속들과 함께
부처님의 법 가운데 출가하여 도를
닦게 되었느니라.

그는 출가한 후 팔만 사천 년 동안
오로지 『묘법연화경』을 수행하였고,
마침내 '일체정공덕장엄삼매'를
얻었느니라.

그는 허공으로 칠다라수 높이
솟아올라 부처님께 예를 올리고
이렇게 아뢰었느니라.

'세존이시여, 저희 두 아들은
이미 불사를 행하여 신통 변화로
저의 삿된 마음을 돌이키게 하였고,
부처님의 법 가운데 머물게 하였으며,
더불어 세존을 직접 친견하게
해주었습니다.

이 두 아들은 진실로
저의 선지식으로서 과거세에 심은
선근을 다시 일으켜 저를 진리로
이끌고 이롭게 하고자 왕실에
태어나신 것입니다.'

그때 운뢰음수왕화지불께서
묘장엄왕에게 말씀하셨느니라.

'그와 같도다.
지금 대왕이 말한 바가 모두
진실이니라.
만일 선남자나 선여인이 과거세에
선근을 심은 연으로 선지식을 만나게
된다면, 그 선지식은 반드시 불사를
행하여, 가르치고 이끌며 이롭게 하여
아뇩다라삼먁삼보리의 깨달음으로
인도하게 되느니라.

대왕이여, 마땅히 알라.
선지식은 곧 큰 인연이라 하느니라.
그는 중생을 교화하고 인도하여
부처님을 친견하게 하고,
아뇩다라삼먁삼보리의 마음을
내게 하느니라.

대왕이여, 그대는 지금 이 두 아들이
보이는가?

이 두 아들은 이미 육천 오백천만억
나유타 항아강의 모래 수와 같은
많은 부처님들께 공양하고 친근하며
공경하였으며, 그 부처님들 계신
곳에서 『법화경』을 수지하며,
삿된 견해에 빠진 중생을 불쌍히 여겨
바른 길에 들도록 하였느니라.'

이 말씀을 들은 묘장엄왕은 허공에서

내려와 운뢰음수왕화지 부처님 앞에
나아가 아뢰었느니라.
'세존이시여, 여래께서는 참으로
드물고 뛰어난 존재이시며,
그 공덕과 지혜가 한량없이
원만하시기에 이마 위에서 욕계의
빛을 내시어 세상을 비추시고,
그 눈은 길고 넓으며,
짙푸른 감청색을 띠셨습니다.
미간에 있는 백호상은 구슬이 모여
이루어진 둥근 달 같고,
이는 희고 정밀하며 빛을 내고,
입술은 붉어 빈바 열매의 색처럼
아름답습니다.'
묘장엄왕은 부처님의 한량없는
백천만억의 공덕을 찬탄하고, 다시
합장하여 부처님께 아뢰었다.
'세존이시여, 오직 경탄할 뿐입니다.
여래의 법은 참으로 불가사의하고
미묘하여 공덕을 두루 갖추셨고,
그 가르침을 따라 행하면
몸과 마음이 안온하고 편안하며
기쁨이 넘치옵니다.
이제부터 저는 다시는 스스로
제 멋대로 행동하지 않겠으며,

또한 삿된 견해, 교만한 마음,
분노하는 마음과 같은 모든 악한
생각을 내지 않겠나이다.'
이렇게 말하고는, 부처님께 예배한 뒤
물러났느니라."

그때 석가모니 부처님께서 대중에게
말씀하셨다.

"너희들은 어떻게 생각하느냐?
과거의 묘장엄왕이 지금의 누구인지
아느냐?
그는 다름 아닌 오늘 이 자리의
화덕보살이니라.
그리고 그 부인이었던 정덕
또한 바로 지금 여기 있는
광조장엄상보살이니라.
또한 묘장엄왕과 그의 많은 권속들을
불쌍히 여기어 그 가운데 태어난
두 아들은 바로 오늘의 약왕보살과
약상보살이니라.
이 약왕과 약상 두 보살은
이처럼 크고도 장엄한 공덕을
이미 성취하였고, 무량한 백천만억
부처님 계신 곳에서 끝없는 덕행의

근본을 심고, 헤아릴 수 없는 선근과
공덕을 성취하였느니라.
그러므로 만약 어떤 이라도
이 두 보살의 이름만이라도
듣게 된다면, 온 세상과 하늘과
인간들이 마땅히 공경하고
예배하게 될 것이니라."

이렇게 부처님께서
「묘장엄왕본사품」을 설하시자,
팔만 사천 인의 대중이 탐욕과
오염된 마음과 육신을 벗어버리고,
부처님의 가르침 가운데서
청정한 법의 눈을 얻게 되었다.

# 28. 보현보살권발품

그때 보현보살께서 나타나셨다. 자재한 신통력과 위덕으로 널리 이름난 존재로서, 헤아릴 수 없는 큰 보살 무리를 이끌고 동방에서 오시는데 그들이 지나가는 국토마다 온 땅이 크게 진동하고, 하늘에서는 보배로운 연꽃이 비오듯 쏟아졌으며, 무량한 백천만억 가지의 기악 소리가 울려 퍼졌다.
또한, 하늘과 용, 야차와 건달바, 아수라, 가루라, 긴나라, 마후라가 등 사람인 듯 사람 아닌 듯한 존재들이 무수히 뒤따랐으며,
각기 자신의 위덕과 신통력을 드러내어 사바세계의 기사굴산에 도달하였다.
이윽고 보현보살은 석가모니 부처님께 다가와 머리를 숙여 예배하고, 그 주위를 오른쪽으로 일곱 번 돌아 예를 다한 뒤, 부처님께 여쭈었다.

"세존이시여, 저는 보위덕상왕불의 국토에 있다가 이 사바세계에서 『법화경』을 설하심을 멀리서 듣고, 한량없고 가없는 백천만억의 여러 보살들과 더불어 설법을 청하러 왔나이다.
원컨대 세존께서 설하여 주옵소서. 여래께서 멸도하신 뒤에는 어떠한 인연과 어떤 행위로써 선남자, 선여인들이 이 『법화경』을 얻을 수 있겠나이까?"

이에 석가모니 부처님께서 보현보살에게 답하셨다.

"보현이여, 만약 어떤 선남자나
선여인이 다음의 네 가지 법을
성취한다면, 여래가 멸도한 뒤에도
반드시 『법화경』을 얻게 되리라.
그 첫째는 부처님의 호념,
즉 부처님께서 보호하고 생각해
주시는 바가 있어야 하고,
둘째는 무수한 덕행의 뿌리를
오래도록 심어야 하며,
셋째는 참된 삼매에 들어 정정취를
성취해야 하며,
넷째는 일체 중생을 구제하겠다는
큰 자비심을 내야 하느니라.
이 네 가지 법을 온전히 갖춘 이라야
여래께서 멸도하신 뒤에도
『법화경』의 가르침을 받을 수
있느니라."

그때 보현보살께서 다시 석가모니
부처님께 공손히 아뢰었다.

"세존이시여, 훗날의 흐리고 어지러운
세상에서 누군가가 『법화경』을 받아
지니고 수행한다면, 저는 반드시
그 사람을 수호하여 모든 쇠퇴와
환난을 제거해 주고, 그 마음을
평안히 지키겠습니다.
혹여 누군가가 그 사람의 허물을
찾고자 하여도 결코 그의 흠을
발견하지 못할 것이며, 마군이나
마군의 자식들, 마녀나 마녀의 무리,
또는 마가 들린 자, 야차, 나찰,
구반다, 비사사, 길자, 부단나, 위타라
등 사람을 해롭게 하는 존재들 또한
그 어떤 허물도 찾아낼 수 없게 될
것입니다.
그 사람이 걷거나 서서 이 경을
읽고 외우면, 저는 여섯 이빨을
가진 커다란 흰 코끼리를 타고
수많은 보살들과 함께 그가 있는
곳으로 찾아가 몸소 그 앞에 모습을
드러내고, 공양하며 수호하고
위로하여 그 마음이 두려움 없이
편안하도록 하겠습니다.
이는 『법화경』에도 공양하고
있기 때문입니다.
그 사람이 앉아서 이 경을 깊이
생각할 때에도 저는 다시 흰 코끼리를
타고 그의 앞에 나타나겠습니다.
만일 그가 이 경의 한 게송,

한 구절이라도 잊게 되면
저는 그에게 다시 가르쳐 주어 함께
외우고 통달하도록 도와주겠습니다.
이처럼 『법화경』을 수지하여 읽고
외우는 이가 저의 몸을 보게 되면,
큰 환희심을 내어 더욱 정진할
것이며, 그로 인해 삼매에 들고
다라니를 얻게 되리이다.
그 다라니의 이름은
선다라니, 백천만억선다라니,
'법음방편선다라니' 등입니다.
이러한 다라니들은 그 수행자에게
헤아릴 수 없는 공덕을
가져다주리이다.
세존이시여, 훗날 악하고 어두운
세상에 비구, 비구니, 우바새,
우바이 가운데 『법화경』을 배우고
수행하려는 자가 있거든,
그들은 삼칠일 동안 일심으로
정진해야 하며, 그렇게 수행이 끝나면
저는 반드시 여섯 이빨의 흰 코끼리를
타고 무량한 보살들과 함께
일체 중생이 기뻐할 모습으로
그들 앞에 나타나겠습니다.
그들에게 설법하고, 바르게 가르치고

이롭게 하며, 다라니의 주문을 주어
누구도 그 수행자를 훼방하거나
깨뜨리지 못하게 하겠습니다.
그는 여자에게 유혹되어 마음이
흐트러지는 일도 없을 것이며,
저는 항상 그 곁에서 보호하겠습니다.
원컨대 세존께서는 제가 이 다라니의
주문을 설하도록 허락하여 주소서."

보현보살은 석가모니 부처님 앞에
나아가, 그 다라니 주문을 설하였다.

아단디 단다바디 단다바데
단다구사례 단다슈다례 슈다례 슈
다라바디 못다바 살바다라니아바다니
살바바사아바다니 슈아바다
니 싱가바리사니 싱가녜가다니
아싱기 싱가바가디 데례아슈
싱가도라 아라데바라데
살바싱가삼마디가란디
살바달마슈바릭사
데 살바살다루다교샤라아노가디
신아비기리디데

보현보살은 다시 석가모니 부처님께

말씀드렸다.

"세존이시여, 만일 어떤 보살이 이 다라니를 듣는다면, 그는 이것이 곧 보현의 신통력임을 알아차릴 것입니다.
또 만일 『법화경』이 사바세계에서 널리 퍼질 때, 이 경을 받아 지니는 사람이 있다면, 그는 모두가 보현의 위신력으로 인한 것임을 알게 될 것입니다.
만일 어떤 이가 이 경을 받아 지니며, 읽고 외우고 바르게 뜻을 생각하여, 그 가르침에 따라 수행한다면, 그는 곧 보현보살의 행을 닦는 이가 될 것입니다.
그 사람은 한량없고 가없는 수많은 부처님 앞에서 선근을 깊이 심는 자가 되며, 많은 여래들께서 자비로운 손으로 그의 머리를 어루만져 주시는 공덕을 얻게 될 것입니다.
다만 이 경을 옮겨 쓰는 것만으로도 그는 죽은 후 도리천에 태어나게 될 것이며, 그곳에서 팔만 사천 천녀들이 음악을 연주하며 맞이하게 될 것입니다.
그는 머리에 보배관을 쓰고 채녀들 사이에서 기쁘게 놀게 되리니, 하물며 경을 읽고 외우며, 뜻을 바르게 이해하고 수행하는 이는 말할 것도 없을 것입니다.
만일 어떤 사람이 이 경을 수지하고 뜻을 잘 이해한다면, 그는 죽은 뒤 일천 부처님께서 손을 내밀어 두려움을 없애주시고, 악한 길에 떨어지지 않게 하시며, 도솔천에 있는 미륵보살이 계신 곳에 태어나게 될 것입니다.
그곳에서 미륵보살은 삼십이상을 갖추고 큰 보살들의 둘러싸임 속에서, 백천만억 천녀들과 권속들과 함께 있는 중에 그 사람을 맞이하게 될 것입니다.
이처럼 수승하고 한량없는 이익이 있으므로 지혜 있는 자는 마땅히 일심으로 이 경전을 받아 지니고, 읽고 외우며, 바르게 뜻을 생각하고, 설해진 대로 수행하여야 할 것입니다.
세존이시여, 저는 이제 저의 신통한 힘으로 『법화경』을 수호하여,

여래께서 열반하신 뒤에도
이 사바세계에서 널리 퍼지고
끊어지지 않도록 하겠습니다."

그때 석가모니 부처님께서
보현보살의 원력과 발심을
찬탄하시며 말씀하셨다.

"훌륭하고 훌륭하도다, 보현이여.
너는 능히 『법화경』을 수호하고 도와
무수한 중생들에게 평안함을 주고
이익되게 하려 하는구나.
너는 이미 셀 수 없는 공덕을 쌓고,
깊고 큰 자비심을 이루었으며,
오랜 세월 전부터 아뇩다라삼먁
삼보리를 향한 뜻을 세워 마침내
신통한 큰 원력을 따라 이 경을
수호하게 되었구나.
보현아, 만일 어떤 이가 『법화경』을
받아 지니고 읽거나 외우거나,
바르게 뜻을 생각하거나,
배우며 수행하거나, 혹은 옮겨 쓰기만
하더라도 그 사람은 곧 석가모니불을
친히 만나 뵙고 이 경을 직접 들은
것과 같으니라.

그는 곧 부처님을 공양한 것이며,
부처님께서도 그를 착하다고
찬탄하실 것이며, 또한 부처님께서
그 사람의 머리를 손으로 어루만져
주시리라.
마땅히 알라.
이런 사람은 부처님의 법의 옷으로
감싸짐을 받는 이니라.
이러한 사람은 세속의 오욕락에
빠지지 않으며, 외도의 글이나
책에도 탐닉하지 않고,
여러 가지 악한 무리들과도
가까이하지 않으리라.
곧 백정이나, 짐승을 잡고 기르는
자나, 사냥하거나 음란한 행위를 하는
이들과 어울리려 하지 않을 것이니라.
마음이 정직하고 생각이 바르며,
복덕이 있어 삼독에 시달리지 않으며,
또한 질투나 교만, 사견과 과도한
자만으로 인해 괴로움을 당하지
않으리라.
그는 욕심이 적고 만족할 줄 알며,
능히 보현의 행을 닦는 이가 되리라.
보현이여, 여래가 멸도한 뒤,
흐리고 악한 세상에서 『법화경』을

받아 지니고 읽고 외우는 이를 본다면
너는 이렇게 생각하라.
'이 사람은 머지않아 도량에 나아가
마군의 방해를 물리치고
아뇩다라삼먁삼보리를 성취하리라.
그는 법륜을 굴리고, 법북을 울리며,
법의 나팔을 불고, 법의 비를
내리리라.
마침내 하늘과 인간의 세계 가운데
사자의 법자리에 앉는 자가 되리라.'
보현아, 훗날 세상에 『법화경』을 받아
지니고, 읽고 외우는 이가 있다면,
그 사람은 의복이나 침구, 음식 등
세속의 물질을 탐내지 않을 것이며,
그 소원은 헛되지 않고, 현세에서도
마땅히 복덕의 과보를 받게 되리라.
그러나 만일 어떤 사람이 수행하는
이에게 경멸과 훼방의 말을 던지며
말하기를,
'너는 미친 사람이다.
공연히 쓸데없는 짓을 하며,
결국 아무것도 얻지 못하리라'
한다면, 그 사람은 그 죄의 과보로
세세생생 눈이 없이 태어날 것이니라.
반대로 공양하고 찬탄하는 이는
반드시 현세에 좋은 과보를
받을 것이며, 그 복이 이 세상에서
드러나리라.
또한 경을 수지한 이의 허물과 죄악을
찾아내려 하며, 그것이 사실이든
아니든 헐뜯는 이가 있다면,
그 사람은 현세에서 문둥병의 고통을
받을 것이요, 또한 수행자를 비웃고
멸시한 이는 여러 생에 걸쳐
그 이빨이 성글고 흉하게 되고,
입술은 일그러지고, 코는 납작하며,
손과 발은 뒤틀리고 눈은 비뚤어지며,
온몸에서는 악취가 나고 고약한
고름과 병이 따르며 곱창병과 숨가쁨
같은 괴로운 병을 앓게 되리라.
그러므로 보현이여, 이 경을 받아
지닌 이를 보거든, 마땅히 멀리서부터
일어나 예를 갖추어 부처님을
모시듯이 공경할지니라."

이와 같이 부처님께서
「보현보살권발품」을 설하실 때,
그 법문을 들은 보살들은 항아강의
모래 수와도 같은 무량한
존재들이었으며,

백천만억 선다라니를 얻었고,
삼천대천세계의 먼지처럼
많은 보살들은 보현의 도행을
갖추게 되었다.
또한 부처님 곁에 모인 보현보살을
비롯한 많은 보살들, 사리불 등
성문의 무리들, 그리고 하늘과 용,
야차, 건달바 등 사람인 듯
사람이 아닌 모든 대중들까지도
크게 환희하며 부처님의 말씀을
받들고 깊이 예배하고 물러갔다.